## 丛书编委会

主　任　刘继南

委　员（按姓氏笔画排列）
　　　　　山红红　马延军　王迎军　王温凤
　　　　　许学峰　李晓华　杨旭东　邹晓巧
　　　　　闵惠泉　张李玺　张秀琴　陈乃芳
　　　　　陈维嘉　郑晓静　秦　和　高晓虹

中外女性领导力研究丛书

# 班昭女性教育观批判研究

白岚玲 著

中国传媒大学出版社
·北京·

# 总 序

吴启迪

本套丛书系教育部哲学社会科学研究重大攻关项目"高等教育大众化与媒介融合时代菁英女性培养与领导力提升研究"（项目号：15JZDW002）的成果。

20世纪90年代以来，国际社会呼吁性别议题和性别关切应该纳入社会发展主流，借此改变人类文明进程。1995年在北京举行的联合国第四届世界妇女大会上明确提出"社会性别主流化"的行动纲领。这一行动纲领具有长期的指导意义，是引领人类性别文明的"亚历山大灯塔"。"社会性别主流化"意味着：在社会实践或研究领域洞悉性别问题，作为原因、作为交织影响或作为结果；在法规政策制定和实施中确立性别支持框架，作为顶层设计、作为微观透视或作为合法性论证；在媒体呈现报道里规避性别污名化或复制性别歧视偏见，作为议程设置、作为新闻人价值立场或作为普遍的职业操守。社会性别主流化自然亟待全社会的努力，但是从吁求到行动，及至落地生根，都离不开菁英女性作为先行者的探索和开拓，作为"光源"的引导和辐射。菁英女性的培养和领导力提升，是性别平等事业新历史节点的关键所在。

高等教育大众化及至普及化时代，女性在各行各业的领导力呈现，成为性别平等的新表征。自 2006 年起,世界经济论坛每年发布《全球性别差距报告》,从经济机会、政治赋权、教育成就、健康和生存四个维度对全球不同国家的性别差距状况进行衡量。根据世界经济论坛最新发布的报告(2020),教育成就以及健康和生存两个子指数分别为 96% 和 97%,基本实现了性别平等;经济机会、政治赋权两项指数分别为 58% 和 25%,这说明女性经济参与与机会不充分,政治参与严重不足。历史地看,经济与政治指数仍然是历史进步和积极干预的结果,同时醒目的数据也让世人更直观地了解并审视"性别差距",严肃对待并改变造成性别差距的政策、环境和无形的惯习。

性别差距未被纳入视野,甚或性别平等尚未成为议题的漫长历史阶段,我们可以称之为领导力的性别缺失时代,不言自明,这时领导力等于男性领导力,概念内涵上领导力意味着单一性别即男性的领导本质和特征;这时无论是领导力的经验采撷还是理论探讨,都受制于单调而畸形的性别光谱。本套丛书既从理论上探索女性领导力的实质内涵和本质特征,发掘女性和领导力相遇的丰富思想空间,也关注菁英女性实践所焕发、闪烁的新领导力精神、新领导力文化,同时关切媒介环境变迁中女性活跃的生活世界、"她时代"的新气象和女性面临的新问题。此外还特别关注女性领导力生成机制和社会支持网络。研究表明,在侧重性别培养的教育机构中,性别赋权取得了更显著的成就,其思想火种也更可能随之传播出去,而女性继续教育亟待持续规划和系统政策支持。

性别问题在世界不同地方、不同领域呈现出各自的急迫和重点,有的在为性别机会均等努力,在漫长的学制中教育机会均等也呈现出差异图景;有的或重心落在性别平等在不同领域的差异上,如聚焦女性参政情况、学术领域的隐性性别歧视等;比较一致和普遍的关切是在整个职业生涯中女性发展有形的掣肘和无形的障碍,这方面的政策缺位格外突出。研究还关注国际组织的女性发展政策、欧洲女性参政的光谱、中国传媒领域菁英女性领导力、教育领域中女大学生的成长等问题。伴随新科技塑造的媒介环境,女性日常生活变迁和积极表现是世人瞩目的议题,因而也被纳入丛书研究的视野。

本套丛书围绕菁英女性培养和女性领导力提升展开,但是需要申明的是,性别意识不仅仅是女性教育或女性领导力培养需要特别关注的。隐含或隐藏的性别偏见、性别歧视对两性都造成了困扰和伤害,即使是在充满男性优势地位的世界里,真正的性别及其人格担当并没有建立起来。男性、男孩的教育也应该贯穿于整个学制中,而现实往往是既缺乏女性教育,又缺少男性教育。教育是要构造未来世界的,性别意识、性别议题应该首先与教育制度、教育文化相融合。基于性别的自我理解、同情理解、相互理解之愿景和实践,将引领我们走向新世界和新文明。

# 目 录

引　言 ································································································· 001

**第一章　女师之源流及班昭对女师传统的继承与超越** ················ 004
第一节　"师"与先秦"三公""三母"之制 ······································· 005
第二节　先秦两汉贵族女师与"傅""保""姆""姥" ······················ 015
第三节　班昭对女师传统的继承与超越 ············································· 031

**第二章　班昭女性教育之初阶：由恪守妇德而主持内帷** ············ 040
第一节　家训：《女诫》的文体及性质 ··············································· 047
第二节　女教：《女诫》的写作动机及阅读对象 ······························· 053
第三节　解读《女诫》内容的多个层面 ············································· 074

**第三章　班昭女性教育之进阶：由谦让自抑而倾动朝堂** ············ 095
第一节　由内帷到朝堂：班昭《列女传》注释的女性身份认同 ······ 096
第二节　续写《汉书》：以博学高才铺就通往宫廷女师之路 ·········· 110
第三节　执教宫廷之中：身为宫廷女师和学者之师的班昭 ············ 123

**第四章 班昭女性教育之高阶：由修身立德而名垂青史** ............ 138
第一节 《东征赋》：文体特点及文学创新 ............ 140
第二节 《东征赋》的双线结构：述行言志、以理节情 ............ 148
第三节 《东征赋》的核心观点：超越"女德"的君子"立德" ............ 164

**第五章 班昭女师形象的历史变迁及当代反思** ............ 172
第一节 《列女传》与《列女图》的传播："后班昭时代"的女性群像 ............ 172
第二节 儒教与玄风的更替："后班昭时代"的女性变迁 ............ 180
第三节 "后班昭时代"班昭形象的历史变迁 ............ 190

**结　语** ............ 214

**参考文献** ............ 219

# 引 言

论及领导力,人们往往会想到权力。的确,领导力的本质是影响力。在传统的社会中,影响力的实现,最为直观的方式是依托权力,特别是政治权力来达成;但更为持久深刻的影响力,往往通过非政治权力方式来实现。社会的发展进步进程,也是各种权力关系交织作用的过程。这种交织作用的样态和效能,深刻影响着历史前进的方向。

传统中国社会之中的女性是否具有领导力?基于对古代男权社会之下男尊女卑的基本认知而形成的刻板印象是:传统女性始终处于遭受性别歧视、性别剥削的下劣之势。即使在中国古代社会史、政治史、文学史、艺术史、教育史、科技史之中时有才情卓越、见识不凡的卓越女性在发挥积极的作用,但在传统的观念中,人们更倾向于将其视为零星的、孤立的、个人的现象和事件,并对这些女性时有苛责甚至诟病,汉语词汇中存在一批诸如"牝鸡司晨""红颜祸水"等极具性别歧视色彩的词语就是典型的例证。因而,在面对古代传统女性与领导力之间的关系时,人们的态度往往晦暗不明。但可以确定的是,认为传统女性与领导力无缘这样的认识,显然是极端和片面的。

教育领导力是领导力的一个重要分支。对于当代教育领导力研究,包括教育领导力的定义、内涵、类别等,学界的相关成果可谓汗牛充栋。① 借用"领导力"这一当代学术话语,反观传统中国社会,我们会发现,传统精英女性通过教育展示领导力、培养领导力,是一个值得深入研究的课题。概言之,教育是领导力展示和实现的重要方式。所谓教育,就是指人着眼于他人的素质、能力而进行的影响其精神世界、心理状态的信息传递活动。从古至今,它既可以借助政府形式发挥作用,更可以通过非政府形式对社会产生深刻影响。正因如此,即使在中国古代这样所谓的男权社会中,被排斥在政治权力中心之外的女性,在教育领域中亦始终处于活跃的状态,在家庭之中借助传统礼制对母权的崇尚而在权力关系中处于积极主动的地位;与此同时,古代女性在家庭之外的教育领域中也从来不曾缺席,只是以往由于男权话语主导的历史原因较少被人关注而已。近年来,相关问题日渐被学界关注,并出现了一批富有影响力的学术成果,持续推进学界将相关研究不断引向深入。由此我们看到,在中国古代社会,无论在家庭内或家庭外,在成为施教主体、确定教育内容、选择教育方式、完成教育过程、影响教育对象等各个环节,女性均发挥着重要的作用,在促进女性成长、实现家庭和谐、推动社会发展等方面均展示出了自己的力量。由于教育是一项价值伦理高度涉入的事业,往往需要更贴切的人文关怀、更深刻的情感交融,所以,女性在此项事业中在某种程度上甚至还具有一定的性别优势。

论及教育者,中国古代最常见的身份表述当属"师"无疑。关于"师"之起源及作用,最具情感色彩和夸饰意味的是"天不生仲尼,万古如长夜"②,聚焦于被推为"万世师表"的孔子(公元前551—公元前479年);关于"师"之功能和任务,唐代韩愈(768—824年)《师说》中的"师者,所以传道受业解惑也"的表

---

① 胡中锋,王义宁.教育领导力模式变迁之反思[J].华东师范大学学报(教育科学版),2015(3).
② 南宋朱熹《朱子语类》卷九十三转引的北宋唐庚于蜀道经眼寓目的前人楹联。

述最为简明、清晰、全面,因而自古以来接受度最高。但是,梳理中国政治史、中国教育史,我们会看到"师"之历史,极为悠久;"师"之类别,甚为繁杂;"师"之功能,颇为丰富。自古以来"师"的行列中,女性从来都不曾缺位。以女师这一独特的社会角色为支点,历朝优秀女性对于古代社会的思想建构、文化建设、知识传承等都发挥了重要的推进作用。东汉时期的班昭就是这方面最为典型的一个代表。

但是,受中国古代男权话语的深刻影响,同时又为传统意义上有关中国封建社会女性受侮辱、受损害的社会定位这一刻板印象所左右,学界对古代女性的整体评价及个案研究中,对女性社会角色的认定一直存在某种简单化、概念化的色彩,对女性在历史上独特而深入的社会影响的揭示及阐释明显不够,对女性在中国古代文明演进过程中发挥的重大作用的估量更明显不足。也正因如此,学界对于班昭的研究也一直徘徊不前。

那么,何谓女师?其源流如何?班昭与传统女师有何异同?班昭的女性教育事业具有哪些特点?如何评估作为女师典范的班昭在历史上发挥的作用?以上这些问题,正是本书的研究内容所在。

# 第一章　女师之源流及班昭对女师传统的继承与超越

　　研究作为女师的班昭,应始于对中国古代女师的群像的追溯、还原和分析。唯有如此,班昭作为中国古代女师的典型性和独特性方可得以充分的凸显。

　　1865 年,美国诗人威廉·罗斯·华莱士(William Ross Wallace,1819—1881 年)创作并发表了他一生中最著名的一首诗篇,其中那句"The hand that rocks the cradle is the hand that rules the world"即"推动摇篮的手统治世界"影响最为深远。不过,在中国古代,特别是在中国古代的贵族社会,"统治世界"的手绝不仅仅来自家庭这方小小天地之中的母亲,还来自走进更为广阔的公共领域甚至公众视野中的女性,她们充任各种职司不同的教育者:师、傅、保、姆……她们的教育与陪伴,或止于作为受教者的那些未来社会的统治者、家庭的管理者的幼儿的童年,或者贯穿其成年之后的人生各个阶段。这些人或低调隐名,或高调现身,以不同的方式对古代中国社会产生着深刻而持续的影响。她们的影响所及,并不限于女性,亦推延至男性;并不限于家庭私人空间,亦扩大至社会公共空间;并不限于贵族社会,亦流布于其他阶层。她们中间,有的卑微谦恭如仆役,主要提供生活照料服务;但也有的威严矜重如帝师,发挥着传播知识、维护礼制、匡正言行乃至指点人生的重要作用。诸多女师之所以在历史上湮没不闻,不仅是因为社会对女性的性别歧视,也是因为这些女师的教育止于守成,乏于建设。少数女师则以超乎常人的智慧在顺应传统的同时致力于女性成长空间的开拓和提升,从而在一定意义上超越了传统。

正因如此,研究女师应从"师"这一群体的早期形态入手,进而探究广义的"师"的多种形态及狭义的"师"与"保""傅""姆"之间的关系。只有这样,内涵极具包容性的女师在先秦时期、秦汉时期的功能及作用才可得到最为详实的钩沉和展现,以此为前提,探究东汉时期的女师班昭对于女师传统的继承与超越,才具有了坚实的认识基础。

## 第一节 "师"与先秦"三公""三母"之制

"师"在甲骨文、金文中均已出现,在古代文献中有多种含义。对于其各个义项之间的源流、从属、引申等关系,学界历来众说纷纭,莫衷一是。

关于"师"之本意,学者们的看法向来歧义叠出。其中一说认为,"师"本指兵符,借代引申为动词,意为军队、战争,词性引申为出兵、进军。如《诗经·小雅·采芑》:"师干之试,方叔率止。钲人伐鼓,陈师鞠旅。"《左传·庄公十年》:"十年春,齐师伐我。公将战,曹刿请见。"《礼记·檀弓上》:"谋人之军师,败则死之;谋人之邦邑,危则亡之。"这样的例证在古代文献中颇为常见,不胜枚举,此处不再赘述。

另外一说认为,"师"字本指多人聚集而成的群体,后引申指古代军队编制序列中的一级,二千五百人为一师。例如,《周礼·地官司徒第二·小司徒》中罗列"小司徒"的诸多职责时,附带介绍了古代的兵制:"乃会万民之卒伍而用之:五人为伍,五伍为两,四两为卒,五卒为旅,五旅为师,五师为军。以起军

图 1-1　古代"师"的不同写法

旅,以作田役,以比追胥,以令贡赋。"①东汉班固(32—92年)《白虎通德论》卷四《三军》:"以为五人为伍,五伍为两,四两为卒,五卒为旅,五旅为师,师二千五百人。"②东汉许慎(约58—约147年)的《说文解字》释"师"曰:"二千五百人为师。从帀从自。自四帀众意也。"对此,清代段玉裁(1735—1815年)的《说文解字注》第六篇下曰:"《小司徒》曰:'五人为伍,五伍为两,五两为卒③,五卒为旅,五旅为师。'师,众也。京师者,大众之称。众则必有主之者。《周礼·师氏》注曰:'师,教人以道者之称也。'"④另外,《周易》六十四卦中的第七卦为坎下坤上的"师卦":"师:贞,丈人吉,无咎。"《象》曰:"师,众也。贞,正也。能以

---

① 孙诒让.周礼正义[M].北京:中华书局,2013:776.
② 班固.白虎通德论[M].上海:上海古籍出版社,1990:32.
③ 根据今天通行的《周礼》,此句应为"四两为卒"。
④ 段玉裁.说文解字[M].北京:中华书局,2013:275.

众正,可以王矣。刚中而应,行险而顺,以此毒天下,而民从之,吉又何咎矣?"①综合上述各例可知,"师"既可称指军中二千五百人的编制单位,亦可代指众多军人组成的军队,甚至可以越出军队这一限定范围,泛指多人、众人。

既然"师"可以称指由众多军人组成的军队,亦可指一般意义上的众人,而众必有长,所以又可以"师"称指熟知兵法、谋划战事的参谋、军师,如《史记·孙子吴起列传》:"于是(田)忌进孙子于威王。威王问兵法,遂以为师。其后魏伐赵,赵急,请救于齐,齐威王欲将孙膑,膑辞谢曰:'刑余之人不可。'于是乃以田忌为将,而孙子为师。居辎车中,坐为计谋。"②不仅如此,"师"义还可进一步扩大引申,指众人之帅、众人之主、众人之长。循此逻辑,凡是负责一定职事的官员、拥有一技之长的专门人才,均可以"师"称之,如乐师、巫师、医师、雨师,等等。

既然"师"拥有专项技能、负责专项职事,必然可以教授指导他人。周代庞大繁复的官职系统中,出现了专门的教育官员"师",以及"教人以道者"的"师氏"。例如,《周礼·天官·冢宰·大宰》曰:"以九两系邦国之民:一曰牧,以地得民;二曰长,以贵得民;三曰师,以贤得民;四曰儒,以道得民……"③贾公彦疏曰:"'三曰师,以贤得民'者,谓诸侯已下,立教学之官为师氏,以有三德、三行,使学子归之,故云'以贤得民',民则学子是也。"《周礼·地官·司徒》罗列了司徒的各种属官,其一为"师氏",注曰:"师,教人以道者之称也。保氏、司谏、司救官之长。"根据《周礼》所载,周代设"师"作为司职各不相同的多种教官之一,《周礼·地官·司徒·师氏》对"师"的职责罗列如下:"师氏掌以媺诏王。以三德教国子:一曰至德,以为道本;二曰敏德,以为行本;三曰孝德,以知逆恶。教三行:一曰孝行,以亲父母;二曰友行,以尊贤良;三曰顺行,以事师长。

---

① 十三经注疏·周易正义[M].北京:北京大学出版社,1999:50-51.
② 司马迁.史记[M].北京:中华书局,1959:2163.
③ 孙诒让.周礼正义[M].北京:中华书局,2013:109.

居虎门之左,司王朝。掌国中失之事,以教国子弟。"①由此可知,在周代的官制中,"师"负责向天子进纳嘉言懿行,并以三种德性、三种操行教导天子和公卿大夫士的子弟;"保氏"、"司谏"、"司救"皆为辅佐教官"师氏"的属僚。②虽然《周礼》的作者及产生时代学界历来说法不一,但学者一般认为《周礼》所记录的各种制度规范(包括各种官制)未必是周代实际建立和实行的制度的历史实录,而是带有较为浓重的理想设计成分,但它依然真实反映了当时的社会文化及思想观念。

对于"教人以道者"的官职"师氏",后世的《宋书》卷三十九志第二十九《百官上》径直作如下解释:"国子,周旧名,周有师氏之职,即今国子祭酒也。"即中央官学的最高长官。《新唐书》列传第八十九归崇敬(712—799年)本传载其曾向朝廷提出如此建议:"请以国子监为辟雍省……请以祭酒为太师氏,位三品;司业为左师、右师,位四品。"《日知录》卷二十四亦载归崇敬上书"请改国子监为辟雍,祭酒为太师氏,司业一为左师,一为右师"之事。此事足可佐证先秦"师氏"职掌之内容。

自古以来,人们从功能、作用等多个角度给予"师"多种定义。除了唐代韩愈《师说》中的"师者,所以传道受业解惑也",影响较大的尚有:《礼记·文王世子》:"师也者,教之以事而喻诸德者也。"《法言·学行》:"师者,人之模范也。"《玉篇·巾部》:"师,范也。教人以道者之称也。"这诸多定义殊途同归,都是围绕"教人以道者"之核心而不断强化道德教化这一核心功能。也正因如此,"师"之重要性自不待言。活跃于百家争鸣的战国时期的荀子(公元前313—公元前238年)在其《荀子·大略》中对此的概括特别值得注意:"国将兴,必贵

---

① 孙诒让.周礼正义[M].北京:中华书局,2013:996-1005.
② 有关《周礼》作者、成书时间、内容与周代社会之关系、是否为周公"制礼制乐"的结果等等问题,学界自古以来争论甚烈。今天学界一般认为,《周礼》乃战国乃至西汉前期受法家、阴阳家思想影响的儒家或曰新兴的儒家对先秦礼制扩充完善而成,是对周代礼制理想化、系统化的加工结果,未必是周代官职状况之实录,体现了大一统之政治理想模式。

师而重傅,贵师重傅则法度存。国将衰,必贱师而轻傅,贱师而轻傅则人有快,人有快则法度坏。"①荀子将是否尊师重傅提升到关涉国家兴衰的高度,在诸多的相关论述中最为精警,颇具代表性。

先秦女师的出现,与当时"三公""三母"制度有关。在先秦两汉文献中,作为"教人以道者"的"师"常常与"傅""保"并举,三者之间具有密切关联,均含有教育者、教导者之意。

根据文献记载,古代为太子设"保""傅""师"的"三公"之制又称保傅制度,其创立时代甚早,《通典》卷三〇《职官十二》谈及"太子六傅"时有言:"太子师、保、二傅,殷周已有。"不过,商代的保傅制度由于文献阙如,今天已难以考索。今人可见的相关传世文献记录集中于周代保傅制度。相关记载主要集中于《大戴礼记·保傅》以及《贾谊新书》的相关篇章中,且两书的相关记载较为一致。②

古代对"师"的作用及地位极为尊崇,甚至与"君"并列。周代设有"三公",即太师、太傅、太保,这种制度是从殷商继承而来的,周代设置"三公"的目的就是辅佐君王,教谕、训护太子。《尚书·周书·泰誓上》不仅将"师"与"君"并列,甚至将其提到了秉承天命、助天佑民的高度:"天佑下民,作之君,作之师,惟曰克相上帝,宠绥四方。"《孟子·梁惠王下》载孟子与齐宣王对话之时,也

---

① 王先谦.荀子集释[M].北京:中华书局,1988:511-512.
② 关于《大戴礼记·保傅》以及《贾谊新书》相关篇目中有关保傅制度的记录之间的关系,学界尚有不同的意见,或以为戴德受贾谊影响,或以为贾谊、戴德分别撮录先秦历史文献而成。由于与本书研究的核心问题无涉,故此处不再另外对此赘述辨析。有关保傅制度的研究,可参见杨宽的《西周史》(上海人民出版社1999年版)、张广志的《西周史与西周文明》(上海科学技术文献出版社2007年版)、王玉哲的《中华远古史》(上海人民出版社2003年版)、陈汉平的《西周册命制度研究》(学林出版社1986年版)等专著,以及王国维的《殷商制度论》(收入《观堂集林》卷十,中华书局1959年版)、俞鹿年的《中国奴隶社会官制研究》(载《学习与探索》1980年第4期)、左言东的《西周官制概述》(载《人文杂志》1981年第3期)、杨宽的《西周中央政权机构剖析》(载《历史研究》1984年第1期)、何浩的《楚官师、傅、保及太师新解》(载《湖北大学学报》哲学社会科学版1988年第5期)、宫长为的《西周三公新论》(载陈祖武主编《中国社会科学院历史研究所学刊》第1辑,社会科学文献出版社2001年版)等。

征引了这段文字。《国语》有言:"民性于三,事之如一。父生之,师教之,君食之。非父不生,非食不长,非教不知生之族也,故壹事之。"荀子对此的认识则更进一步,《荀子·礼论》:"礼有三本:天地者,生之本也;先祖者,类之本也;君师者,治之本也。无天地恶生?无先祖恶出?无君师恶治?三者偏亡焉,无安人。故礼上事天,下事地,尊先祖而隆君师,是礼之三本也。"①《大戴礼记·礼三本》:"礼有三本:天地者,性之本也;先祖者,类之本也;君师者,治之本也。"②这里把"师"和"君"放在同样重要的位置,并且认为"君"与"师"是"治之本也",说明当时十分重视"师"的地位,这里我们可以把"师"视为周代的"三公","三公"对中央政府的各项事务、对各诸侯国事务,乃至对太子的教育工作负有全面而直接的指导教育的责任。

论及保傅制度,《通典》卷三〇《职官十二》"东宫官叙"有较为详细的说明:

> 凡三王教世子,必以礼乐。乐所以修内,礼所以修外,礼乐交错于中,发形于外,是故其成也怿,恭敬而温文。立太傅少傅以养之,欲其知父子君臣之道也。太傅审父子君臣之道以示之,少傅奉世子以观太傅之德行而审谕之。太傅在前,少傅在后,入则有保,出则有师,是以教谕而德成也。师也者,教之以事而谕诸德者也。保也者,慎其身以辅翼之而归诸道者也。③

汉代刘向(约公元前77—公元前6年)整理的《贾谊新书》卷五之中对周初的保傅制度的描述堪称系统和全面,其中"保傅"条目之下有这样的说明:

---

① 王先谦.荀子集解[M].北京:中华书局,1988:349.
② 方向东.大戴礼记汇校集释[M].北京:中华书局,2008:96.
③ 杜佑.通典[M].杭州:浙江古籍出版社,1988:171.

昔者周成王幼在襁褓之中，召公为太保，周公为太傅，太公为太师。保，保其身体；傅，傅之德义；师，道之教训；三公之职也。于是为置三少，皆上大夫也，曰少保、少傅、少师，是与太子燕者也。①

《贾谊新书》卷五另有"傅职"条目，对三者的职责及关系有更为具体的说明：

天子不谕于先圣人之德，不知君国畜民之道，不见礼义之正，不察应事之理，不博古人之典传，不㑃于威仪之数，《诗》《书》《礼》《乐》无经，天子学业之不法，凡此其属，太师之任也。古者齐太公职之。

天子不恩于亲戚，不惠于庶民，无礼于大臣，不中于刑狱，无经于百官，不哀于丧，不敬于祭，不诚于戎事，不信于诸侯，不诚于赏罚，不厚于德，不强于行，赐予侈于左右近臣，吝授于疏远卑贱，不能惩忿忘欲，大行、大礼、大义、大道，不从太师之教。凡此其属，太傅之任也。古者鲁周公职之。

天子处位不端，受业不敬，教诲讽诵《诗》《书》《礼》《乐》之不经不法不古，言语不序，音声不中律，将学趋让，进退即席不以礼，登降揖让无容，视瞻俯仰周旋无节，咳唾数顾，趋行不得，色不比顺，隐琴肆瑟。凡此其属，太保之任也。古者燕召公职之。②

简言之，西周初年，"太保""太傅""太师"由位高权重且德高望重的朝廷勋臣担任，具体来说，就是由在周朝立国过程中功勋卓著的三位重要的政治家召公、周公、姜太公分别担任，他们直接对天子之子即尚处于襁褓之中的周武王

---

① 阎振益，钟夏，校注.新书译注[M].北京：中华书局，2000：183.
② 阎振益，钟夏，校注.新书译注[M].北京：中华书局，2000：173.

之子——未来的周成王进行教育和引导。三者名称各别、分工有异、职责分明、目标明确:"保,保其身体;傅,傅之德义,师,道之教训",即分别从身心、道德、才学等方面教育和培养年幼的未来天子。

"太保""太傅""太师"三公的教育属于学前教育。太子到了上学的年龄后入学,在"三公"之外另外"承师问道"。此时"太傅"负责对太子学校学习的督促、检查、匡正。太子直到二十岁成人,才能"免于保傅之严"。换言之,"三公"对太子的体制化的教育大体上止于太子二十岁,此后太子则接受另外的监督与劝谏。《贾谊新书》卷五"保傅":

> 及太子少长,知好色,则入于学。学者,所学之官也。《学礼》曰:"帝入东学,上亲而贵仁,则亲疏有序而恩相及矣。帝入南学,上齿而贵信,则长幼有差而民不诬矣。帝入西学,上贤而贵德,则圣智在位而功不遗矣。帝入北学,上贵而尊爵,则贵贱有等而下不逾矣。帝入太学,承师问道,退习而考于太傅,太傅罚其不则而匡其不及,则德智长而治道得矣……
>
> 及太子既冠成人,免于保傅之严,则有司直之史,有彻膳之宰。①

先秦的保傅制度中,"师"无疑是由男性充任的,德高望重的男性勋臣的地位及作用自不待言。根据此时的保傅制度,女性也在贵族子女教育的过程中占有一席之地,她们走出自己的家庭,进入公共事务体系,为诸侯、大夫家庭提供子女的教育、保育服务。

与为太子配备"三公"行使教育之责相对应,周朝上至诸侯下至大夫的贵族家庭,在"孺子"(即诸侯、世卿的子女)出生后不久就为其安排和配备"三

---

① 阎振益,钟夏,校注.新书译注[M].北京:中华书局,2000:184.

母",进行抚养与教育。

有关"三母"的记载主要见于《礼记·内则》:

> 异为孺子室于宫中。择于诸母与可者,必求其宽裕、慈惠、温良、恭敬、慎而寡言者,使为子师,其次为慈母,其次为保母,皆居子室。他人无事不往。①

文下郑玄注云:"此人君养子之礼也。诸母,众妾也。可者,傅、御之属也。子师,教示以善道者。慈母,知其嗜欲者。保母,安其居处者。"此处孔颖达疏文解释为:"此一节谓三日负子之后,三月名子之前,诸侯养子,选择诸母及养子之法。此文虽据诸侯,其实亦兼大夫士也。但士不具三母耳,大夫以上则具三母。"充任诸侯、大夫的"孺子"的"三母"皆为女性,根据其是否"宽裕、慈惠、温良、恭敬、慎而寡言者"等个人品性、道德从众妾中遴选而出。"三母"共同负责料理世子的日常生活,以及培养世子的人品德行,前者的工作性质类似于现在的"保姆",而后者的工作性质则属于人生的导师。

由此可见,"师"在周代贵族教育中占据重要地位,它作为周代官制的有机组成部分,在贵族社会各个层面发挥着不同的作用。从广义上讲,充任"师"者跨越了男女性别,既可以是地位崇高的勋臣,又可以是诸侯大夫的众妾,"三公"之中,"师,道之教训";"三母"之中,"子师,教示以善道者"。施教者虽然男女有别,但他们的共性在于,其教育对象均为年幼的或者年轻的贵族男性,其教育内容皆偏重于道德教育。除此之外,在"三母"即"子师、慈母、保母"的职责之中,生活起居方面的照料、养育之责亦是重要的组成部分。

在周代礼制系统、官职制度之外,民间亦有"师"的存在。必须承认,作为

---

① 郑玄,注.孔颖达,正义.礼记正义[M].上海:上海古籍出版社,2008:1159.

男权社会特点的集中体现,无论是官办教育还是私人教育,中国古代教育史的主体始终是男性,施教者、受教者均以男性为主。谈及中国古代影响最为深远的"师"者,毫无疑问首推春秋时期的孔子。他开创了私学教育之先河,推广儒家思想教育,因而被后人推举为"万世师表"以及"大成至圣先师"等。不过,根据司马迁(约公元前145—公元前90年)的《史记·孔子世家》:"孔子以诗书礼乐教,弟子盖三千焉,身通六艺者七十有二人。"①可以发现,孔门弟子中无一女性。有关孔子对女性的论述,世人耳熟能详的是见诸《论语·阳货》的"唯女子与小人为难养也,近之则不孙(逊),远之则怨"的断语。虽然当代学者对孔子此语具体所指有颇多议论,且有人力证此语并无歧视女性之意,但终难成为定论。孔子教育的目的在于培养君子,同时,"学而优则仕",培养基于修身、齐家的可以治国、平天下的国家管理者、领导者。

虽然孔子的教育一向有"有教无类"的美誉,但受当时社会影响,孔子显然把女性排斥在其教育对象之外。不仅如此,他还明确表示反对女性参政。虽然孔子毕生以"克己复礼"为己任,力图恢复周礼,解决春秋末期各种社会问题,但是,对于西周初年周武王自称有治臣十人、他的母亲是其中之一的言论颇不以为然,主张应将其母排除在外,孔子只承认武王的所谓十位"治臣"中的九位男性。《论语·泰伯》记载了孔子的相关言论:"有妇人焉,九人而已。"孔子的教育方法、教育内容均在中国古代教育史上占有重要地位,其"因材施教""有教无类"的思想至今依然令人感佩向往,在当代教育中具有极其重要的影响力,但是孔子将女性排除在他的教育对象之外也是不争的事实。究其原因,是因为秉承"学而优则仕"理念的孔子将其教育与公共领域的政治权力直接对接,所以,对于孔子来说,将女性排除在他的三千弟子之外的逻辑完全是自洽的。

---

① 司马迁.史记[M].北京:中华书局,1959:1938.

正因中国古代教育史由男性主导,所以在中国古代教育史上留下名字的为数不多的女性就值得我们格外关注。从文献记载可知,就女性的施教者而言,古代充任女性之"师"的人既可以是女性,亦可以是男性。历史久远者如《墨子》卷二《尚贤下》所载的夏末商初的政治家伊尹:"昔伊尹为莘氏女师仆,使为庖人,汤得而举之,立为三公,使接天下之政,治天下之民。"①广为人知者如明代汤显祖(1550—1616年)的传奇《牡丹亭》中杜丽娘的父亲杜宝为其延请的家庭塾师陈最良。后者虽然不是历史上实有的人物,却可被视作当时社会生活的折射与反映。有鉴于此,史籍所载的从事女子教育的女性,无论是否存在于古代官职系统内,在中国古代都可以称得上是一个非常特殊、值得关注的群体了。

## 第二节　先秦两汉贵族女师与"傅""保""姆""姥"

无论是以天子朝堂之上的重臣为主体的"三公"制度,还是以诸侯大夫的众妾为主角的"三母"制度,毫无疑问都是为当时社会的贵族阶层而设立,其教育对象或曰服务对象皆是身为男性的天子、诸侯、世卿的继承人。子师、慈母、保母这"三母"之中,"子师"因其职司为"教示以善道者",实际身份已然等同于教师,这是见诸典籍记载的公共领域内出现较早的女性教师。那么,先秦时期贵族女性接受教育的状况如何? 她们的教师由何人充任呢?

古代贵族女子同样从幼年时期即接受较为完备的教育。与贵族男性不同的是,充任其"师"的有多人,而且通常并不一定以"师"相称,这就另外涉及与"师"相关的其他名目:"傅""保""姆",等等。遗憾的是,对于充任贵族女性教师的"师""傅""保""姆"之间的关系,传世文献中并没有清晰明确的记录,有关

---

① 方勇,译注.墨子[M].北京:中华书局,2011:77.

其分工差别的确切记录更是阙如。因此,学界对这一问题的看法,至今仍存在着较为明显的分歧。

尽管先秦时期已设立了各类学校,但是,贵族女性接受教育的空间基本上囿于家庭内部。一般来说贵族家庭为女性安排家庭教师——"姆",从贵族女子幼时起就对其进行妇德、妇言、妇容、妇功的教育。《礼记·内则》对此有较为明晰的记载:

> 女子十年不出,姆教婉娩听从,执麻枲,治丝茧,织纴组紃,学女事,以共衣服。观于祭祀,纳酒浆、笾豆、菹醢,礼相助奠。[1]

从文献记载中可见,所谓"姆",即贵族家庭为尚处幼年的女子延请的家庭教师。"姆"所教授的内容具有综合性的特点,既包括"婉娩听从"的女德,也包括"观于祭祀,纳酒浆、笾豆、菹醢,礼相助奠"的礼仪,还包括"执麻枲,治丝茧,织纴组紃,学女事,以共衣服"的妇功。这与贵族男性的教师"师""保""傅"分工明确、教授内容各不重合的情况明显不同,不具有专门化的属性,而以综合性为特点。

关于"姆"由何人充任,《仪礼·士昏礼》郑玄注有具体说明:"姆,妇人年五十无子,出而不复嫁,能以妇道教人者,若今时乳母矣。"即"姆"为年过半百的孤寡女性,无子,无家庭责任牵绊,娴熟妇道,且能"以妇道教人"。东汉班固的《白虎通德论》卷九《嫁娶》对"姆"所属的社会阶层及身份特点的表述略有不同:"国君取大夫之妾、士之妻老无子者而明于妇道,又禄之使教宗室五属之女,大夫士皆有宗族,自于宗子之室学事人也。女必有傅姆何?尊之也。"[2]即"傅姆"为老而无子的贵族官员的妻妾(未必是寡妇)。由此可知,延请"姆"或

---

[1] 郑玄,注.孔颖达,正义.礼记正义[M].上海:上海古籍出版社,2008:1171.
[2] 班固.白虎通德论[M].上海:上海古籍出版社,1990:74.

"傅姆",对于鞠育女儿的贵族家庭来说,并非可有可无的自由选项,而是必不可少的设置。"姆"本身来自贵族家庭,属于贵族阶层,她们为比自己所处阶层更高的贵族女子服务,贵族女子自幼就拥有"姆"或"傅姆",这也是其地位尊贵的表现之一。

单纯就名目或者字面本身而言,"姆"或"傅姆"似乎与"师"不同,但她们实际上充任的是贵族女子的家庭教师。她们并非代行哺乳养育之责的乳母,亦非仅仅负责侍奉生活起居的保姆。她们的职业要求集中体现为"明于妇道",她们教授的内容是使贵族女子"学事人",即学习如何处理各种人际关系,这其中应当包括如何侍奉父母以及如何服侍未来的公婆及丈夫,其着眼点虽然聚焦于处理家庭内部各种关系,但其旨归已然为处理各种社会关系奠定了坚实的基础。

"姆"并非现代生活的褓姆或保姆的另外一个有力明证是:在妇德、妇功等多个方面具有丰富经验的"姆""傅母""傅姆"不仅在贵族女子幼年时就对其进行全面的教育训导,而且在其成年之后乃至婚后依然陪伴在贵族女性身边,随时发挥作用。例如,根据文献记载,她们在贵族女子的婚礼上充任非常重要的角色,在整个婚礼过程中不可或缺。《仪礼·士昏礼》对此有较为详细的描写,"姆"在婚礼上既要做"纚笄宵衣""加景""授巾"等仪式性、辅助性的工作,还会得到新郎表示特别尊重的"授绥"之礼:

> 至于门外。主人筵于户西,西上,右几。女次,纯衣纁袡,立于房中南面。姆纚、笄、宵衣,在其右。女从者毕袗玄,纚、笄、被纚黼,在其后。主人玄端迎于门外,西面再拜,宾东面答拜。主人揖入,宾执雁从。至于庙门,揖入。三揖,至于阶。三让,主人升,西面。宾升,北面奠雁,再拜稽首,降,出。妇从降自西阶。主人不降送。婿御妇车,授绥,姆辞不受。妇乘以几,姆加景,乃驱。御者代。婿乘其车,

先,俟于门外。

主人出,妇复位。乃彻于房中,如设于室。尊否。主人说服于房,媵受;妇说服于室,御受。姆授巾。御衽于奥,媵衽良席在东,皆有枕,北止。

父送女命之曰:"戒之敬之,夙夜毋违命。"母施衿结帨曰:"勉之敬之,夙夜无违宫事。"庶母及门内施鞶,申之以父母之命,命之曰:"敬恭听宗尔父母之言,夙夜无愆,视诸衿鞶。"婿授绥,姆辞曰:"未教,不足与为礼也。"①

东汉班固的《白虎通德论·嫁娶》中也有类似的记载:

授绥,姆辞曰:"未教,未乞与为礼也。"始亲迎,于词曰:"吾子命某以兹初昏,使某将请承命。"主人曰:"某故敬具以酒。"父命醮子遣之迎,命曰:"往迎尔相,承我宗事,率以敬先妣之嗣,若则有常。"子曰:"诺,惟恐不堪,不敢忘命。"②

从上述记载中可知,"姆"不仅娴熟礼仪,还参与婚礼的仪式之中,辅助婚礼顺利进行,而且由于其对婚礼的主角之一的出嫁女性素有训导教育之功,在婚礼上会通过专门的仪式环节予以特别的尊崇褒扬。

贵族女子出嫁之后,身边依然有"姆"陪伴。《礼记·内则》中多处记录了贵族女子婚后生子,"姆"不仅陪护左右,还在相关礼仪中发挥着不可或缺的

---

① 杨天宇.仪礼译注[M].上海:上海古籍出版社,2004:30-31,33,51-52.
② 班固.白虎通德论[M].上海:上海古籍出版社,1990:71.

作用：

> 妻将生子，及月辰，居侧室。夫使人日再问之。作而自问之。妻不敢见，使姆衣服而对。至于子生，夫复使人日再问之。夫齐，则不入侧室之门。子生，男子设弧于门左，女子设帨于门右。三日，始负子，男射女否。①
>
> 姆先，相曰："母某敢用时日祇见孺子。"夫对曰："钦有帅。"父执子之右手，咳而名之。妻对曰："记有成。"遂左还授师。子师辩告诸妇诸母名，妻遂适寝。②

正因"姆"在贵族女子的生活中时时相伴，传授礼制，提示女德，在贵族女性的成长过程中始终发挥着重要作用，所以可以这样说，"姆""傅母""傅姆"的存在，本身就是先秦礼制的一个组成部分。同时，她们对于礼教在贵族家庭内部的持久传播和深入影响，又发挥着绵绵不绝的作用。古籍文献中不乏相关的例证，其中春秋时期著名的鲁国伯姬即宋共姬罹难事件比较具有典型代表性。

春秋时期鲁国第二十任君主鲁宣公之女、第二十一任君主鲁成公之妹伯姬出嫁为宋共公夫人，十年后宋共公亡，伯姬寡居。历经宋平公、宋元公时期，在宋景公当政之时，即鲁襄公三十年（公元前543年）五月的某个夜晚，宋国宫室遭遇火灾，大家纷纷四散逃命。宫人在大火波及伯姬住所之前，及时地提醒救护她迅速逃生，但伯姬坚守礼教，提出"保傅不俱，夜不下堂"，即依照礼制，当时自己的"保傅"并不在身边，身为女性的她夜间不可独自外出，因而坚持等待"保傅"前来陪同自己。结果本来具有完全行动能力的伯姬就这样错失了逃

---

① 郑玄，注.孔颖达，正义.礼记正义[M].上海：上海古籍出版社，2008：1156.
② 郑玄，注.孔颖达，正义.礼记正义[M].上海：上海古籍出版社，2008：1160.

生的大好机会,最终亡于火中。在今人看来,伯姬将"礼"置于生命之上、视名节大于生命、在危急时刻不懂权变、拒绝变通的做法,令人痛惜,更令人不解,甚至会遭受诸如过于愚昧、人格异化的指斥和讥讽。但是,恪守礼制、不肯变通的伯姬此举在当时却受到普遍的赞叹,甚至各国诸侯兴师动众,汇聚卫国澶渊,特地为其志哀。此后这一故事在古代各种史书中也被出于激赏和赞美的目的而反复记载,不断增饰,文字、内容彼此有所出入,出现多个版本。例如《左传·襄公三十年》:

> 甲午,宋大灾,宋伯姬卒,待姆也。君子谓:"宋共姬女而不妇。女待人,妇义事也。"①

通过《左传·襄公三十年》中的此段记载,我们可以获得这样的信息:其一,虽然《礼记》所载的"保""傅"可由男性充任,但这里所载伯姬待其"傅母"、"保母",其名目明确为"母",说明其身份当是女性无疑。其二,已然老年的伯姬平时仍有"傅母""保母",这说明尽管很多学者强调《礼记》中有关礼制、官制的相关记载具有理想化的虚构性成分,对其真实性颇有质疑,但是贵族女子自幼配有"傅母""保母",这些女性对贵族女性的陪伴甚至终其一生,并且在她们的生活中扮演非常重要的角色,这些显然是可信的确凿事实。其三,唯有在"傅母""保母"陪伴下,伯姬方肯夜间下堂行动,否则宁愿舍弃生命也不越礼行动,这说明在贵族女性的生活中,"傅母""保母"具有非常重要的作用,其地位绝非奴婢仆从一类的存在。其四,宋共姬因等待"保母"而错失逃生机会,《左传》的作者通过"君子曰"的评论对伯姬进行评论时又称其"待姆也",说明"姆"与"母"可通,甚或"姆"可兼称"傅母""保母"。

---

① 洪亮吉.春秋左传诂[M].北京:中华书局,1987:618.

这一故事同样出现在《穀梁传·襄公三十年》中：

> 伯姬之舍失火,左右曰:"夫人少辟火乎!"伯姬曰:"妇人之义,傅母不在,宵不下堂。"左右又曰:"夫人少辟火乎!"伯姬曰:"妇人之义,保母不在,宵不下堂。"遂逮乎火而死。①

《穀梁传》中伯姬所等待的分别是"傅母"和"保母",这与《左传》所载稍有出入;至于她强调自己即使在性命攸关时刻亦严守礼制,必须由人陪伴自己才可在夜间离开即将被大火延及的居室,这与《左传》所载完全相同。

伯姬的故事在春秋时期显然是一次令人瞩目的事件,《春秋公羊传·襄公三十年》对此也进行了记录：

> 宋灾,伯姬存焉,有司复曰:"火至矣,请出。"伯姬曰:"不可。吾闻之也,妇人夜出,不见傅、母,不下堂。傅至矣,母未至也。"逮乎火而死。②

《春秋公羊传》的这段记载中,伯姬等待的是"傅母",此处"傅母"与《左传》《穀梁传》中专指一人不同,当是"傅"与"母"两人的合称,伯姬坚持唯有两人同时出现、共同陪伴自己,自己才能外出逃生。可惜最终因"傅"虽至但"母"未至,伯姬不肯逃生,最终丧命火海。这一版本中的"傅""母"相对,因而有学者将"傅"视作身为老年男性的教师。虽然《礼记》中的记载有身为男性的"傅",但将此处的"傅"直接视为男性显然有待商榷。

西汉时期著名的经学家、目录学家、文学家刘向(公元前77—前6年)编著

---

① 承载.春秋穀梁传译注[M].上海:上海古籍出版社,2004:594.
② 黄铭,曾亦,译注.春秋公羊传[M].北京:中华书局,2016:602.

了《列女传》。这部中国古代第一部女性专史的撰写目的主要在于"以戒天子",即劝谏皇帝、嫔妃和外戚。《列女传》记录了一百一十名女性的事迹,并分为母仪传、贤明传、仁智传、贞顺传、节义传、辩通传和孽嬖传七个部分。其中《列女传·贞顺》亦收入了"宋恭伯姬"的事迹:

> ……至景公时,伯姬尝遇夜失火,左右曰:"夫人少避火!"伯姬曰:"妇人之义,保傅不来,夜不下堂,待保傅来也。"保母至矣,傅母未至也。左右又曰:"夫人少避火!"伯姬曰:"妇人之义,傅母不至,夜不可下堂,越义求生,不如守义而死。"遂逮于火而死。……颂曰:伯姬心专,守礼一意。宫夜失火,保傅不备。逮火而死,厥心靡悔。春秋贤之,详录其事。①

此段记载中,伯姬等待的分别是"傅母"和"保母",因"保母至矣,傅母未至"伯姬不肯逃生,火中殒命。从《列女传》所载中可以看到,伯姬等待的是"保母""傅母"两人,她们可以合称为"保傅"。

先秦两汉的文献中,称指贵族女子的家庭教师除了"姆"之外,还有其他多种称谓。这从上述有关伯姬的几处不同的记载中也可见一斑。同一个故事中,《春秋》三传及刘向《列女传》中分别出现了"姆""傅""母""傅母""保姆""保傅"等多种提法。四部古籍的相关记载中,出现了伯姬待"姆"、待"傅母"或"保母"、"傅"至而待"母"、"保母"至而待"傅母"四种不同的说法,相当混乱。后世学者难以考证哪一处记载更接近史实。但我们由此可以有这样的认识:这一故事早在先秦时期的流传过程中就已经出现了多种版本;不同版本的记录者对于"姆""傅""母""傅母""保姆""保傅"等的异同难以精准区分;这一故

---

① 张涛,译注.列女传译注[M].北京:人民出版社,2017:156.

事总体上呈现出陪伴者人数由一人增至两人、情节日渐复杂曲折、小说家笔法日益明显的特点,作者由此凸显了伯姬自矜自重、严守礼制的特点。

唐代杜佑编纂的《通典》是中国古代第一部典章制度通史,其中的《礼典》以煌煌百卷记述了自上古至唐朝天宝末年的礼仪制度、礼制沿革。《通典·礼典》礼五十二"缌麻成人服三月"中有这样的说明:

> 晋袁准云:保母者当为保姆,春秋宋伯姬待姆是也,非母之名也。母者,因父得称。且保傅,妇人辅相,婢之贵者耳。①

这说明所谓"保母"实乃"保姆"之俗称,与"母亲"无涉,其身份是"婢之贵者"。宋共姬的生卒年史书无载,但根据史书相关内容推算,遭遇火灾而去世之时她已年逾花甲,加之她当时远离鲁国,身在宋国,因此《春秋公羊传》中的"母"绝无称指"母亲"之可能。明确这一点之后,可以确定,上述四处记载中的所谓"姆""傅""母""傅母""保姆""保傅"都是陪伴在贵族女子身边、充任"辅相"之责的女性。从彼此矛盾的记载中可知,这些名目之间的严格区别往往被人忽略,这些词语基本都可以视作"辅相"贵族女性的女性的不同称谓。结合《礼记》中的相关记载可知,"辅相"的内容,既包括生活照料、起居陪伴,也包括道德训导、知识传授。所以,她们的诸多工作内容中,已经涵盖了女师之职能,或者说,她们在一定程度上就是早期的女师。

古代典籍中除了较为常见的"姆"之外,贵族女性之师还有多种名目,尽管这些名目从字面上来看似乎与"师"并无直接关联,但这些称谓流传广泛、影响深远。例如,西汉宣帝时,胶东顷王刘音的母亲多次出宫游猎,一向以刚直敢言著称的胶东相张敞于是上书《奏书谏胶东王太后数出游猎》。根据东汉班固

---

① 杜佑.通典[M].杭州:浙江古籍出版社,1988:501.

《汉书》卷七十六《张敞传》的记载,张敞上书中有这样的内容:

> 礼,君母出门则乘辎軿,下堂则从傅母,进退则鸣玉佩,内饰则结绸缪。此言尊贵所以自敛制,不从恣之义也。①

此后的《太平御览·人事部》卷九十二"谏诤一"也记录了同样的故事,只是张敞谏书中的个别措词用语与通行本《汉书》所载稍有不同,"傅母"被写成"傅姆":"礼,君母出门则乘辎軿,下堂则从傅姆,进退则鸣玉佩,内饰则结绸缪。此言尊贵所以自敛制,不纵恣之宜也。"

从以上内容可知,虽然张敞所言只针对贵族女性中地位极为尊贵的"君母"即胶东顷王的母亲,但是,由此至少可以推知,先秦时期的"三母"之制在汉代依然得到了延续。贵族女性配有"傅母",由贵族女性"下堂则从傅母""尊贵所以自敛制,不从恣"可知,"傅母"对贵族女子的言行均有重要的教导训示作用,"傅母"之教在汉代依然是礼制的一个重要部分。

除了上述的"傅""保""姆"这些习称之外,先秦时期已经出现了以"师""母师"称指女性之师的文献记录。

《诗经》的第二篇即《周南·葛覃》中,已经出现了贵族女子之"师"即"女师"的相关文字,此诗堪称对先秦女师之制的形象诠释。从此篇的《毛传》中我们可知,至少在汉代已明确出现了"女师"之称谓。

《诗经·周南·葛覃》:

> 葛之覃兮,施于中谷;维叶萋萋。黄鸟于飞,集于灌木,其鸣喈喈。

---

① 班固.汉书[M].北京:中华书局,1962:3220.

葛之覃兮，施于中谷；维叶莫莫。是刈是濩，为絺为绤，服之无斁。

言告师氏，言告言归。薄污我私，薄浣我衣。害浣害否，归宁父母。①

有关此诗之主旨、诗中"师"的具体所指，自古以来聚讼纷纭，或以为咏叹"后妃之德"，或以为描写出嫁女子思归，不一而足。在中国古代，影响最大的解释首推《毛诗序》的题解："《葛覃》，后妃之本也。后妃在父母家，则志在于女工之事，躬俭节用，服浣濯之衣；尊敬师傅，则可以归安父母，化天下以妇道也。"毛诗的小序中已然把"尊敬师傅"作为"后妃之德"的具体表现之一，而后妃具备"化天下以妇道也"的懿德，"师傅"自然也功不可没。对于此篇主旨，毛传、郑笺、孔疏乃至朱熹的《诗集传》均采用《毛诗序》的说法。

在此前提下，对于诗中"言告师氏"，《毛传》解释说："师，女师也。古者女师教以妇德、妇言、妇容、妇功。祖庙未毁，教于公宫三月。祖庙既毁，教于宗室。"郑玄笺曰："我告师氏者，我见教告于女师也，教告我以适人之道。重言我者，尊重师教也。"唐代孔颖达进一步解释："女师者，教女之师，以妇人为之。"②这里的传与疏对"女师"的身份、功能、教授对象、教授内容做了简明扼要的说明：所谓"女师"，即古代教授女子妇德、妇言、妇容、妇功的女性教师。如果细究诸说，可以发现其中尚有细微区别。或以"师"或"师氏"为全面教授贵族女子"妇德、妇言、妇容、妇功"的家庭教师，或以为仅仅是贵族女子出嫁之前对其进行临时的婚前集中培训的女性教师。有的学者因此认为"师"与"姆"有明确的分工差异。

《仪礼》《礼记》中的确都有贵族女子婚前接受培训的记录：

---

① 程俊英，蒋见元.诗经注析[M].北京：中华书局，2017：8-10.
② 李学勤.十三经注疏·毛诗正义[M].北京：北京大学出版社，1999：33-34.

《仪礼·士昏礼》:"女子许嫁,笄而醴之,称字。祖庙未毁,教于公宫,三月。若祖庙已毁,则教于宗室。"

《礼记·昏义》:"是以古者妇人先嫁三月,祖庙未毁,教于公宫。祖庙既毁,教于宗室。教以妇德、妇言、妇容、妇功;教成,祭之,牲用鱼,芼之以苹藻,所以成妇顺也。"

不过,细读上述记录,却未见其中对于承担婚前教育之责的人的名目。唐代孔颖达为《礼记·昏义》作疏,曰:"云'教之者,女师也'者,即《诗·周南》云'言告师氏',则《昏礼》注云'姆,妇人五十无子出'者也。"但孔颖达并未明说"女师"是提供婚前教育者的专有名目,还是临时性地兼做婚前培训的女性教师的一般性名称。结合与"女师"相关的其他文献进行的考察,结论应该是后者,即虽然在先秦时期的确有贵族女子出嫁之前在祖庙或宗室之中,由"女师""师氏"对其进行婚前教育的礼俗,但是"女师""师氏"并非是专司女性婚前教育的教导者的专有名称,从事婚前教育的教导者,属于职司广泛的"女师""师氏"中的一类,而非全部。

中国古代甚至还有以"女师"为篇名的针对女性的箴诫之作。班婕妤(公元前48—2年)是汉成帝(公元前51—前7年,公元前33—前7年在位)的嫔妃,以善诗赋、有美德著称。《汉书·外戚传》记载的班婕妤的事迹中,有这样的描写:"健仔诵《诗》及《窈窕》《德象》《女师》之篇。每进见上疏,依则古礼。"对此,颜师古注曰:"《诗》谓《关雎》以下也。《窈窕》《德象》《女师》之篇,皆古箴戒之书也。"[①]另外,东汉文人蔡邕(133—192年)《议郎胡公夫人哀赞》也提到了"女师":"议郎夫人赵氏,字曰永姜,允有令德,秉心塞渊,舒详闲雅,仪节孔

---

① 班固.汉书[M].北京:中华书局,1962:3984.

备。女师四典,窈窕德象,罔不习孰,以供妇道。"①从这两则文献可知,汉代有多种针对女性的女教之书流传,以德自重的贵族女子多经常诵习以警戒鞭策,世人亦以此对女性钟德的懿德嘉行予以褒扬。其中就有一篇以《女师》为名。遗憾的是,《女师》等这些在东汉时期尚传世流通的文献著作早已散佚失传,我们无法获知其具体内容。但是,考虑到上述记载中诵习《女师》的绝非婚前少女,所以"女师"专司婚前教育内容的概率极小。这也能从侧面说明不可把"女师""师氏"简单等同于专门进行贵族女性婚前教育的女性。

《毛传》将"教以妇德、妇言、妇容、妇功"作为"女师"的职责,这与《礼记·内则》中的相关记载基本重合:"女子十年不出,姆教婉娩听从,执麻枲,治丝茧,织纴组紃,学女事以共衣服,观于祭祀,纳酒浆、笾豆、菹醢,礼相助奠。"由此可知,《毛传》所谓的"女师"与《礼记·内则》所谓的"姆"的身份角色是高度重合的,亦将"女师"等同于"姆"。《康熙字典》对"姆"字所释列的诸多义项之一即是"女师",所论较为具体,涉及"女师"的年龄及家庭状况:"同'姥'。女师也。妇人五十无子出,不复嫁,以妇道教人者。"

《礼记·内则》中有为贵族男性幼童所设置的"三母"的记载:"异为孺子室于宫中。择于诸母与可者,必求其宽裕、慈惠、温良、恭敬、慎而寡言者,使为子师,其次为慈母,其次为保母,皆居子室。他人无事不往。"其中"子师,教示以善道者",偏重于道德教育;"慈母,知其嗜欲者"和"保母,安其居处者",偏重于生活起居保障。与此相较,充任贵族女性之师的女性的职司与贵族男童的"三母"明显不同,具有将"妇德、妇言、妇容、妇功"四项相互融合、综合教授的特点。正如前文所分析的那样,即使各种典籍对宋共姬(即伯姬)火中罹难的故事津津乐道,她的"傅""保"也被反复提及,但宋共姬的"傅""保"两者究竟有何区别,这些典籍却未曾说明。这也许是因为先秦时期这一问题世人皆知而不

---

① 邓安生.蔡邕集编年校注[M].石家庄:河北教育出版社,2002:385.

必多言,也许是因为可以参照周初专为世子设立的"三公"制度中的"保""傅"之职司所以不必赘言,但还有可能是因为女性之师的职司过于综合化,以至于难以条分缕析加以说明。比较而言,最后一种说法的可能性更大一些。可以明确的是,《诗经·周南·葛覃》一诗的《毛传》中所说的"女师也。古者女师教以妇德、妇言、妇容、妇功"可视为对于古代"女师"职司的全面说明,而孔颖达疏中所说的"女师者,教女之师,以妇人为之"则是对"女师"身份的最简明的概括。由于"女师"职司内容颇为庞杂,因而《毛传》所言的"女师"在广义上实际已经涵盖了其他文献中提及的贵族女性的"保""傅""姆",等等。

  西汉时期刘向《列女传》卷一《母仪传》中记载了"鲁之母师"的故事。此事发生在战国初期鲁穆公(?—公元前376年,公元前410—前377年在位)当政之时。穆公在历史上以礼贤下士著称,郭店楚墓竹简中存有《鲁穆公问子思》,记录了穆公礼拜孔子之孙孔伋(子思),并向其咨以君臣政事之事。班固《汉书·艺文志》在记录《子思子》二十三篇的同时,称子思曰:"名伋,孔子孙,为鲁缪公师。"两处可相佐证。鲁穆公以子思为师之事与其令夫人诸姬以鲁九子之母为师,两者的内在逻辑完全自洽。据《列女传》记载,"鲁九子之寡母"遵守礼法,德行兼备,且为人通达睿智,善于体察人情,因而受到鲁国国君的褒扬,不仅获得"母师"的正式尊号,还成为鲁国国君的"夫人诸姬"的老师,可谓实至名归、名实相符:

  母师者,鲁九子之寡母也。腊日休作者,岁祀礼事毕,悉召诸子,谓曰:"妇人之义,非有大故,不出夫家。然吾父母家多幼稚,岁时礼不理。吾从汝谒往监之。"诸子皆顿首许诺。又召诸妇曰:"妇人有三从之义,而无专制之行。少系于父母,长系于夫,老系于子。今诸子许我归视私家,虽逾正礼,愿与少子俱,以备妇人出入之制。诸妇其慎房户之守,吾夕而反。"于是使少子仆,归办家事。天阴,还失早,至间外而止,夕而入。鲁大夫从台上见而怪之。使人间视其居处。礼节甚修,家事甚理。使者还,以状对。于是大夫召母而问之曰:"一日从北方来,至间而止良久,夕乃入。吾不知其故,甚怪之,是以问也。"母对曰:"妾不幸早失夫,独与九子居。腊日礼毕事闲,从诸子谒归视私家。与诸妇孺子期夕而返。妾恐其醺醾醉饱,人情所有也。妾反太早,不敢复返,故止间外,期尽而入。"

大夫美之,言于穆公,赐母尊号曰母师,使朝谒夫人,夫人,诸姬皆师之。君子谓母师能以身教。①

鲁九子之寡母因"礼节甚修,家事甚理"而获得鲁穆公的褒扬,进而被擢拔成为鲁穆公"夫人诸姬"之师。由"鲁之母师"的故事可知,"鲁之母师"这位"女师"是国君由民间延请进入宫廷;"女师"地位尊贵,获得国君的尊崇;"女师"谨守女德,通达人事是其获得此项荣耀的重要原因;可以推想"女师"在公中的教化亦以言传身教的道德训诫为主,与生活照料、起居陪伴、知识传授无关。战国初期鲁穆公授予"鲁九子母""母师"的尊号,并延请其为自己的"夫人诸姬"的女师的事件,让我们看到见诸文献记载的女师在现实生活中依然存在,并且对于当时礼制的建构、社会的和谐,具有积极的推动作用和重要的社会影响。

另外,《周礼·天官·冢宰·九嫔》:"九嫔掌妇学之法,以教九御妇德、妇言、妇容、妇功,各帅其属而以时御叙于王所。"②所谓"九嫔",即帝王之妃,同时也是宫中女官。《礼记·昏义》:"古者天子后立六宫、三夫人、九嫔、二十七世妇、八十一御妻。"嫔、御是天子后妃的不同名目。严格来说,嫔低于妃,而御又低于嫔。按照《周礼·天官·冢宰·九嫔》的说法,"九嫔"在天子后宫中兼有女官、女师之职,负责调教训练地位低于她们的"嫔",其教学内容即"妇德、

---

① 张涛,译注.列女传译注[M].北京:人民出版社,2017:46.
② 孙诒让.周礼正义[M].北京:中华书局,2013:552.

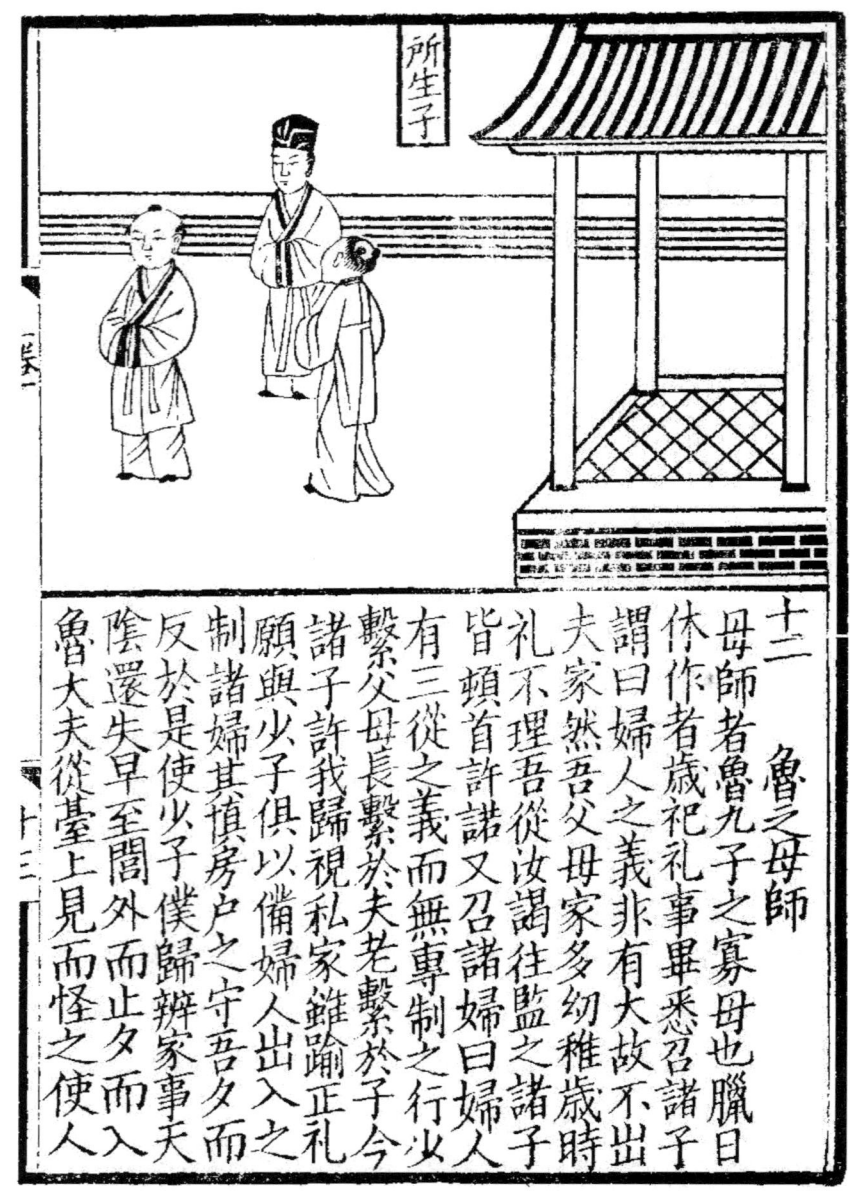

图 1-2 《文选楼丛书》本《新刊古列女传》书影

妇言、妇容、妇功"，这类学习内容被统称为"妇学"。由此可见，"九嫔"也是先秦文献中记录的古代女性教师的一种，此类女师比较特殊，在宫廷之中开展教学活动，即"各帅其属而以时御叙于王所"，属于古代后妃系统的内部教育，并不会推及宫廷之外的贵族社会或者普通女性。

综上所论，本文所论"女师"，即以《毛传》、孔疏所论为据，即所谓"女师"，指古代由女性充当的、教授贵族女性"妇德、妇言、妇容、妇功"的家庭教师，她们的教育和守护，伴随了贵族女性一生的各个阶段。"女师"出现甚早且源远流长，在周代已经出现，在汉代依然存在，并在此后各个历史时期发挥作用。通过前文梳理的古代有关"女师"的诸多名目及其复杂关系，可知古代文献典籍中的贵族女性的"保""傅""姆"均在"女师"之列。所以，对"女师"这一特殊群体的关注，将有助于我们更好地认识贵族女性的生活状态和成长过程，更好地理解古代男权社会中女性的自我审视和性别认知，更好地发现在男女尚未平权的时代女性自身基于传播力、领导力而具有的重要社会影响。对"女师"的研究，不仅是探究中国古代教育史的题中之义，更是重塑中国文化史、中国社会史的重要内容。

## 第三节 班昭对女师传统的继承与超越

由前文可知，根据先秦两汉文献，自从周代以来，"女师""师氏""保""傅""姆"等在当时社会礼制规范及现实生活中始终都是重要的存在。西汉时期随着汉武帝实行"罢黜百家，独尊儒术"，儒家思想被定为一尊。建立在周礼基础上的儒家思想使周礼的制度、观念、精神等得到了进一步的系统化并广为流布。两汉时期，作为一种职业身份的女师依然存在，而且其内涵及外延还发生了一定变化，经常被引申，用来喻指美称那些道德高尚、堪为女性楷模的女性。"女师"一词在其本义、引申义层面均见诸汉代以来的文献之中，女师也活跃在汉代以来的现实生活中。

研究中国古代女性教育史的学者很少关注东汉后期著名的书法家、文学家、政治家、音乐家蔡邕(133—192年)以四言诗体撰写的《青衣赋》，这篇作品对于理解汉代女师形象的变迁转型是具有一定的启示意义的。《青衣赋》前半部分内容如下：

> 金生砂砾，珠出蚌泥。叹兹窈窕，产于卑微。盼倩淑丽，皓齿蛾眉。玄发光润，领如蝤蛴。纵横接发，叶如低葵。修长冉冉，硕人其颀。绮袖丹裳，蹑蹈丝扉。盘珊蹁跹，坐起昂低。和畅善笑，动扬朱唇。都冶斌媚，卓跞多姿。精慧小心，趋事如飞。中馈裁割，莫能双追。《关雎》之洁，不蹈邪非。察其所履，世之鲜希。宜作夫人，为众女师。伊何尔命，在此贱微。①

《青衣赋》的主要内容是作者以饱含浓情的生花妙笔倾诉了自己与一位品德、才情、容貌等方面均堪称完美的女性的刻骨相思，以及由于这位女性出身低微，两人身份悬殊而难吐心声、难遂心愿的无限感伤。值得注意的是，蔡邕在淋漓尽致地铺排渲染了这位女性的容华绝代、温婉守礼、娴熟家事等诸多特点之后，以"宜作夫人，为众女师"八字作为对这位完美女性形象的总结性褒扬和赞美。他没有如一般的爱情作品那样以两人在私人情感生活中的圆满结局作为目标来期待，而是认为此女的品德、才情、容貌本应使她成为得到礼法社会尊奉崇仰的"夫人"或者"女师"，这样表述显然是出于感叹造化弄人、命运不公的失衡心态和补偿心理，反映出奉儒守制的蔡邕对于等级社会中的传统礼制所持的非常矛盾的心态。

---

① 邓安生.蔡邕集编年校注[M].石家庄：河北教育出版社，2002：147.

蔡邕在《青衣赋》中所描述的这位"宜作夫人,为众女师"的女子虽然只是文学作品中创造出的一个艺术形象,但从中可以折射出蔡邕心目中视女师为完美女性的典范的观念。他在《青衣赋》中描述了此女的盛德、高才、美貌等诸多方面,这与传统女教所强调的四个基本方面即妇德、妇言、妇容、妇功是大致重合的。与传统往往更加强调女师作为持重谨严的"女德"守护者、传播者不同,蔡邕在《青衣赋》提及的"女师"是兼具"妇德、妇言、妇容、妇功"的完美女性,与传统典籍中的相关记载相比,蔡邕心目中的女师更为通达人情,虽然她以"女德"卓异著称但"女德"已绝非"女师"之唯一优长。从蔡邕笔下的这一完美女性形象中可以折射出汉代女师形象的微妙变迁。

汉代之后,有关女师的记载亦常见诸史籍以及其他著作。例如,南朝梁元帝萧绎的生母阮修容本名石令嬴,被梁武帝纳为妃子之后因受宠进位修容,赐姓阮氏。《梁书》列传第一有其本传,但行文简略,措辞寥寥。萧绎《金楼子·后妃》则大不然,他以饱蘸浓情之笔用相当长的篇幅记载了阮修容的生平事迹,其中特别言及阮修容有"女师之德"。显然此处"女师"与职业身份已无直接关系,是对阮修容道德才华的溢美之词:

> 修容诞中粹之至和,涵祥明之纯气。贤明之称,女师之德,言为闺门之则,行为椒兰之表。以升明元年丁巳六月十一日生,生而紫胞,朝请府君以为灵异。年数岁,能诵《三都赋》,《五经》指归,过目便解。同生弟妹各二人,为家之长。朝请永明之朝,密勿王事,与茹法亮、纪僧真对直,多在禁省,不得休外处分家计,专以仰委,号为女王。拊循弟妹,闺门辑睦。①

---

① 许逸民,校笺.金楼子校笺[M].北京:中华书局,2011:380.

这样的用法亦见于《梁书》列传第一的太宗王皇后本传中:

> 太宗简皇后王氏讳灵宾,琅邪临沂人也。祖俭,太尉南昌文宪公。后幼而柔明淑德,叔父暕见之曰:"吾家女师也。"①

由此可见,虽然肇始于周代、作为周礼的重要组成部分的女师制度后来并未被完整继承下来,但是女师文化却在中国古代封建社会得以延续并不断发扬光大,因而"女师"在上述文献记载中的内涵与先秦时期相比已经悄然发生变化,具有了更为丰富的内涵。因此,本文所论之"女师",并不限于国家政权在贵族社会大力推行的礼制中的职业身份,而更多是从文化层面入手,以"女师"称指那些在德、能等诸多方面不仅在资质上堪为女性师表,而且在实际生活中切实有师范之行的特殊女性。

既然中国古代"女师"传统源远流长,那么在诸多"女师"之中,谁的历史影响最大、最能代表"女师"这一特殊群体呢?毫无疑问,在中国古代乃至近代,东汉的班昭一直是世人心目中最具代表性的"女师"典范之一。

有关班昭生平、著述的材料,主要见于南朝刘宋时期范晔(398—445 年)编撰的《后汉书》卷八十四《列女传》"曹世叔妻",其中有关班昭生平的主要内容如下:

> 扶风曹世叔妻者,同郡班彪之女也,名昭,字惠班,一名姬。博学高才。世叔早卒,有节行法度。兄固著《汉书》,其八表及《天文志》未及竟而卒,和帝诏昭就东观藏书阁踵而成之。帝数召入宫,令皇后诸贵人师事焉,号曰大家。每有贡献异物,辄诏大家作赋颂。及邓太后

---

① 姚思谦.梁书[M].北京:中华书局,1973:158.

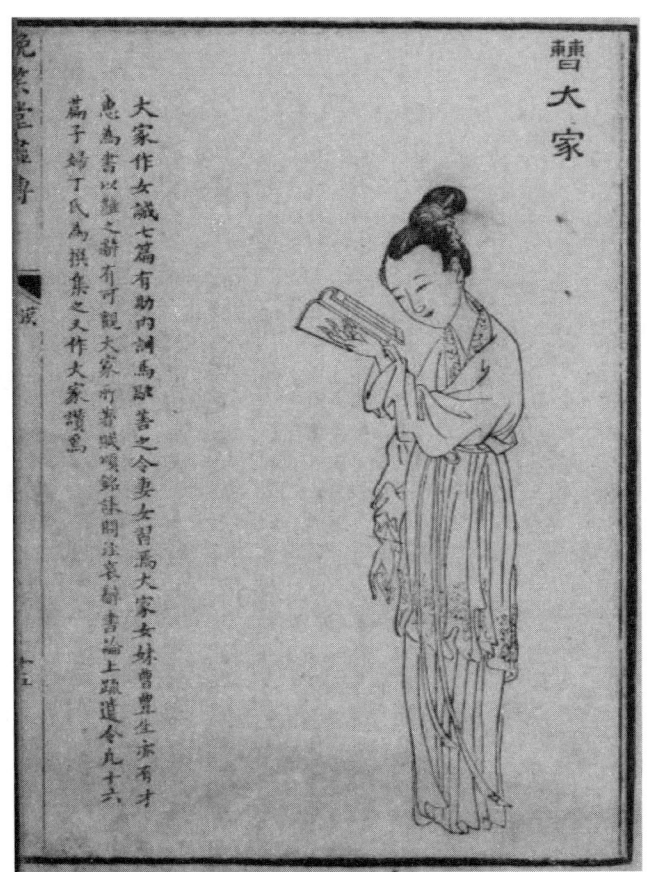

图 1-3 《晚笑堂竹庄画传》中的班昭像,上官周撰,清代乾隆八年刊本

临朝,与闻政事。以出入之勤,特封子成关内侯,官至齐相。时《汉书》始出,多未能通者,同郡马融伏于阁下,从昭受读,后又诏融兄续继昭成之。

永初中,太后兄大将军邓骘以母忧,上书乞身,太后不欲许,以问昭。昭因上疏曰……太后从而许之。于是骘等各还里第焉。

作《女诫》七篇,有助内训。其辞曰……

> 马融善之,令妻女习焉。
>
> 昭女妹曹丰生,亦有才惠,为书以难之,辞有可观。
>
> 昭年七十余卒,皇太后素服举哀,使者监护丧事。所著赋、颂、铭、诔、问、注、哀辞、书、论、上疏、遗令,凡十六篇。子妇丁氏为撰集之,又作《大家赞》焉。①

班昭生卒年不见史籍所载,据学者研究推定,其生年当在公元45年左右,卒年当在117年左右。班昭,名昭,一名姬,字惠姬、惠班,东汉通儒班彪之女,史家班固、名将班超之妹。十四岁嫁于同郡曹寿为妻。曹寿,字世叔,史籍无传,因而生卒年及生平不详,根据《后汉书》班昭本传,仅知曹寿有妹曹丰生,"亦有才惠"。曹寿去世较早,班昭独自抚养子女,未曾再嫁。

《后汉书》班昭本传对班昭作为女师的事迹有较为丰富的记录,班昭作为女师,其多方面的事迹以及影响力已经远远超越先秦时期的女师。作为女师的班昭一方面是传统女教的忠实继承者,另一方面又通过其身体力行、言传身教赋予女教以更为丰富的内容,并由此展示出新的女师形象。班昭的教育实践,显然已经超越了传统的"妇德、妇言、妇容、妇功",具有了更为深广的内容。因此,作为一位女师,班昭实施的女教既是传统的,又是新变的;既是保守的,又是革新的。其丰富性、复杂性依然有待我们去深入探索、深度开掘。

那么,班昭作为女师,她对前代女师传统有哪些超越呢?

由前文所述可知,古代女师是国家官制和礼制的一个有机组成部分,女师职掌内容均有明确的规定。因此,女师具有职业化的特点,教育行为对女师而言是一种职业行为。古代有关女师的记载从名称到司职均有一定出入,但概而言之,女师教育的对象是贵族女性,其中包括幼年贵族女子和成年贵族女

---

① 范晔.后汉书[M].北京:中华书局,1965:2784-2792.

性;女师教育的内容包括道德教化、知识传播、生活照料等方面。

班昭作为女师,有广义和狭义之别。所谓狭义的"女师",主要见于《后汉书》班昭本传的记载:"帝数召入宫,令皇后诸贵人师事焉,号曰大家。……及邓太后临朝,与闻政事。……时《汉书》始出,多未能通者,同郡马融伏于阁下,从昭受读,后又诏融兄续继昭成之。"又据《后汉书》卷十《皇后纪上》第十:"太后自入宫掖,从曹大家受经书,兼天文、算数。"从中可知,班昭受汉和帝之命,入宫为皇后以及诸贵人之师,初入宫时尚为贵人的邓绥师从班昭学习经书、天文、算数。从邓绥初入宫至汉和帝去世之后邓绥临朝,班昭作为邓绥之师的这层关系延续了多年。另外,关于汉代大儒马融的师承,虽然在范晔的《后汉书》的马融本传中仅提及挚恂一人[1],但《后汉书》的班昭本传"时《汉书》始出,多未能通者,同郡马融伏于阁下,从昭受读"可以补马融本传之缺漏,至少可以断定,马融有关《汉书》的学习是直接受教于班昭的。至于广义的"女师",主要因班昭为自家诸女撰写了家训《女诫》,根据《后汉书》班昭本传,《女诫》的影响在当时就已超出其家训范畴,"马融善之,令妻女习焉"[2]。另外,她的《东征赋》既是自述情志之作,亦兼以训导垂示晚辈。

由此可知,班昭与前代女师既有共性,又有不同。概而言之,班昭对前代女师传统的超越主要表现为以下四个方面:

第一,教育对象。班昭施教的对象以女性为主,她的女性学生并非一般的贵族女性,而是皇后、嫔妃以及太后。与此同时,她教授的学生已经不限于女性,她传授马融《汉书》就说明她已经超越了传统意义上的"女师"。

第二,职业身份。作为女师的班昭,其活动空间不再囿于女性闺帏之内,

---

[1] 范晔《后汉书》马融本传:"京兆挚恂以儒术教授,隐于南山,不应征聘,名重关西。融从其游学,博通经籍。恂奇融才,以女妻之。"
[2] 马融之妻,即大儒挚恂之女。马融晚年行为放诞,不拘礼法,已经与传统儒者之行事判然有别,其为人为学均体现出儒家经学向玄学转变的特点。但其早年行径与晚年所为明显不同。对此学界已多有讨论,兹不赘述。

已经离开闺房,进入公共空间。班昭在中年和晚年,在邓绥临朝期间,频繁出入宫廷,长期"与闻政事",并曾上疏对太后咨询之事提出建议;另外,在朝廷之上,"每有贡献异物,辄诏大家作赋颂"。班昭的"女师"兼有"谋臣""文臣"之角色特点。

第三,教育内容及教育方法。班昭的教学内容非常广泛深入,涉及经书、史书、天文、算数等,这亦非传统女性力所能及的。班昭的教育内容与教育方法直接相关,她因材施教,其女师实践具有鲜明的针对性,教育教学内容呈现出差异化、阶梯性等特点。与传统女师主要从事道德教化、知识传播、生活照料不同,班昭的重点在道德教化方面,其道德教化在广度、深度方面均超越前代女师。她在因袭传统、传授家庭语境之下的女德的同时,更强调超越家庭范围的朝堂之上的女德,因此,她强调的女德已经不再是传统儒家有关女性守身、相夫教子的狭小范畴,而是与道家的以柔克刚、以退为进、守雌称雄的理念相结合的,是君王南面之术的重要组成部分。班昭的教育内容貌似彼此龃龉、充满矛盾,其实具有清晰的内在逻辑,她的进阶式、差异化教育是她将孔子因材施教的理念在实践中提升到的一个新的阶段。

第四,教学目的。班昭作为女师的教育教学充满了二律背反,她从强调男女有别、男尊女卑入手,强调普通女性在家庭之中的柔顺谦卑,以促成家庭关系的和睦和谐;但其教育最终却又导向超越性别差异,不仅多年在实务上帮助女性执掌权柄、管理国家,更在理论上提出女性亦可如儒家君子,由修身立德而垂范世人、载名青史的最高理想。从中可以看出,班昭的女性观念充满了弹性和张力,既有婉约隐忍地顺应环境的一面,更有雄心勃勃地超越时代的一面。

本书的第二章至第四章将对上述方面展开具体的论述。三章内容将从班昭的女教实践出发,探究她针对不同的女性展开的渐次而上的三套不同层次的教育内容。借由对班昭女师实践的条分缕析的探究,我们将厘清班昭女性教育的内在逻辑,凸显班昭的教育理念,进而对班昭在中国女性史及中国女性教育史上的地位、作用和影响给予合乎历史实际的评判,对当前学界的班昭研究中剑走偏锋、过于极端的现象予以纠偏和救弊。

# 第二章 班昭女性教育之初阶：
## 由恪守妇德而主持内帏
### ——以《女诫》为中心

班昭一生的成就遍及史学、教育、文学、政治等多个领域。因续写《汉书》成为著名的历史学家；因创作了《东征赋》等一系列文学作品成为著名的文学家；因辅佐邓太后当朝成为著名的政治家；因撰写《女诫》、入宫为宫廷女师成为历史上著名的教育家。作为历史学家、文学家，班昭的历史地位、历史贡献为世人所公认，毋庸置疑；作为政治家，班昭的历史作用、历史影响虽然还有待世人更多地了解，但至少为学界所积极肯定。唯有作为教育家的班昭，自古至今她获得的评价却大起大落，近代之前她被众口一词地赞许甚至尊奉，近代以来批评之声日渐高涨。肯定者尊其为女界的"孔夫子""女圣人"，贬抑者则斥其为"班贼""女界罪人""父权制帮凶"。可以这样说，近代之前，班昭因《女诫》备受尊崇；近代以来，班昭却因《女诫》备受诟病。可谓成也《女诫》，败也《女诫》。

近年来，随着中国传统文化的研究日渐深入，"国学热"在当代中国社会广泛形成，并日渐扩散。在此如火如荼的文化热潮中，班昭的《女诫》的地位及评价在某些民间的"女德"教育中重新回归中心，但也因此遭到对"女教"持理性态度的学者和其他社会人士的新一轮的抨击。这实际上是近代对班昭的《女诫》的两种不同声音的当代再现。

班昭的《女诫》是中国古代第一部女性教育读本,第一部女子道德教育教材的材料。南朝刘宋时期范晔(398—445年)编撰《后汉书》时,在卷八十四《列女传》中为班昭作传时将其《女诫》全文收入,因而流传广远。班昭被称为"大家""曹大家",因此《女诫》亦名《曹大家女诫》。其实这篇著名的《女诫》篇幅并不长,仅有二千字左右。因其包括序言及正文七章,故也称《七诫》。为下文论说之便,兹录班昭《女诫》全文如下:

> 鄙人愚暗,受性不敏,蒙先君之余宠,赖母师之典训。年十有四,执箕箒于曹氏,于今四十余载矣。战战兢兢,常惧黜辱,以增父母之羞,以益中外之累。夙夜劬心,勤不告劳,而今而后,乃知免耳。吾性疏顽,教道无素,恒恐子谷负辱清朝。圣恩横加,猥赐金紫,实非鄙人庶几所望也。男能自谋矣,吾不复以为忧也。但伤诸女方当适人,而不渐训诲,不闻妇礼,惧失容它门,取耻宗族。吾今疾在沉滞,性命无常,念汝曹如此,每用惆怅。间作女诫七章,愿诸女各写一通,庶有补益,裨助汝身。去矣,其勖勉之!
>
> 卑弱第一:古者生女三日,卧之床下,弄之瓦砖,而斋告焉。卧之床下,明其卑弱,主下人也。弄之瓦砖,明其习劳,主执勤也。斋告先君,明当主继祭祀也。三者盖女人之常道,礼法之典教矣。谦让恭敬,先人后己,有善莫名,有恶莫辞,忍辱含垢,常若畏惧,是谓卑弱下人也。晚寝早作,勿惮夙夜,执务私事,不辞剧易,所作必成,手迹整理,是谓执勤也。正色端操,以事夫主,清静自守,无好戏笑,洁齐酒食,以供祖宗,是谓继祭祀也。三者苟备,而患名称之不闻,黜辱之在身,未之见也。三者苟失之,何名称之可闻,黜辱之可远哉!
>
> 夫妇第二:夫妇之道,参配阴阳,通达神明,信天地之弘义,人伦

之大节也。是以《礼》贵男女之际,《诗》著《关雎》之义。由斯言之,不可不重也。夫不贤,则无以御妇;妇不贤,则无以事夫。夫不御妇,则威仪废缺;妇不事夫,则义理堕阙。方斯二事,其用一也。察今之君子,徒知妻妇之不可不御,威仪之不可不整,故训其男,检以书传,殊不知夫主之不可不事,礼义之不可不存也。但教男而不教女,不亦蔽于彼此之数乎!《礼》,八岁始教之书,十五而至于学矣。独不可依此以为则哉!

敬慎第三:阴阳殊性,男女异行。阳以刚为德,阴以柔为用,男以强为贵,女以弱为美。故鄙谚有云:"生男如狼,犹恐其尪;生女如鼠,犹恐其虎。"然则修身莫若敬,避强莫若顺。故曰敬顺之道,妇人之大礼也。夫敬非它,持久之谓也。夫顺非它,宽裕之谓也。持久者,知止足也。宽裕者,尚恭下也。夫妇之好,终身不离。房室周旋,遂生媟黩。媟黩既生,语言过矣。语言既过,纵恣必作。纵恣既作,则侮夫之心生矣。此由于不知止足者也。夫事有曲直,言有是非。直者不能不争,曲者不能不讼。讼争既施,则有忿怒之事矣。此由于不尚恭下者也。侮夫不节,谴呵从之;忿怒不止,楚挞从之。夫为夫妇者,义以和亲,恩以好合,楚挞既行,何义之存?谴呵既宣,何恩之有?恩义俱废,夫妇离矣。

妇行第四:女有四行,一曰妇德,二曰妇言,三曰妇容,四曰妇功。夫云妇德,不必才明绝异也;妇言,不必辩口利辞也;妇容,不必颜色美丽也;妇功,不必工巧过人也。清闲贞静,守节整齐,行己有耻,动静有法,是谓妇德。择辞而说,不道恶语,时然后言,不厌于人,是谓妇言。盥浣尘秽,服饰鲜洁,沐浴以时,身不垢辱,是谓妇容。专心纺绩,不好戏笑,洁齐酒食,以奉宾客,是谓妇功。此四者,女人之大德,而不可乏之者也。然为之甚易,唯在存心耳。古人有言:"仁远乎哉?

我欲仁,而仁斯至矣。"此之谓也。

专心第五:《礼》,夫有再娶之义,妇无二适之文,故曰夫者天也。天固不可逃,夫固不可离也。行违神祇,天则罚之;礼义有愆,夫则薄之。故《女宪》曰:"得意一人,是谓永毕;失意一人,是谓永讫。"由斯言之,夫不可不求其心。然所求者,亦非谓佞媚苟亲也,固莫若专心正色。礼义居洁,耳无涂听,目无邪视,出无冶容,入无废饰,无聚会群辈,无看视门户,此则谓专心正色矣。若夫动静轻脱,视听陕输,入则乱发坏形,出则窈窕作态,说所不当道,观所不当视,此谓不能专心正色矣。

曲从第六:夫得意一人,是谓永毕;失意一人,是谓永讫。欲人定志专心之言也。舅姑之心,岂当可失哉?物有以恩自离者,亦有以义自破者也。夫虽云爱,舅姑云非,此所谓以义自破者也。然则舅姑之心奈何?固莫尚于曲从矣。姑云不尔而是,固宜从令;姑云尔而非,犹宜顺命。勿得违戾是非,争分曲直。此则所谓曲从矣。故《女宪》曰:"妇如影响,焉不可赏。"

和叔妹第七:妇人之得意于夫主,由舅姑之爱己也;舅姑之爱己,由叔妹之誉己也。由此言之,我臧否誉毁,一由叔妹,叔妹之心,复不可失也。皆莫知叔妹之不可失,而不能和之以求亲,其蔽也哉!自非圣人,鲜能无过。故颜子贵于能改,仲尼嘉其不贰,而况妇人者也!虽以贤女之行,聪哲之性,其能备乎!是故室人和则谤掩,外内离则恶扬。此必然之势也。《易》曰:"二人同心,其利断金。同心之言,其臭如兰。"此之谓也。夫嫂妹者,体敌而尊,恩疏而义亲。若淑媛谦顺之人,则能依义以笃好,崇恩以结援,使徽美显章,而瑕过隐塞,舅姑矜善,而夫主嘉美,声誉曜于邑邻,休光延于父母。若夫蠢愚之人,于嫂则托名以自高,于妹则因宠以骄盈。骄盈既施,何和之有!恩义既乖,何誉之臻!是以美隐而过宣,姑忿而夫愠,毁訾布于中外,耻辱集于厥身,进增父母之羞,退益君子之累。斯乃荣辱之本,而显否之基也。可不慎哉!然则求叔妹之心,固莫尚于谦顺矣。谦则德之柄,顺则妇之行。凡斯二者,足以和矣。《诗》云:"在彼无恶,在此无射。"其斯之谓也。①

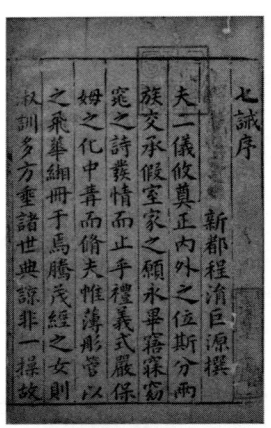

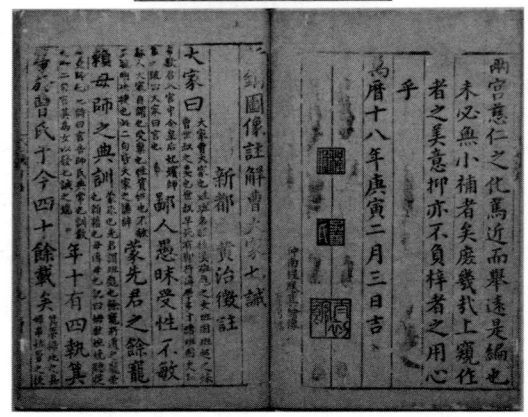

图 2-1 《新镌图像注解曹大家七诫》书影,班昭撰,明朝黄治征注,明万历十八年序刊本

---

① 范晔.后汉书[M].北京:中华书局,1965:2786-2791.本文所引《女诫》正文,皆以《后汉书》为本,不再一一赘述。

从《女诫》文本可知,这篇作品以古代礼制和儒家典籍作为立论基础,以卑弱、夫妇、敬顺、妇行、专心、曲从、和叔妹为论说主题,以女性的修身、齐家为讨论范围,将传统儒家"三从四德""男尊女卑"等观念系统化、具体化,表现出了与儒家思想在汉代治国方略中不断强化、在日常生活中日渐深入的时代主题的高度同步,其核心思想非常明显地表现出了对男权社会的屈从,体现了女性自身对"男尊女卑"社会角色定位的认同,甚至强化了女性的这种身份认同。因而《女诫》从客观上强化了封建伦理道德、价值观念,对维护封建社会的秩序发挥了重要作用,当然,在发挥这样的作用的同时,它对古代女性思想和人格的束缚也是显而易见的。

但是,如果我们把关注的中心聚焦于《女诫》的初始语境,就会发现传播于后世的《女诫》与班昭当时所写的《女诫》两者的适用对象、传播渠道、受众主体等之间存在着很大的偏差,发生了很大的变迁:后世所理解与接受的《女诫》已经彻底剥离了班昭《女诫》的初始语境,也明显与班昭当初写作《女诫》的初衷相互龃龉。正因如此,本来包含丰富寓意的班昭的《女诫》写作行为,已被大大地扁平化、概念化、抽象化了。

也许,只有当我们不再急于为班昭的《女诫》扦插政治化、道德化的标签的时候,我们才能以意逆志、知人论世,回归班昭《女诫》的原点,从而把班昭当时写作的《女诫》与后世解读的《女诫》区别开来。

梳理《女诫》的写作背景,结合班昭的处事方式、气质个性,《女诫》中体现的以下几个方面的问题是学界较少关注而笔者却认为是非常重要的:

其一,《女诫》的文体及性质:文体属于"戒",且为"戒"中的家诫、家训。如果进一步细分,则为家诫、家训中的闺训。因而在研究《女诫》的时候,需要联系此类文体的特点评估其表述的内容及表述的方式。

其二,《女诫》的阅读对象:班昭的女儿为主的家族晚辈女性,而非泛泛而论的一般女性。即大致成年但尚未出阁的年轻世家贵族女性、未来的门当户对的世家贵族的新一代女主人。《女诫》写作的直接动机是整肃闺帏、重申家风。由于班固意外遭受牵累下狱死亡,班昭很可能产生了顺应当时主流价值观念的避祸心理,其中当然不排除有关女性性别认同的观念。另外,班昭未雨绸缪,感到自己步入暮年,来日无多,痛感世风败坏、女德沦丧,诸女即将出阁、有待教化,这些均为班昭写作《女诫》的动因所在。但是,原始动因不等于终极目的。联系班昭的其他作品我们就可以知道,班昭对自我的认识、对女性的认识,绝非一篇《女诫》所能涵盖。

其三,《女诫》的主要内容:道术并济——为妇之道与为妇之术。贯穿其间的既有班昭自律内敛、低调隐忍的个性特点,更有班昭洞悉世情、深察人性的练达与精明。在《女诫》中,班昭用她独特的方式,总结了在汉代贵族家庭内部如何处理各种复杂关系的经验并将其上升到处事原则和做人规范层面,体现了她对掌控自我命运的长期思考与艰辛努力。

如果我们从上述几个维度重新考量《女诫》的话,就会发现这篇作品具有多重解读空间,蕴含极其丰富的内涵。其中最突出的特点就是班昭打通了公共领域与女性私人领域的壁垒,在理论上建构女德的同时,更从实践层面展现出道术并济的智慧。

当我们谈及公共领域的时候,往往将其与私人领域对举,家、家庭毫无疑问是私人领域的主体。但是,详考班昭的《女诫》便会看到,班昭的社会意识、家庭观念却不尽然。如果说对于男性来说,物理空间的家庭属于私人领域、家庭之外的社会才是公共领域的话;那么对于女性来说,家庭既是其私人领域,也是其扮演社会角色、应对各种人际关系的公共领域。正因如此,班昭在《女诫》中时时观照这两个方面,自如地游走于这两者之间——所论内容一方面具有浓郁的亲情人伦意味,另一方面则体现了浓郁的公共关系色彩。以下逐项分而论之。

## 第一节　家训:《女诫》的文体及性质

《女诫》,就文体性质而言,属于"戒",如果更具体地划分的话,则属于"戒"中的家诫。家诫也称家训、家教、家范或家规。倡导教育、重视教化,是中国古已有之的传统。秦汉以来,随着儒家思想的日益完备、成为一尊,教育的理念更是在社会各个层面被推而广之。与此相应,历史上留下了大量的与教育相关的历史文献,其中的家训文献也颇为可观。据郝建平的《教育与两汉社会的整合研究》,"西汉保存下来的家训文献共计二十一篇,家训作者十六位;东汉保存下来的家训文献五十一篇,家训作者四十三位"[1]。

在中国文学理论发展史上,南朝齐梁时期的刘勰在《文心雕龙》中对"戒"这一文体进行了开拓性的研究。在《文心雕龙》的第十九篇《诏策》中,刘勰专论"戒"这一文体,并将其附在皇帝的诏令文告"诏""策"之后。有关"戒"的文字虽然简短,却清晰完整,包含了他在《序志》篇中所介绍的《文心雕龙》文体论的四大基本板块——"原始以表末,释名以章义,选文以定篇,敷理以举统",《诏策》中,刘勰特别提到了班昭的《女诫》:

> 戒者,慎也;禹称戒之用休。君父至尊,在三罔极。汉高祖之敕太子,东方朔之戒子,亦顾命之作也。及马援以下,各贻家戒。班姬女戒,足称母师也。[2]

在这里,刘勰所论涉及"戒"这种文体的基本特点、历史发展、代表作品。在他看来,"戒"就是"戒之用休",即君、父、师以谨慎的态度,用美德来训诫臣、

---

[1] 郝建平.教育与两汉社会的整合研究[M].北京:中华书局,2014:79.
[2] 范文澜.文心雕龙注[M].北京:人民文学出版社,1958:360.

子、徒的下行文字。虽然刘勰这里列举的"戒"的主体为君、父、师三类,但从他举出的三篇"戒"的代表性实例来看,却无一例外,都属于家诫,即早于班昭《女诫》的西汉刘邦(公元前 256—前 195 年)写给太子的《手敕太子文》、东方朔(约公元前 161—前 93 年)写给儿子的《诫子书》、东汉初年马援(公元前 14 年—49 年)写给侄子的《诫兄子严敦书》,以及班昭的《女诫》。其实,在刘勰之前,比较重要的家诫、家训还有东汉郑玄的《戒子益恩书》,三国时曹操的《诸儿令》,诸葛亮的《诫子书》,东晋陶渊明的《与子俨等疏》等。但刘勰在"选文以定篇"的时候只提及这四篇,并在"原始以表末"环节特别说明了它们在"戒"这一文体发展过程中的重要性:刘邦、东方朔的这两篇作品,都是临终之作,带有遗嘱、遗命性质;而到了东汉的伏波将军马援,由于他的《诫兄子严敦书》是"前在交趾,还书诫之",即在其戎马倥偬期间所写,所以此篇"戒"已经突破了临终遗嘱这一特定写作时间和语境。马援的《诫兄子严敦书》写作于戎马倥偬之中,文字简洁,《后汉书》卷二十四马援本传录其全文:

> 初,援兄子严、敦并喜讥议,而通轻侠客。援前在交趾,还书诫之曰:"吾欲汝曹闻人过失,如闻父母之名,耳可得闻,口不可得言也。好论议人长短,妄是非正法,此吾所大恶也,宁死不愿闻子孙有此行也。汝曹知吾恶之甚矣,所以复言者,施衿结缡,申父母之戒,欲使汝曹不忘之耳。龙伯高敦厚周慎,口无择言,谦约节俭,廉公有威。吾爱之重之,愿汝曹效之。杜季良豪侠好义,忧人之忧,乐人之乐,清浊无所失,父丧致客,数郡毕至。吾爱之重之,不愿汝曹效也。效伯高不得,犹为谨敕之士,所谓刻鹄不成尚类鹜者也。效季良不得,陷为天下轻薄子,所谓画虎不成反类狗者也。迄今季良尚未可知,郡将下

车辄切齿，州郡以为言，吾常为寒心，是以不愿子孙效也。"①

由于马援的这篇《诫兄子严敦书》产生了广泛的社会影响，形成了示范效应，自此，"及马援已下，各贻家戒"，即此后以长者父辈身份撰写家诫成为一时之风气，家诫遂成为"戒"的主体。班昭的《女诫》就是在此背景下产生的。

在《文心雕龙》之后，南北朝时期颜之推的《颜氏家训》因其内容宏富、结构完整，成为中国古代最著名的家训之一，并对后世产生了深远的影响。此后，优秀的家训作品纷纷问世，比如唐代李世民的《帝范》，北宋司马光的《家范》，南宋陆游的《放翁家训》、袁采的《袁氏世范》，元代郑太和的《郑氏规范》，明代杨继盛的《杨忠愍公遗笔》、姚舜牧的《药言》，明末清初朱用纯的《治家格言》（又名《朱子家训》），清代康熙帝的《庭训格言》、许汝霖的《德星堂家订》、曾国藩的《曾文正公家训》、左宗棠的《与子书》、张之洞的《致儿子书》、林纾的《示儿书》等，不胜枚举。这些家训的主体多为父亲写给儿子的训导之辞，相形之下，由母亲写给女儿的家训数量就少了很多。刘勰在《文心雕龙》中首次对"戒"这一文体进行系统研究的时候，由于当时出现的家训数量有限，所以他尚未对家训进行更为严格细密的划分，但他在"戒"的代表作品马援的《诫兄子严敦书》之后特别提及班昭的《女诫》，并强调班昭因此确定了自己的"母师"形象和地位，已经隐含了他对"戒"这一文体有所区分的意识了："及马援已下，各贻家戒。班姬女戒，足称母师也。"在刘勰看来，班昭的《女诫》是马援之后的诸多家诫中的特立独行的一篇，值得特别提及。

值得注意的是，马援的《诫兄子严敦书》有这样几句："所以复言者，施衿结褵，申父母之戒，欲使汝曹不忘之耳。"马援将自己写信告诫侄子的举动，与父母送女儿出嫁时替女儿结好带子、挂好佩巾并反复叮咛告诫相提并论，这说明

---

① 范晔.后汉书[M].北京：中华书局，1965：844-845.

在日常生活中存在着更为广泛的以口语形式出现的"戒",即女儿出嫁时父母的谆谆告诫之语,其内容、功能、话语方式与作为一种文体的"戒"高度一致。

这样我们就可以理解刘勰在"戒"这一单元的收束之语的重要性了:"班姬女戒,足称母师也。"从中我们可以作如下解读:班昭的《女诫》是马援之后"各贻家戒"风气下的代表作品;与刘邦、东方朔、马援的家诫不同,班昭的《女诫》是女性家长写给家族之中的年轻女性的,因而填补了"戒"这一文体的一大空白;《女诫》超越了"施衿结缡,申父母之戒"这一具体的、有限的情境,上升到系统化、理论化的高度。

刘勰以"班姬女戒,足称母师也"作收束之语,说明了他心目中《女诫》的社会影响和班昭的历史地位。那么句中的"母师"当作何解?

"母师"是刘勰对班昭的赞语,对于评价班昭的《女诫》非常重要,因而有必要对此内涵细作推敲。从《文心雕龙》的诸家注释中可以看出,今人对此的理解存在着一定的差异。就影响较大的数种《文心雕龙》的注释来看,范文澜的《文心雕龙注》在此处征引了《后汉书·列女传·班昭传》的相关内容,在言及《女诫》原文中的"赖母师之典训"之处,注释曰:"母,傅母也。师,女师也。"① 赵仲邑的《文心雕龙译注》对"母"的解释与范文澜有所不同,他将"母师"解释为"保母和女教师"②;王久烈等的《语译详注文心雕龙》则将"母"理解为性别说明词,将"母师"翻译为"女性的良师"③,不再将"母"视作先秦就已存在的"保母"或者"傅母";詹锳的《文心雕龙义证》则在引用范文澜所注之后,提供了另外一条材料,这对理解"母师"颇有启发:"《列女·母仪传》:'大夫美之,言于穆公,赠母(鲁九子之寡母)尊号,曰母师。'"④ 流传广泛的周振甫的《文心雕龙今译》的理解与范文澜基本一致,将"母师"翻译为"傅母和女师",并解释"傅母

---

① 范文澜.文心雕龙注[M].北京:人民文学出版社,1958:375.
② 赵仲邑.文心雕龙译注[M].桂林:漓江出版社,1982:179.
③ 王久烈,等.语译详注文心雕龙[M].台北:天龙出版社,1983:290.
④ 詹锳.文心雕龙义证[M].上海:上海古籍出版社,1989:753.

女师,即女子的保护者和老师"①;戚良德的《文心雕龙校注通释》将其解释为"傅母,女师"②,也体现了与范文澜的高度一致性;祖保泉的《文心雕龙解说》特别提及"母师"与皇族宫廷的关系:"母师:皇家女孩的师傅(老师、保护者)。"③曹书杰、刘书惠的《名家讲解文心雕龙》的解释也基本如此:"皇家、贵族女孩的老师";④王志彬译注的《文心雕龙》则稍有不同:"母师:原指保育、辅导皇族之女的师傅,词此处泛指为母之师。"⑤张长青的《文心雕龙新释》则对皇家、贵族等身份特点未做强调,将"母师"解释为"妇女的保姆和老师"⑥。此外,王运熙、周锋的《文心雕龙译注》在译文中将"母师"翻译为"傅母、女师",在注释中则说:"母师:《女戒》中有'赖母师之典训'语。母,傅母,保育、辅导贵族女子的保母。师,女师。"⑦张灯的《文心雕龙译注疏辨》:"母师:指养育、教导的褓姆和老师。"⑧周勋初的《文心雕龙解析》解释"母师"为"傅母和女师"⑨,他们总体上都认可并承袭了范文澜先生对此处"母师"的注释。

上述诸家之论,各有千秋。其中绝大多数是从古代礼制出发,将"母师"视作"母"与"师"并列对举,分指"母"与"师":"傅母"或"保母"与"女师"。至于"母"究竟指"傅母"还是"保母"("褓姆""保姆"),各家意见则有所出入。

笔者认为,有关"母师",上述各家之说尚可进一步商榷。首先,根据史籍所载班昭的生平事迹,确有入宫为后宫之师的经历,但是并无照料皇族女性生活起居的"保母"或"傅母"经历。所以,若将刘勰此句解释为班昭"称得上保母

---

① 周振甫.文心雕龙今译[M].北京:中华书局,1986:183.
② 戚良德.文心雕龙校注通释[M].上海:上海古籍出版社,2008:234.
③ 祖保泉.文心雕龙解说[M].合肥:安徽教育出版社,1993:395.
④ 曹书杰,刘书惠.名家讲解文心雕龙[M].长春:长春出版社,2011:183.
⑤ 王志彬.文心雕龙[M].北京:中华书局,2012:237.
⑥ 张长青.文心雕龙新释[M].长沙:湖南大学出版社,2009:239.
⑦ 王运熙,周锋.文心雕龙译注[M].上海:上海古籍出版社,2012:132.
⑧ 张灯.文心雕龙译注疏辨[M].上海:复旦大学出版社,2015:176.
⑨ 周勋初.文心雕龙解析[M].南京:凤凰出版社,2015:324.

(或傅母)和老师"明显与史实不符,或不完全相符。其次,在古代汉语中,并列意义的联合词组有时的确存在偏义于某一方而弱化另一方的情况,因此,"母师"在某些语境下有可能虚化"母"之义而强化"师"之义,但这也与《文心雕龙》的词语语义不符。因为刘勰在班昭句之前,特别说明了"及马援已下,各贻家戒",显然是把班昭的《女诫》视作"家戒"的,这与《女诫》的写作动机和主要内容也是完全吻合的,而班昭身为女师是在宫廷之上,并非家庭之中;班昭之所以获得皇帝信任被延请入宫为女师,并非因其《女诫》(当时《女诫》尚未问世),而是因其续写《汉书》而彰显的出众的才学,所以从逻辑上来说,班昭的女师经历并不是以其晚年的《女诫》为前提和条件的。最后,结合"足称"二字可知,此处"母师"包含了尊崇之意,"称"不是"相称",此句不是说班昭因写了《女诫》而与其担任宫廷女师的身份相称,也不是说《女诫》的写作使班昭与其女师之名号相符合。此处"称"当指"(被)称为"或者"称得上",对"母师"的理解应该超越其写实层面的职业身份之义,延展为尊称、赞语。上引各家对《文心雕龙》"母师"的解释中,詹锳先生给出的解释最有启发:此处刘勰称扬班昭为"母师",其义当与《列女传》中鲁九子之寡母所获尊号"母师"的含义相近,指道德高尚、熟稔教育、身体力行、堪为师表的母亲。只不过鲁九子之寡母的"母师"是来自鲁国国君的表彰称号即"尊号",而刘勰也许是受此典故启发,用"母师"指班昭因写作《女诫》使得班昭既是《女诫》阅读对象的母亲或母辈,更是足以教育她们立身于世的优秀老师。由此可知,班昭的《女诫》的内容不仅超越了马援所说的"施衿结缡,申父母之戒"的具体情境,也超越了日常生活化的女子家庭教育;班昭因《女诫》的写作,其历史地位足以从一般意义的"母"上升到具有特殊意义的"师"。在刘勰看来,《女诫》确定了班昭"母师"的社会地位,奠定了班昭"女师"的历史形象。

综上所述,刘勰在《文心雕龙》中提及的几篇代表性的著名家训中,班昭的《女诫》较为特别。其独特之处首先在于其结构、内容的系统性和完整性。正如郝建平在《教育与两汉社会的整合研究》中通过比较得出的结论所言:"汉代的家教著作,内容具体,目的明确,形式短小,多为某人某事有针对性地具体论述,普遍意义不强。"① 相形之下,班昭的《女诫》则以内容的系统性见长。《女诫》的独特之处其次体现为它是一篇女性家长写给家族中的年轻女性的训诫,具体来说,是一篇母亲以书面的形式写给刚刚成年、即将出嫁的女儿们的家训,这明显有别于以上所列男性家长的家训作品。正因如此,《女诫》的内容也就具有了特殊性:班昭作《女诫》,其身份地位、话语姿态非常清晰明确,她并非公开高调地意欲成为天下女子之师、为天下女性泛泛而谈地订立规则,而是作为家族内部几个已届成年的女儿的母亲,非常私密化、个人化地在她们出嫁之前谆谆告诫,宣导"妇礼",说明为妇之道、为妇之术,是班昭作为女性家长将自己毕生的处世心得、做人标准等内容对有血缘关系的家庭未婚年轻女性晚辈倾囊相授。

## 第二节　女教:《女诫》的写作动机及阅读对象

班昭写作《女诫》时,其预设的阅读对象非常明确:以班昭的女儿为主的家族晚辈女性,具体来说是家族中大致成年但尚未出阁的女性。写作动机则是向这些即将出阁的年轻女子申说"妇礼",传授为妇之道、为妇之术。

《女诫》开篇的文字可视作全文的小序,其中涉及其写作动机以及预设的阅读对象:

> 鄙人愚暗,受性不敏,蒙先君之余宠,赖母师之典训。年十有四,执箕帚于曹氏,于今四十余载矣。战战兢兢,常惧绌辱,以增父母之

---

① 郝建平.教育与两汉社会的整合研究[M].北京:中华书局,2014:79.

羞，以益中外之累。夙夜劬心，勤不告劳，而今而后，乃知免耳。吾性疏顽，教导无素，恒恐子谷负辱清朝。圣恩横加，猥赐金紫，实非鄙人庶几所望也。男能自谋矣，吾不复以为忧也。但伤诸女方当适人，而不渐训诲，不闻妇礼，惧失容它门，取耻宗族。吾今疾在沈滞，性命无常，念汝曹如此，每用惆怅。间作《女诫》七章，愿诸女各写一通，庶有补益，裨助汝身。去矣，其勖勉之！

关于班昭的生卒年、《女诫》的写作时间，史书均无准确的记载。根据《女诫》小序可知，《女诫》是班昭在晚年所作。班昭十四岁嫁与同郡曹寿（字世叔）为妻，"四十余载"后写作《女诫》的时候，班昭的年龄当在五十五岁至六十三岁之间。

《后汉书》中无曹寿传。关于曹寿的生平事迹，仅能根据《后汉书》的班昭本传即《曹世叔妻传》略知一二，其中有："扶风曹世叔妻者，同郡班彪之女也，名昭，字惠班。博学高才。世叔早卒，有节行法度。"由此可知，曹寿为扶风郡人，早卒。至于其家世背景、仕宦经历，则没有任何记载。所以，我们仅可由古人婚姻大多重视门当户对这一常理推测，曹寿家庭当与班昭的家庭大致相当。

班氏家族的基本情况可见《后汉书》的《班彪列传》与《班梁列传》，以及班固自著的《汉书·叙传》中的家族历史。《汉书·叙传》称"班氏之先，与楚同姓，令尹子文之后也""始皇之末，班壹避地于楼烦，致马、牛、羊数千群""当孝惠、高后时，以财雄边，出入弋猎，旌旗鼓吹"。即：汉代扶风班氏的先祖是先秦时期楚国的君主之子、楚国令尹——子文。相传子文为虎所乳而长，虎被楚人称为"班"，因此子文也称"班子文"。此后遂以"班"为姓氏。秦国灭楚之后，族人离开故楚，迁至北方；后迁至楼烦，此时班氏虽然不复具有往昔隆崇显赫的政治地位，但也因北迁的第一代祖先班壹善于经营、财力雄厚而在西汉初年富甲一方；第二代祖先班壹之子班孺则任侠尚义，颇有声望；自第三代起班氏开始进入仕途。如果说第三代班长"官至上谷守"、第四代班回"以茂材为长子令",均为北方边地的中下层官员的话,那么到第五代班况的仕宦经历则有了新的突转,由边地而至朝廷,由基层而至高层,加之"成帝之初,女为婕妤",班氏由当初第一代、第二代的豪族到第五代晋升为占籍长安的贵族,再由于第六代中的班婕妤而成为皇室外戚。班氏家族的贵族化、官僚化过程与其儒学化过程基本同步。受西汉时风影响,仕宦顺遂的第五代班况注重以经学教育其子女,三子(班伯、班斿、班稺)一女(即历史上的班婕妤)在当时皆以学术文章而得名。据《后汉书·班彪列传》,班稺之子、班氏家族第七代、班昭之父班彪"才高而好述作,遂专心史籍之间",潜心撰写《史记后传》,并有《北征赋》等作品传世;晚年班彪为望都长,"建武三十年,年五十二,卒官"。由于班彪去世之时《史记后传》尚未完成,所以班彪之子、班氏家族第八代、班昭之兄班固则"踵武其事以继之"。班固"年九岁,能属文诵诗赋,及长,遂博贯载籍,九流百家之言,无不穷究"。个人的聪慧、家学的渊源,使其史学造诣深厚,因而在班彪去世之后继承父志修撰《史记后传》。汉明帝永平五年(62年),班固任兰台令史,后迁为郎,典校秘书,前后历时二十余年,最终完成了《汉书》的主体部分。在潜心学术的同时,班固亦关注世功,当汉和帝永元元年(89年)大将军窦宪北伐匈奴之时,班固随军出征,任中护军,行中郎将,参与军机要务。班氏家族的第八代、班昭次兄班超则是文武全才,虽然他最终投笔从戎,名震西域,位至列侯,但起初也是与其兄班固一样供职于兰台,以文章学术名世。由此可见,班氏家族发展到了班昭所在的第八代,无疑可谓官宦之家、儒学之家了。

这里还涉及另外一个问题:既然《后汉书》的班昭本传中称班昭的丈夫曹寿"早卒",而班昭在《女诫》中又称自己"恒恐子谷负辱清朝",但在写作《女诫》的时候,"男能自谋矣",而"诸女方当适人",说明当时其子曹成(字子谷)已经成人入仕,令其欣慰,但几个女儿虽已长大,却尚未出阁,班昭对她们的前途颇有隐忧,因而《女诫》是班昭为"诸女"所写。

曾有学者据《后汉书》班昭本传记载曹寿"早卒"而推测撰写《女诫》之时已经五六十岁的班昭不可能尚有未嫁之女，因而对班昭写作《女诫》的时间或者写作的对象产生不同意见。其实，"早卒"未必定指青年天亡，只是说明先于班昭辞世而已，如果假设曹寿与班昭年龄大致相当，在四十多岁的中年辞世，那么在班昭写作《女诫》时，自己四十岁左右所生诸女大致成年但仍待字闺中，则完全有可能；或者曹寿另有年纪小于班昭的妾，诸女为妾所生，依礼制以班昭为嫡母，班昭的《女诫》称妾出之女为自己的"诸女"，亦完全可能。既然如此，《女诫》是母亲写给女儿的闺训，这一性质是不可怀疑的。有的学者漫称《女诫》是班昭写给班氏、曹氏整个家族的女性，这也是不完全准确的，与班昭在《女诫》小序所言存在明显出入。

本着门当户对的基本原则，根据班昭的家世背景我们可以大致推测班昭所嫁的曹家应当亦属仕宦之家，或者仕宦之家兼书香门第；根据班昭写作时的年龄以及她在《女诫》中说明的写作目的，我们可以确定《女诫》的阅读对象亦即班昭意欲以《女诫》教导的年轻女性，当属身为官宦闺秀的班昭的"诸女"（与七子曹成相对），而这些女子，即将在不久的将来成为门楣大致相当的其他官宦之家的新一代女主人。这些因素决定了班昭在《女诫》中所"诫"的重点并非泛泛而谈，而是有非常明确的针对性：如何为妇于上层社会的仕宦之家？《女诫》的重点是上层社会的为妇之道或曰为媳之道，而非其他，唯有明确了这一点，对《女诫》内容的理解和分析才能有的放矢、落在实处。

明确了班昭为《女诫》预设的阅读对象，我们就可进一步讨论其写作动机了。从上文分析可知，传授上层社会的为妇之道，这是《女诫》的内容，也是班昭写作《女诫》的动机。但是，为何班昭在序言中面对晚辈女性（自己基本成年、即将出阁的女儿们，即"诸女"）陈述这一动机的时候如此忧惧、惆怅、沉痛、自抑呢？

详考《女诫》序言，结合《汉书》《后汉书》的相关记载，我们可以得出这样的初步判断:首先,班昭的《女诫》是其对自己一生为妇之道的总结;其次,《女诫》是班昭重视教育、训导"诸女"的集大成之作;最后,班昭对"诸女"严守"妇礼"的期许既与儒学大盛的东汉时期的时代风尚相关,更与其家族历史紧密相关。以下分而论之。

一、班昭的《女诫》是其对自己一生为妇之道的总结

　　班昭写作《女诫》时,已届晚年,虽然五六十岁的年龄在今天不算高寿,但在"人生七十古来稀"的古代,这早已算作迟暮之年。加之当时班昭身体状况欠佳,久病不愈,因此忧惧自己的生命即将走到尽头,即"吾今疾在沉滞,性命无常,念汝曹如此,每用惆怅",这样看来,《女诫》其实带有一定的遗嘱的性质。同时,班昭又称自己"伤诸女方当适人",前文所引东汉初年马援的《诫兄子严敦书》曾提及当时送女儿出嫁的婚礼上"施衿结缡,申父母之戒"的礼制和婚俗,班昭的丈夫曹寿早卒,能够在未来女儿出嫁之日承担训导告诫之责的唯余"诸女"的寡母班昭了。班昭自伤年迈体弱,担心来日无多,担忧自己未必来得及亲自送"诸女"逐一出阁,所以,班昭写《女诫》的另外用意就是在"性命无常"的急迫感的驱策之下,将她本来应在女儿出嫁时告诫嘱咐"诸女"之言,以文字的形式在《女诫》中提前悉数表述给"诸女"。

　　由此可知,就《女诫》的初始写作动机而言,它是一篇比较私人化的家训,是自忖不久于人世的母亲特地写给即将成年、出嫁的女儿的闺训,内容以"妇礼"为中心,对其未来嫁入夫家之后如何立身行事、和睦家庭提出了一系列训导与要求。正是因为《女诫》的高度私人化,我们才能理解为何在序言中班昭并没有直接从经典化、教条化的妇德入手训导"诸女",而是循循善诱、娓娓道来、设身处地、以己推人,从自己一生的为妇经历谈起,并将自己此时的忧虑、惆怅等和盘托出——本欲训导晚辈却首先谦和自抑、本欲令自口出却先推心置腹,这种话语导入方式使《女诫》正文中凛若冰霜的家长严命被裹挟在和煦

温润的春风之后,令人陡增无限的亲近感。这种刚柔并济、外柔内刚的立言方式,其实与《女诫》中班昭所宣导的为妇立身的原则高度一致。

班昭的《女诫》可以视作班昭对自己四十余年为妇之道的现身说法。首先,班昭开篇自述"鄙人愚暗,受性不敏,蒙先君之余宠,赖母师之典训",说明自幼完备的家庭教育为其终身明女德、守妇礼奠定了深厚的基础。众所周知,此处班昭"鄙人愚暗,受性不敏"的自述与实际情况并不相符,班昭深厚渊深的文史修养、儒学修养在当时已经为世人所公认,这一点不言而喻。班昭之所以在此处如此刻意地自我贬抑,既可以视作是"戒"这一文体行文需要特别慎重的要求使然(刘勰的《文心雕龙·诏策》将"慎"视为"戒"这一文体的核心特点,即"戒者,慎也,禹称'戒之用休'")。但更应该视作是班昭谦和自抑、谨慎自律的品性的自然流露。其次,班昭在序言中谈及自己的婚姻生活,值得注意的是,这里对"诸女"之父、自己的丈夫只字未提,而是强调自己的婚姻对班氏、曹氏两个家庭的重要意义。她描述总结自己在四十余年的婚姻生活中的状态是"战战兢兢,常惧黜辱""夙夜劬心,勤不告劳",唯恐自己言行失当而为曹家、班家带来不利,即"增父母之羞""益中外之累""失容它门,取耻宗族"。这寥寥数语,勾勒出班昭隐忍克制、恭谨谦和的一生,更反映出班昭的婚姻观、家庭观:显然,在班昭的时代,她对幸福的理解与今天大不相同。她对夫妻情爱不置一词,她以平静沉稳的理性精神,强调婚姻中的女性应该通过懿行德声增益夫家名望、光耀母家门楣,在她看来,这才是女性在婚姻生活中应该追求的终极目标,大概这也算是女性价值、意义的终极体现。这样的女性观、幸福观充满了理性精神和群体意识。

毫无疑问,这样的家庭观、婚姻观并非班昭所独创,有其深厚的社会原因和文化背景。中国古代儒家文化强调家国一体,强调人的社会化、群体性存在方式。《周易·序卦》曰:"有男女然后有夫妇,有夫妇然后有父子,有父子然后有君臣,有君臣然后有上下,有上下,然后礼义有所错。"《大学》曰:"古之欲明明德于天下者,先治其国;欲治其国者,先齐其家;欲齐其家者,先修其身。"传统儒家确立的"身修而后家齐,家齐而后国治,国治而后天下平"这一模式使家庭与国家融为一体,伦理与政治密不可分,个人不被视为独立的个体,而是纳入"个人—家庭—社会"的关系之中,家庭趋于政权化,政权趋于家庭化,体现出鲜明的群体性文化特点。由此出发,个人幸福让位于家族利益,个人价值取决于群体利益。西汉武帝时期"罢黜百家、独尊儒术",董仲舒进而将阳—阴、君—臣、夫—妻、父—子完全对应,归为由至上的天道统领的尊—卑同构的等级秩序之中:"丈夫虽贱皆为阳,妇人虽贵皆为阴。阴之中亦相为阴,阳之中亦相为阳。诸在上者皆为其下阳,诸在下者皆为其上阴。"[1]他强调臣对君、子对父、妻对夫的绝对服从、绝对忠诚,由此,他从哲学和伦理的角度论证了在婚姻关系中,夫为妻纲、夫尊妻卑的合理性和必然性。西汉后期,刘向(约公元前77—前6年)在董仲舒思想的基础上又做了进一步的发挥,并通过精选甚至改写历史故事和历史传说,将董仲舒所倡导的儒家伦理思想日常化、生活化。在其编著的《列女传》中,刘向主张女子不事二夫,从一而终;他在《列女传》中专设"贞顺"门类,将"贞顺"视为已婚女子事夫的原则和标准。虽然《列女传》从不同角度彰示了不同社会地位、不同家庭角色的女性之才、女性之德等各个方面,但力主社会道德对女性的规范和约束,却是其鲜明的思想倾向,体现了儒家思想自汉武帝时期被定为一尊之后在社会生活中的深刻影响。在刘向看来,对于女性而言,婚姻的价值与意义主要体现在上事宗庙、下继后世,并以此为核心,以夫为纲,乃至以夫为天。这样的与当时主流儒家价值观紧密对应的家庭观、婚姻观对于班昭的影响显然是根深蒂固的。甚至可以这样说,《女诫》是班昭将当时社会上层尊奉的儒家伦理思想观念借助母亲的地位和影响,明确地转化为家庭内部对年轻一代女性的期许和要求之作。班昭以其合乎当时

---

[1] 曾振宇,傅永聚.春秋繁露新注[M].北京:商务印书馆,2010:231.

主流价值观念的思想,通过《女诫》引领闺帏生活伦理化、家庭生活儒学化。

班昭在《女诫》序言的结尾处特别叮嘱"诸女":"间作《女诫》七章,愿诸女各写一通,庶有补益,裨助汝身。去矣,其勖勉之!""愿诸女各写一通"的要求,与教师为学生留作业、提要求颇为类似;而"去矣,其勖勉之"则对女儿们更为长远的未来寄予厚望,希望《女诫》能在不远的将来给"诸女"带来她所期许的人生。

综上可知,班昭写作《女诫》的动机非常明确,直接动机是整肃闺帏、重申家风;深层动机是总结一生,将自己的人生智慧传示晚辈。唯有结合其写作动机,方可对其内容做出恰切的评判。

二、班昭《女诫》是其重视教育、对"诸女"宣导"妇礼"的总结之作

在《女诫》的序言中,班昭称自己虽然"愚暗""受性不敏",但是"蒙先君之余宠,赖母师之典训",自己得以立身行世,顺畅度过一生,突出强调了自幼家庭教育对于自己一生的重要作用。

有关班昭的生平研究,当代学者的研究中以朱维铮先生的《班昭考》最为详切可靠。朱维铮先生考得"班昭出生不久,其父班彪即去世。而班彪二十九岁得子,五十二岁去世,时班固、班超年均二十三岁。假定班昭卒龄为安帝永宁元年(120年,详下考),迟于班超去世十八年,即等于他们的年龄差距,那就可推定班彪死时,班昭年仅五岁"。此说可为班昭所说的"余宠"即留传、留存的恩泽张本。

今天我们已经无法了解班昭接受教育的具体情况,但从《女诫》的序言里可以推知:虽然班昭的父亲班彪不及亲自教育她长大成人,但班昭有赖于家庭为她延请的"母师",得到了系统、全面的教育,开启了智慧,熟知了女德,为其此后获得"博学高才"的名望奠定了基础。

与自己曾经得到的良好教育相比,班昭对于自己给予儿女的教育颇有自

责,她认为自己"吾性疏顽,教导无素",特别是对诸女,"伤诸女方当适人,而不渐训诲,不闻妇礼,惧失容它门,取耻宗族"。按照字面意义,很容易让人以为班昭真的如她自己所说,一向疏于对子女的教育。但是,细味文意,其实不然:在讲到自己"教导无素"之后列举了儿子曹成荣耀的仕宦经历,并认为这远远超出了自己的预期,虽然重点在于称扬赞美皇恩浩荡,给予曹成如此荣耀,但是也说明了曹成绝非凡庸之辈,否则皇帝岂不有失察之过?曹成的事业有成必然有赖于她的教育。这样我们就知道所谓的"教导无素"只不过是对自己平时对儿女施行的教育的谦称而已。

这里有一个细节需要考辨:《女诫》序言中"圣恩横加,猥赐金紫,实非鄙人庶几所望也",句中所言蒙圣恩受赐"金紫"的是班昭之子曹成,还是班昭本人?学界一般认为指曹成,但朱维铮先生在《班昭考》中通过对古代的官制服色的考证,力排众议,认为是指班昭本人,他指出:"后人对'猥赐金紫'一语,均以为指曹成。同传李贤注引《汉官仪》曰'二千石金印紫绶也',就明证李贤或其幕客,以为班昭生前已见独子官居二千石。其实李贤注误。错就错在不明六百年前的官制服色……据《续汉志》,六百石的中散大夫,只可佩铜印黑绶。因而《女诫》序谓'圣恩横加,猥赐金紫',决非指曹成任齐相。到底指谁呢?只可能指班昭本人。她生前没有受过任何封号,但既被邓太后尊为'师',便与后母新野君等视。故范书邓后纪论曰称她为'班母',不仅出于美文求对仗工整的需要,也表明班昭晚年在宫廷中仪比公主封君,服紫绶(见续汉志)。所谓'猥赐金紫',下文才会紧接着表白'实非鄙人庶几所望也'。"据现有资料可知,班昭之子曹成初为陈留的属县长垣长,为低级官员,秩四百石,班昭当时曾随其赴任,并结合沿途所见所感,撰写了辞赋名篇《东征赋》。后来曹成被征召入朝,为中散大夫,为宫廷顾问官,虽然官阶不高,秩六百石,但属于清要官员,此后官职长期未见升迁。在班昭、邓太后先后去世之后,曹成参与了为废太子鸣冤的"守阙上书",因而在汉顺帝即位之后,由于当初的辅佐之功被格外提拔,担任齐相,秩二千石。曹成仕宦生涯的这个高峰时刻到来之时,距离班昭去世已经过去了七八年。朱维铮先生据此认为,班昭生前不及见曹成任齐相,因而《女诫》序言中的"圣恩横加,猥赐金紫"不可能指曹成。朱维铮先生所论所考,详实有据,给人以启发。但是有一点却不够圆融,那就是朱维铮先生完全从史实出发,忽略了《女诫》此处的语境:此处班昭一方面谦虚地说自己一向对儿女疏于教导,因而对于儿女的前途颇为担忧;另一方面又不无欣慰地说现在儿子已经自立,无须自己担忧了,现在让她放心不下的唯有"诸女"。这样就自然而然地过渡到了此时撰写《女诫》教导"诸女"的必要性和紧迫性了。序言中班昭思路清晰、逻辑谨严,如果在陈述了儿子自立、无须忧虑之后,陡然自陈自己从宫廷圣主处获得的恩宠,然后再说对女儿的担忧,不仅文气滞塞凌乱,而且似乎也有悖常理。

其实,朱维铮先生在《班昭考》中也提到,像齐相这样的东汉二千石大臣,到底是如应劭的《汉官仪》所言佩紫绶,还是如《续汉书》舆服志下所言佩青绶,由于与汉代官制相关的文献本身记载龃龉不一,因而今天很难轻易断定。如果这样,那么单纯从官制出发,得"赐金紫"的也未见得一定是成为齐相的曹成。更何况从时间线上来看,班昭生前不及见曹成出任齐相,这也是不争的事实。那么,此处我们是否可以先从《女诫》序言的行文逻辑的一致性出发,断定得"赐金紫"的是指曹成,班昭以此说明儿子的成绩使自己颇觉欣慰甚至让自己喜出望外;然后根据"赐金紫"从时间上不可能指曹成任齐相,从官制上也不一定指曹成任齐相,从而假设这样的一种可能:曹成直接或间接地受惠于母亲在朝中的影响和地位,获得了朝廷的某种"赐金紫"的格外恩宠?

另外,此处有必要对班昭的"教导无素"的自谦做更深一步的思考和探究。从扶风班氏的家风家史来看,这样一个由失国贵族而至豪族、继而又成为官宦之家兼儒学之家的家族,重视教育无疑是其家风传统。从班昭自述的幼时接受教育的情况来看,班氏对于家族之中的女性的教育也未曾放松。但是,这一延续家族荣耀的教育子弟的链条曾经在班昭眼前断裂崩毁过,其兄长班固之死也与此直接相关。

班昭的兄长班固是东汉历史上著名的历史学家、经学家。据《后汉书》班固本传,班固自幼聪颖过人,但他"性宽和容众,不以才能高人"。这"宽和容众"的性格从一个侧面来说,是儒家提倡的美德;但从另一方面来看,就有可能为不尊原则、不守纲纪者开启方便之门。正因其性格宽和,当班固的父亲班彪去世,班固继承父志,续写其未完成的史书,结果被人告发下狱之时,还有赖其弟班超挺身而出,为之申辩:"固弟超恐固为郡所核考,不能自明,乃驰诣阙上书,得召见,具言固所著述意。"班超的果敢之举不仅使性情温和的班固脱离牢狱之灾,甚至还因祸得福,被任命为兰台令史,从此可以公开堂皇地续写史书。但班固的性格似乎并未因此有所改变。《后汉书》对班固的死因记录甚详:深层原因是他晚年追随平定匈奴、名动朝野的大将军窦宪,后来窦宪密谋叛乱、事败自杀,班固也受到牵连,而直接的导火索则是班固家人、奴仆目无纲纪,肆意妄为,所以《后汉书》直接将班固之死归因为他"不教学诸子"以致家风败坏,祸及自身:"固不教学诸子,诸子多不遵法度,吏人苦之。初洛阳令种兢尝行,固奴阻其车骑,吏呼之,奴醉骂,兢大怒,畏窦宪,不敢发,心衔之。及窦氏宾客皆逮考,兢因此捕系固,遂死狱中。"因班固疏于管教家人、儿子,其家几乎成为为害一方的祸害,《后汉书》中"诸子多不遵法度,吏人苦之"背后是班固诸子多少荒唐可恨的行径,可想而知。家中奴仆醉酒生事,凌辱他们所居的都城洛阳的地方官,而堂堂洛阳父母官种兢因畏惧班固所追随的大将军窦宪的权势,当街遭到班固恶仆凌辱之后只能忍气吞声;后来窦宪事败、班固遭受牵连下狱,种兢终于报了积累多时的仇怨,将狱中的班固迫害致死。这一年是公元92年,班固时年六十一岁,早于班昭撰写《女诫》近二十年。

在历史上,史官多带有家传性质,司马迁继其父司马谈写作《史记》,班固继其父班彪续写《史记》直至最后写出《汉书》,是其中最著名的例子。但是,当六十一岁的班固去世之后，家中却没有能够承袭其遗志，将其未竟的《汉书》续写完成的儿子。今天可见的史书中没有关于班固之子的身世及成就的正面记录，唯有"诸子多不遵法度，吏人苦之"。正因班固"不教学诸子"，班彪创立的史家的家学渊源无法循例由班固之子继承，而是非常罕见地由班固之妹班昭承续。

所以，我们完全可以据此断定，《后汉书》所记录的班固"不教学诸子"不仅使班固身陷囹圄之后衔冤而死，为本是儒学之家的班家的名望带来了重创，更为班家的史学事业带来了几乎中途阻绝的危机。虽然班昭在《女诫》序言中并未提及班固之死，但我们完全有理由相信，此事对于班昭的影响应该是深刻久远的。班固死后，作为班固之弟的班超尚远在西域建立武功，班家的文史功业只能由已经嫁入曹家的班固之妹班昭接续了。此时独身担当大任的班昭不可能不忧惧惊警。明白了这一点，我们也就能够理解为何班昭在《女诫》序言中如此自抑自贬、自律自责了。

三、班昭对诸女严守"妇礼"的期许与其家族历史的紧密关系

班昭的《女诫》以"妇礼"为中心，以为妇之道、为妇之术为内容。《女诫》是身为寡母的班昭为即将出嫁的"诸女"所写，是对"诸女"出阁前的训导，有其必要性；其中对女性严守妇礼妇德对于夫家、父母之家双方的重要性如此强调，又有其必然性。

班氏家族在东汉时期的兴盛以及覆亡，都与女性直接相关。

班氏家族的覆亡肇始于班始杀妻事件——班超之孙班始杀妻，被处腰斩，其同母兄弟均受牵连，被一同弃市。《后汉书》卷四十七《班梁列传》第三十七对此记录甚详："(班超)有三子。长子雄，累迁屯骑校尉。会叛羌寇三辅，诏雄将五营兵屯长安，就拜京兆尹。雄卒，子始嗣，尚清河孝王女阴城公主。主顺帝之姑，贵骄淫乱，与嬖人居帷中，而召始入，使伏床下。始积怒，永建五年，遂

拔刃杀主。帝大怒,腰斩始,同产皆弃市。"《后汉书》其他部分亦记录此事,例如《后汉书》卷六《孝顺孝冲孝质帝纪》第六:"乙亥,定远侯班始坐杀其妻阴城公主,腰斩,同产皆弃市。"《后汉书》志第十一《天文中》:"又定远侯班始尚阴城公主坚得,斗争杀坚得,坐要斩马市,同产皆弃市。"对此,梁代刘昭注引《古今注》曰:"五年夏,荧惑守氏,诸侯有斩者,是冬班始腰斩马市。"① 在西域建立了卓越功勋的定远侯班超的长孙班始袭定远侯,娶了汉顺帝(115—144 年)的姑母、清河孝王刘庆之女阴城公主刘贤得(? —130 年)为妻,因公主不守礼制,公然宣淫,班始不堪其辱,愤而杀人,结果不仅祸及自身,而且班家因此几遭灭门。在这一变故发生的三年前,班超的少子、承袭父业在西域屡立战功的班勇(? —127 年)已卒于家中。所以,班始怒杀公主并遭腰斩,标志着东汉时期人才辈出、显赫数代的班家黯然退出了历史舞台。

　　班始被杀发生在顺帝永建五年(130 年),此时班昭已经辞世十年左右。因此,撰文倡导"妇礼"的班昭不及目睹班氏家族最后的覆亡,亦不及目睹贵为公主的侄孙媳妇如何完全弃"妇礼"于不顾,一味"贵骄淫乱",最终香消玉殒且祸及班家。

　　班氏家族的兴盛与班昭的祖姑班婕妤(公元前 48—约前 2 年)有关。班昭对此无疑是耳熟能详,因为今天我们可见的最为详实完整的有关班婕妤的生平资料,就来自班固、班昭兄妹共同完成的《汉书》的《外戚传》中的班婕妤本传。我们甚至可以这么理解:历史上班婕妤的形象,在很大程度上取决于班固在《汉书》中对班婕妤事迹的记录和描写。《汉书·外戚传下》:

　　　　孝成班倢伃,帝初即位选入后宫。始为少使,蛾而大幸,为倢伃,居增成舍,再就馆,有男,数月失之。成帝游于后庭,尝欲与倢伃同辇

---

① 范晔,司马彪.后汉书[M].刘昭注补.北京:中华书局,1965:3243-3244.

载,婕妤辞曰:"观古图画,贤圣之君皆有名臣在侧,三代末主乃有嬖女,今欲同辇,得无近似之乎?"上善其言而止。太后闻之,喜曰:"古有樊姬,今有班婕妤。"婕妤诵《诗》及《窈窕》《德象》《女师》之篇。每进见上疏,依则古礼。

自鸿嘉后,上稍隆于内宠。婕妤进侍者李平,平得幸,立为婕妤。上曰:"始卫皇后亦从微起。"乃赐平姓曰卫,所谓卫婕妤也。其后,赵飞燕姊弟亦从自微贱兴,逾越礼制,浸盛于前。班婕妤及许皇后皆失宠,稀复进见。鸿嘉三年,赵飞燕谮告许皇后、班婕妤挟媚道,祝诅后宫,詈及主上。许皇后坐废。考问班婕妤,婕妤对曰:"妾闻'死生有命,富贵在天。'修正尚未蒙福,为邪欲以何望?使鬼神有知,不受不臣之诉;如其无知,诉之何益?故不为也。"上善其对,怜悯之,赐黄金百斤。

赵氏姊弟骄妒,婕妤恐久见危,求共养太后长信宫,上许焉。婕妤退处东宫,作赋自伤悼,其辞曰:

承祖考之遗德兮,何性命之淑灵,登薄躯于宫阙兮,充下陈于后庭。蒙圣皇之渥惠兮,当日月之盛明,扬光烈之翕赫兮,奉隆宠于增成。既过幸于非位兮,窃庶几乎嘉时,每寤寐而累息兮,申佩离以自思,陈女图以镜监兮,顾女史而问诗。悲晨妇之作戒兮,哀褒、阎之为邮;美皇、英之女虞兮,荣任、姒之母周。虽愚陋其靡及兮,敢舍心而忘兹?历年岁而悼惧兮,闵蕃华之不滋。痛阳禄与柘馆兮,仍缠袳而离灾,岂妾人之殃咎兮?将天命之不可求。

白日忽已移光兮,遂暗莫而昧幽,犹被覆载之厚德兮,不废捐于罪邮。奉共养于东宫兮,托长信之末流,共洒扫于帷幄兮,永终死以为期。愿归骨于山足兮,依松柏之余休。

重曰:潜玄宫兮幽以清,应门闭兮禁闼扃。华殿尘兮玉阶菭,中庭萋兮绿草生。广室阴兮帷幄暗，房栊虚兮风泠泠。感帷裳兮发红罗，纷綷縩兮纨素声。神眇眇兮密靓处，君不御兮谁为荣？俯视兮丹墀，思君兮履綦。仰视兮云屋，双涕兮横流。顾左右兮和颜，酌羽觞兮销忧。惟人生兮一世，忽一过兮若浮。已独享兮高明，处生民兮极休。勉虞精兮极乐，与福禄兮无期。《绿衣》兮《白华》，自古兮有之。

至成帝崩，倢伃充奉园陵，薨，因葬园中。①

班固为其祖姑撰写的传记并列于外戚诸人当中。但如果细细对比，此篇传记的特点还是非常鲜明的：区区九百多字的篇幅，记录班婕妤生平事迹的文字只有二分之一，另外二分之一则是全文载录了班婕妤失宠之后剖白心迹的骚体赋——《自伤赋》(也称《自悼赋》)。这两部分相互映照、相互补充，聚焦并强化了此篇主旨：班婕妤"依则古礼"。这不仅体现在她"进见上疏"之时，更是她一生的写照。她富有才学，知礼守礼，平时注重修正立德，"诵《诗》及《窈窕》《德象》《女师》之篇""陈女图以镜监兮，顾女史而问诗"，以经典教训自警，以古圣先贤自励；得宠时谨慎小心，低调内敛，"每寤寐而累息兮，申佩离以自思""美皇、英之女虞兮，荣任、姒之母周"，以娥皇、女英、大任、大姒等古代贤德的后妃作为自己师法的楷模。因此，《汉书》借王太后之口称许班婕妤："太后闻之，喜曰：'古有樊姬，今有班婕妤。'"班固在《汉书》此处引用太后之语是实录，而其效果则是确凿可信地将班婕妤与历史上的著名的贤妃、名列"春秋五霸"之一的楚庄王(？—公元前591年)的樊姬相提并论。汉代刘向(公元前77—前6年)撰写《列女传》之时，将樊姬的事迹归入卷二《贤明传》系列之中。《列女传》所录樊姬事迹甚详，可参考：

---

① 班固.汉书[M].北京：中华书局，1962：3983-3988.

樊姬，楚庄王之夫人也。庄王即位，好狩猎。樊姬谏不止，乃不食禽兽之肉。王改过，勤于政事。王尝听朝罢晏，姬下殿迎曰："何罢晏也，得无饥倦乎？"王曰："与贤者语，不知饥倦也。"姬曰："王之所谓贤者何也？"曰："虞丘子也。"姬掩口而笑。王曰："姬之所笑何也？"曰："虞丘子贤则贤矣，未忠也。"王曰："何谓也？"对曰："妾执巾栉十一年，遣人之郑、卫，求美人进于王。今贤于妾者二人，同列者七人。妾岂不欲擅王之爱宠哉？妾闻堂上兼女，所以观人能也。妾不能以私蔽公，欲王多见，知人能也。今虞丘子相楚十余年，所荐非子弟则族昆弟，未闻进贤退不肖，是蔽君而塞贤路。知贤不进，是不忠；不知其贤，是不智也。妾之所笑，不亦可乎？"王悦。明日，王以姬言告虞丘子，丘子避席，不知所对。于是避舍，使人迎孙叔敖而进之，王以为令尹，治楚三年，而庄王以霸。楚史书曰：庄王之霸，樊姬之力也。《诗》曰："大夫夙退，无使君劳。"其君者，谓女君也。又曰："温恭朝夕，执事有恪。"此之谓也。

颂曰：樊姬谦让，靡有嫉妒。荐进美人，与己同处。非刺虞丘，蔽贤之路。楚庄用焉，功业遂伯。①

据此可知，樊姬是一位在德、才、识等方面均有卓异表现的女子，但是在《列女传》中，刘向在"颂"时把重点放在了樊姬作为女性却能不嫉不妒、为楚王广求美人一事上。在刘向看来，樊姬讥刺楚庄王信任的虞丘子"知贤不进"，阻塞"贤路"，与其作为女性却不嫉妒正好形成对比。显然，刘向的"颂"并未对樊姬所具备的政治家的胸襟气度、远在楚王之上的才识和智慧予以过多关注，只是对其作为不嫉妒的贤妃大加揄扬。相比之下，班固在《汉书》中征引的王太

---

① 张涛，译注.列女传译注[M].北京：人民出版社，2017：70.

后对班婕妤的赞语"古有樊姬,今有班婕妤"则将重点放在了樊姬和班婕妤尊礼守礼、以理制情、以国事为重、勇于劝谏并善于劝谏的理性精神和过人识见。在对樊姬的认识方面,晚于刘向数十年的班固(32—92年)比刘向明显更高一筹;而续写《汉书》的班昭,其态度显然是与班固高度一致的。

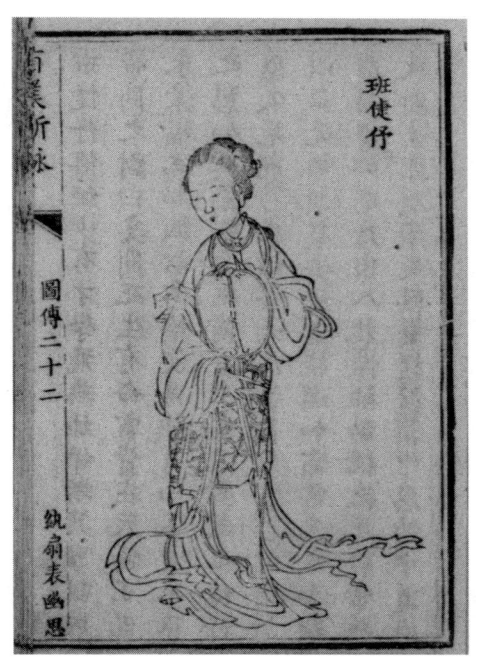

图 2-2 《百美新咏图传》中的班婕妤像。清代颜希源编、王翙绘,集腋轩藏板,清嘉庆十年刊本

与班婕妤"依则古礼"相对,班固的《汉书》在《外戚传》中将赵飞燕、赵合德姐妹的所作所为以一句定评"逾越礼制"来概括。在她们的谗言迫害下,出身名门、聪慧多才、专宠十多年的许皇后(?—公元前 8 年)在鸿嘉三年(公元前 18 年)失宠被废,幽居昭台宫;后又迁居长定宫,因不甘失势受辱,竭力谋求复位,结果事败,绥和元年(公元前 8 年)被汉成帝赐毒药自杀。而与许皇后同时

遭到赵飞燕姐妹谗害的班婕妤虽也失宠,却能明哲保身,反映出她具有清醒的头脑和过人的智慧。失宠后,她转而侍奉王太后;成帝驾崩之后,她又"奉充园陵"。境遇的巨大变迁、成帝的恩断义绝并没有让她一味沉浸在悲戚之中难以自拔,她的清醒、理性让她很快在生活中找到平衡,她转而以诗歌辞赋抒写心中的悲苦,以乐天知命的哲学思想化解现实人生的苦闷悲戚,最终她不仅在赵飞燕姐妹炙手可热之时全身自保,没有像许皇后那样终招杀身之祸,而且将真才实学、真情至性投注于文学创作,最终成为中国古代文学史上优秀的一流作家。《隋书·经籍志》著录《班婕妤集》一卷,已佚。今存班婕妤的传世作品有五言诗《怨歌行》,有赋作《自伤赋》《捣素赋》,以及书信《报诸侄书》①。《怨歌行》见《昭明文选》《玉台新咏》《乐府诗集》等,《自伤赋》则被《汉书·外戚传》全文收录,《捣素赋》见《古文苑》,《报诸侄书》则见于《太平御览》卷一百四十四,不足百字,当为片段。

班婕妤的《怨歌行》也称《团扇》或者《团扇诗》,今通行版本班婕妤《怨歌行》全文如下:

  新裂齐纨素,鲜洁如霜雪。
  裁为合欢扇,团团似明月。
  出入君怀袖,动摇微风发。
  常恐秋节至,凉飚夺炎热。
  弃捐箧笥中,恩情中道绝。

虽然有人怀疑《怨歌行》是否为班婕妤所作,如刘勰在《文心雕龙·明诗》

---

① 班婕妤《报诸侄书》被收入《太平御览》卷一百四十四《皇亲部》(十)引《妇人集》:"记言属见元帝所赐赵婕妤书以相比。元帝被病无惊,但锻炼后宫贵人书也,类多华辞。至如成帝,则推诚写实,若家人夫妇相与书矣。何可比也? 故略陈其长短,令汝曹自评之。"

中所言:"至成帝品录,三百余篇,朝章国采,亦云周备,而辞人遗翰,莫见五言,所以李陵班婕妤见疑于后代也。"①但怀疑者并无确凿证据将其观点坐实②。南朝齐梁时期钟嵘的《诗品》论及自汉魏至齐梁一百二十二位诗人,为其溯源流、列品第,其中上品列十一人("古诗"按一人计数),中品三十九人,下品七十二人。一百二十二人中仅有四位女性诗人——汉代班婕妤(名列"上品")、徐淑(名列"中品"),南朝齐的鲍令晖、韩兰英(二人均名列"下品")。钟嵘的《诗品》如此评价班婕妤的诗歌:

其源出于李陵。《团扇》短章,词旨清捷,怨深文绮,得匹妇之致。侏儒一节,可以知其工矣!③

钟嵘论诗,重视真情实感的流露,尤重具有浓郁情感色彩的怨情的表达,在此前提下,"干之以风力,润之以丹采",是钟嵘的创作理想。班婕妤以团扇自况的《怨歌行》无疑完全贴合他的审美理想,因而钟嵘对其诗作大加推崇。

与南朝时期的钟嵘相比,东汉班固受正统儒家思想的经学传统影响更为深刻,所以在他修撰《汉书》时,重笔浓墨地介绍了班婕妤的《自伤赋》,却未曾提及她的《怨歌行》。这两篇作品,一为骚体赋,一为五言诗。钟嵘的《诗品》所论止于五言,所以他论及班婕妤时,只论班婕妤以团扇自喻的《怨歌行》,不提她的辞赋《自伤赋》,当属正常。但在班固《汉书》为班婕妤所写的传记中,班固全文引用了班婕妤的《自伤赋》,却不提班婕妤尚有类似主题和内容的《怨歌

---

① 范文澜.文心雕龙注[M].北京:人民文学出版社,1958:66.
② 班婕妤的五言诗《怨歌行》,也称《怨诗》、《团扇》、《团扇诗》。《玉台新咏》卷一、《文选 卷二十七》、《艺文类聚》卷四十一、《乐府诗集》卷四十二均收入此诗,并署名班婕妤作。但班固《汉书·外戚传》未曾提及班婕妤有此诗,所以后人怀疑该诗为后人委托。逯钦立先生编《先秦汉魏晋南北朝诗》虽收入此诗,却又以为此诗"盖魏代伶人作,附此俟考"。见《先秦汉魏晋南北朝诗》第 117 页,中华书局,1983 年。
③ 曹旭,集注.诗品集注[M].上海:上海古籍出版社,1994:94.

行》,这颇令人生疑,甚至后人因此怀疑《怨歌行》的真实性。仔细对比两篇作品就会发现,两篇作品的背景完全相同,都是以班婕妤失宠之后的生活和心情为描述对象。但是,两篇作品却是从班婕妤不同的心理层面、不同的情感片段展开的描写:《怨歌行》的核心是"怨人",情感色彩浓烈,以"怨"统领全篇,终篇"恩情中道绝"将矛头指向了汉成帝;该诗虽然全用比兴,但以扇自喻的修辞手法只是令抒情方式更为巧妙,令读者对秋扇遭弃的最终命运更为同情,无尽的幽怨之情并未因此有所掩饰;《自伤赋》的核心则是"自伤",虽有哀伤失落,但基本限制在自伤自悼层面,不失含蓄与敦厚,在作品的后半部分,伤感的情绪被冲淡平和的理性精神稀释,导向乐天知命、委运任化,体现出出入儒、道两家的通达与洒脱。显然,班固在撰写《汉书》的时候更为欣赏、更乐意揄扬的,是祖姑在《自伤赋》中的这种合乎儒家精神的情感表达方式,这样的态度大概是其重点申说《自伤赋》、只字不提《怨歌行》的深层原因吧。这样的态度,符合正统儒学的礼制观念,亦符合班氏经学之家的伦理规范。因此,《汉书》对班婕妤作品做如此的取舍,既是班固的思想体现,当然也是班昭思想的外化。

　　班固、班昭出生时,班婕妤已经辞世,甚至他们的父亲班彪亦未及见到他的这位姑母。但是班固、班昭显然对自家这位令人尊敬的祖姑的秉性、事迹非常熟悉。班固以其史笔对班婕妤的一生事迹剪裁取舍,让这样一位女性形象跃然纸上:班婕妤既情感细腻,又富有理性,以理制情、以礼立身是其最为突出的特点。在波诡云谲的后宫,她既以礼为矛,得势受宠;亦以礼为盾,在失宠时自保避祸。虽然得宠与失宠于事相层面看,其差异何止云泥,但于其内心层面,波澜过后她终能自行化解,归于平衡。对儒家思想高度认同的价值观念和人生观念,玉成她以礼自守、以德自持的行为准则和做人方式,赋予她超越宠辱的理性精神。正因她的修养和作为使之更看重精神和道德层面的超拔和上升,所以她最终能够不为现实生活中的汹涌暗流和幽暗泥潭所拖拽、所吞没。可以这样说:历史上的班婕妤的形象实际就是班固通过《汉书》塑造出的形象。

第二章 班昭女性教育之初阶：由恪守妇德而主持内帏 | 073

图 2-3 《历朝名媛诗词》中的班婕妤画像，清代陆昶评选，红树楼藏板，清乾隆三十八年刊本

在班婕妤身后,对其进行各种称扬的文字层出不穷、不绝如缕,或夸耀其才学,或称许其美德,不一而足,但无不以班固在《汉书》中的记载为凭依。毫无疑问,班婕妤是班家家族发展史上的一个重要的里程碑。班固、班昭以其史笔在这一里程碑上所重笔镌刻的,就是一个大写的"礼"字。

后来班昭撰写《女诫》的时候,以"妇礼"为核心,反复强调守礼之妇可以为夫家及父家带来怎样的荣耀,并以此作为女性的重要责任与使命,想必她心目中的楷模,正是这位令班家立德于当世并扬名于史籍的祖姑吧。由此也可以看到,班昭撰写《女诫》立意之高、立志之远。

## 第三节 解读《女诫》内容的多个层面

### 一、近代以来学界对《女诫》的解读

班昭的《女诫》分为七个部分,包括卑弱、夫妇、敬慎、妇行、专心、曲从、和叔妹七章。关于班昭的《女诫》的内容,已有很多学者进行过梳理和总结。其中大多数学者的思路是基于封建社会与现代社会的对立、封建旧中国与现代新中国的对立,从当今的意识形态、社会制度、性别观念出发,反观、对照班昭在《女诫》中提出的女性观念,指斥其维护封建制度、宣扬封建礼教、缺乏性别平等意识,因而得出的结论是班昭的《女诫》代表了陈腐落后的女性观念,严重束缚了古代女性的自由和发展。

在这方面,陈东原(1902—1978 年)先生的观点颇具代表性,他在 20 世纪初期女性研究的奠基之作《中国妇女生活史》的第三章"汉代的妇女生活"中"两个女教的圣人"一节中指出:

男尊女卑的观念,夫为妻纲的道理,和三从四德的典型,虽然是

早就有的,但很散漫,很浮泛。就是刘向的《列女传》,也不过罗列一些事实,作妇女生活的标准。班昭《女诫》才系统地把压抑妇女的思想编纂起来,使它成为牢固的铁锁一般,套上了妇女的颈子。[1]

陈东原先生的《中国妇女生活史》写作于 20 世纪 20 年代,出版于 1937 年。受当时社会思潮的影响,他对于中国古代社会、中国古代女性的总体评价是:"我们有史以来的女性,只是被摧残的女性;我们妇女生活的历史,只是一部被摧残的女性的历史!"[2]陈东原先生的这部著作被学界认为是第一部系统的中国妇女史研究专著[3],至今仍被视作中国妇女史研究的入门必读书,因而对于后来的中国妇女史研究产生了极其深远的影响。例如,熊贤君的《中国女子教育史》就承袭了陈东原先生的观点,认为:"班昭遂尽力从维护封建礼教出发,将过去'男尊女卑'的主张,'夫为妻纲'的观念,'三从四德'的原则,整理成为系统、完整的论著,将压抑妇女的思想编纂起来。"[4]他指出,在班昭看来,"一个妇人,不应有自己的意志,不应有自己的嗜好,也不应有自由的举动。这样,妇人过着木偶式、奴隶式、行尸走肉一般的生活"[5]。"班昭的《女诫》文词简短,将整个封建社会女子教育、女子性格设计的原则以及种种道理,一一提纲挈领地罗列出来,成了两千年来女子教育教材的范本。"[6]郝建平在《教育与两汉社会的整合研究》中也提出了类似的观点:"班昭从维护封建礼教出发,以

---

[1] 陈东原.中国妇女生活史[M].上海:上海书店,1984:47-48.
[2] 陈东原.中国妇女生活史[M].上海:上海书店,1984:19.
[3] 在陈东原《中国妇女生活史》出现之前,1913 年神州图书局出版了徐天啸(1886—1941 年)的《神州女子新史》,以朝代为线,以人物为纲,载录了自古以来至辛亥革命的诸多女性事迹,对所载各人均有短评,对各个时代亦有结论。徐天啸痛惜叹惋中国古代女性受封建思想荼毒之深,主张向西方女杰学习。在他看来,"中国之女子,既无高尚之旨趣,又无奇特之思想;既无独立之主义,又无伟大之事业。廉耻尽丧,依赖成性,奈何奈何"。——徐天啸.神州女子新史[M].上海:神州图书局,1913:2.
[4] 熊贤君.中国女子教育史[M].太原:山西教育出版社,2006:37.
[5] 熊贤君.中国女子教育史[M].太原:山西教育出版社,2006:39.
[6] 熊贤君.中国女子教育史[M].太原:山西教育出版社,2006:39.

男尊女卑观念为理论基础,以'三从四德'为核心,对女子教育从形式到内容,进行了规范,成为两千年来女子教育经典之作。后世推出的女子教育教材和读物,多以其为蓝本。"① 近年来也渐有学者在行文措辞中减少了从意识形态出发的社会批判和阶级分析的色彩,持论较为平和,例如,吴从祥在《汉代女性礼教研究》中指出:"班昭同前代的儒家学者一样,都希望通过既定的礼法来规范女性,并使之循规蹈矩,恪守礼教。换句话说,班昭是想以《女诫》来建立理想化的女性礼教规范,并以之规范女性,从而实现夫妇义亲、室家和谐、天下大治。因此,《女诫》既是为其家诸女制定的礼教规范,也是为天下女性制定的礼教规范,班昭当之无愧为天下第一女教圣人。"②

以上论述固然皆有其充分的依据,但是如果我们不再局限于某个特定的时代或特定的思潮来审视班昭的《女诫》,就会发现《女诫》的内容以及隐藏在其后的意蕴其实非常复杂,几乎无法以一言蔽之。

## 二、《女诫》内容的多个层面

如前文所述,近代以来学界对《女诫》的传统解读的最大局限在于以下三个方面:忽略了班昭写作《女诫》在目标读者方面的针对性,在解读时过于泛化;忽略了《女诫》与班昭其他作品的内在呼应关系,在解读时过于孤立化;忽略了《女诫》中隐含的儒道互补、刚柔并济的哲学思想,在解读时过于表面化。下面对此分别论述说明。

### (一)班昭《女诫》在目标读者方面的针对性

班昭嫁于曹世叔之前,有赖于"母师"(即女师)的典范教育,才能不辱没父母和家族。因此,作为家族中的长辈,班昭有义务给女性晚辈以教诲,言传身教,并希望家中女性晚辈能"各写一通",以达到"庶有补益,裨助汝身"的效果。

---

① 郝建平.教育与两汉社会的整合研究[M].北京:中华书局,2014:89.
② 吴从祥.汉代女性礼教研究[M].济南:齐鲁书社,2013:120.

班昭出于一位长辈对"诸女"未来家庭生活的考量,作《女诫》一书,从这一角度看,它是一部专门教导自家女儿如何"为人妇"的私家著述,仅作为一家之言训诫自家女性,属于家训性质。

《女诫》之"女",从其原始语境下的狭义上来说,是班昭对其"诸女"的称指,从后世引申的广义上来说,则是指作为社会性别的女性。在中国古代,作为社会性别的女性,其角色基本是家庭之中的各种相关亲属关系的综合体。在《女诫》中,班昭重点聚焦于以下三种关系:这些即将嫁到夫家的女儿们,作为妻子如何与丈夫相处、作为儿媳如何与婆婆相处、作为嫂子如何与叔妹相处。其中,根据班昭的表述,如何与叔妹相处这部分内容完全可以视作是如何与婆婆相处的附带性、延伸性内容。显然,班昭谈及的与女儿相关的亲属关系是非常不完整的,她完全没有告诫女儿们将来如何做母亲,也没有提及在夫家如何与丈夫的兄长、姐姐相处。至于这些年轻的女性,在出嫁之前、出嫁之后,作为女儿如何与父母相处,更不在班昭的议题之内。这样看来,在各种亲属关系中,唯有夫妻关系、婆媳关系才是《女诫》真正关注的焦点,或者说班昭为女儿们规划的婚姻中的角色是上层社会门当户对人家的正妻、大儿媳、长嫂。所以,《女诫》的适用范围是非常清晰的,绝非如陈陈相因的传统看法那样是对女性的系统的训诫,而更像是一部应用性和针对性极强的行为指南,告诉女儿们进入一个新的家庭之后如何行事、如何立身,甚至是如何固宠。最终的目的则是获取美名,光耀夫家、本家两个家族。

教育作为人类有意识地传递社会经验的活动,具有其目的性,班昭以其"四十载"为人妇的生活经历,针对家中适婚女性进行家庭教育,以言传身教的方式教导女性如何处理家庭中的夫妻、婆媳和与其他同辈人的关系,使家庭和睦。班昭用她独特的方式,在《女诫》中总结了在汉代贵族家庭内部如何处理各种复杂关系,尤其是夫妻关系、婆媳关系的经验,并将其上升到处事原则和做人规范层面,体现了她对掌控自我命运的睿智思考与艰辛努力。

唯有明确了班昭的《女诫》在目标读者方面的特殊性——班昭的女儿,即将嫁入贵族之家、成为未来大家庭中的主妇,才能理解,班昭对这些年轻女子进行"妇礼"的全面申说,其目的并不在于束缚其手脚、限制其自由,而是助力其在未来的家庭中进退有节、和睦上下,从而成为贵族之家的内宅之中的真正中心,不仅能够拥有稳定的家庭关系,而且能够获得尊崇的家庭地位。

后人在阅读《女诫》时逐渐模糊了其最初的目标读者的限定,将其内容过于泛化地进行传播,是经历了一个漫长的过程的。由于班昭在当时的社会地位和社会影响,兼之后来成为东汉大儒的马融曾经在班昭面前跪受《汉书》,二人具有师生之情谊,所以,根据《后汉书》班昭本传的记载,《女诫》写成之后,"马融善之,令妻女习焉",即要求自己的妻子和女儿学习此文。马融的态度一方面说明马融的思想与班昭的一致性,即对传统礼制、儒家伦理的尊奉,另一方面说明班昭与马融特殊的师生情谊使得马融自觉扩大了《女诫》内容的适用范围,将读者由班昭的"诸女"推广至自己的"妻女",这是历史上有记载的对《女诫》适用对象的第一次自觉的扩大。

《后汉书》的作者范晔(398—445 年)对于班昭的《女诫》的态度颇为耐人寻味。在《后汉书》"列女传"中的班昭本传中,范晔在班昭诸多作品中唯独全文记录了《女诫》,说明范晔这位南朝刘宋时期的出身士族家庭的政治家、史学家、文学家高度认可此文,他对马融在《女诫》传播史上的作用的记录,亦可视作范晔个人对《女诫》重要性高度认可的一个佐证。不过,范晔笔下的另外一个细节往往被学者忽略:在记录了马融对《女诫》的正面认可之后,范晔又用更多的文字记录了对《女诫》的负面评价:"昭女妹曹丰生,亦有才惠,为书以难之,辞有可观。"显然,班昭丈夫的妹妹曹丰生对班昭的《女诫》不以为然,这一态度是如此明确,以致于这个"有才惠"的女子竟然公开"为书以难之",限于史传的著述体例,范晔没有著录曹丰生文章的具体内容,但范晔对此文留下了"辞有可观"的评语,显然,"辞有可观"绝非仅仅指文辞优美、富有文采,而且指观点明确、义理充足、具有说服力。这一记载意味深长,它让我们看到班昭与丈夫之妹之间不同寻常的关系:两位富有才名的女性亲属之间著书立说,公开辩难。这其实在一定程度上说明班昭对自己女儿的训诫在当时已经成为一个引起广泛注意的公众事件,同时也说明,既使是在儒家思想被定为官方主流思想并日渐经学化甚至神学化的东汉时期,具有浓郁儒家伦理色彩的《女诫》也并没有获得众口一词的赞誉,范晔本人虽然高度重视班昭的《女诫》,但他并不回避班昭的《女诫》在当时读者反响不一,甚至其家属亲人都曾公开与其辩难这一事实。范晔在《后汉书》班昭本传中对《女诫》的如此处理,给了我们极大的思维想象空间,同时也清晰地勾勒出《女诫》在适用对象这个问题上逐渐泛化乃至过度泛化这个问题,自其一问世,就已经出现了。

耐人寻味的是,在《后汉书》中记录或者反映出的三种对待《女诫》的态度之中——马融的全面肯定、曹丰生的著文反对、范晔对其本身及批评意见的重视——后来在儒家学术史上占有重要地位的马融对后世的影响最大,身为女性的曹丰生的辩难文章及其观点则彻底湮灭了。作为儒学大师的马融推崇《女诫》且"令妻女习焉"这一举动显然对于后世具有示范作用。于是,《女诫》在后世逐渐被当作适用于各个阶层的女性的家庭教育的典范之文。这显然已经大大溢出了班昭的原本用心。

(二)《女诫》与班昭其他作品的内在呼应关系

根据《后汉书》班昭本传的记载,班昭一生著述多种,曾经由其儿媳丁氏编纂结集成书:"昭年七十余卒,皇太后素服举哀,使者监护丧事。所著赋、颂、铭、诔、问、注、哀辞、书、论、上疏、遗令,凡十六篇。子妇丁氏为撰集之,又作《大家赞》焉。"由于班昭的文集散佚,推测应属对班昭其人其文进行全面总结的丁氏的文章《大家赞》同样失传,所以我们无法尽数了解班昭所有作品的思想内容。但是,仅从今天已知的班昭的著述,我们就可以获悉:《女诫》只是班昭写给"诸女"婚前的一篇阐明"妇礼"的训诫之文,所反映的只是班昭有关女性、人生、社会的认识的一个侧面而已,远非其思想认识的全貌。

谈及班昭的女性观念或者性别意识,学界往往聚焦于《女诫》一文,而忽略了班昭另外一部学术性的作品:班昭为西汉后期刘向的《列女传》所做的注释。刘向在《列女传》中,对历史上诸多具有美德、智慧、才干从而在家庭生活中,特别是社会生活中、政治舞台上发挥了积极影响甚至重要作用的卓异女性给予了充分的肯定。班昭为《列女传》作注,目的在于普及《列女传》的内容,扩大《列女传》的影响,由此可以确定:班昭对于刘向的《列女传》中的主导思想,无疑是接受并且认可的。因此,唯有充分认识到班昭注释《列女传》的用心,唯有全面熟络《列女传》折射的女性观念,并将《列女传》与《女诫》进行对比,我们才能获得对班昭女性观念的完整认识。关于这方面内容,本书将在第三章展开专题论述,此处不再赘言。

总之,仅从班昭的《女诫》一文出发是根本无法获知班昭完整的女性观念的。将班昭的《女诫》与《列女传》对比参酌,才可以看到班昭比较开放且比较开明的女性观念。

### (三)《女诫》中隐含的儒道互补、刚柔并济的哲学思想

班昭的《女诫》内容的核心是对"妇礼"进行全面的论述和具体的说明,班昭的理论观点直接来自儒家的经典著作《仪礼》《周礼》《礼记》等,亦可看到《周易》《论语》《诗经》的痕迹。与此同时,《女诫》的观点与汉代儒家的代表作品,如班固的《白虎通》等亦一脉相应。所以,客观来说,如果过分强调《女诫》有关女性家庭角色、女性社会地位、女性身份认同、女性行为准则等的具体论述以及贯穿其间的思想理念的原创性、独创性,这是不符合历史事实和历史逻辑的。在此前提下分析班昭《女诫》此文的独特性,则可以做以下归纳:

其一,训诫缘起。细味《女诫》的内容会发现,班昭训诫"诸女"严守"妇礼"的缘起并非当时女性社会地位低下因而必须谦卑自抑以求自保,而是当时社会上存在类似班氏家族这样具有较高门第地位的家族中有女性不屑"妇礼"、

独立强势,从而影响家族声望的现象。因此班昭要求"诸女"遵守"妇礼"难免有矫枉过正的成分。兼之身为皇后贵人之师的"大家",且素以"有节行法度"著称,难免门庭高峻,责之过苛。

其二,论说方式。班昭的《女诫》的独特性在于以女性的视角和思维重新梳理传统典籍著作及当时社会规范中对女性的相关规定和论说,在对传统男性话语体系进行理性地借用和全面地继承的同时,又基于女性自身的伦理关怀而形成晓之以理、动之以情的论说方式。那些在《仪礼》《礼记》甚至其兄长班固的《白虎通》之中的缺乏温度的律条、规定,在《女诫》中被班昭转换成为一个阅世颇深、婆心悲切的女性家长的经验之谈。

其三,话语策略。班昭的《女诫》作为一篇家训,充满了对训诫对象的共情与理解,在论及女性与"妇礼"的关系时,贯穿了欲得其利、须承其重的内在逻辑,体现出权衡利弊、趋利避害的话语策略。因而班昭在表现出关爱"诸女"的款款温情的同时也显示出洞达世事的精明。特别值得关注的是,班昭论及"妇礼"的功能之时,始终以女性即"诸女"为中心,女性是自我克制的奉献者,同时也是收获名望的受益者。即《女诫》强调遵守"妇礼"可以避免"失容它门,取耻宗族",可以实现"庶有补益,裨助汝身"。

其四,论说重点。班昭的《女诫》与前代论说"妇礼"的典籍明显不同之处在于,虽然《女诫》内容主要围绕女性与夫君关系、女性与公婆关系、女性与叔妹关系这样几组家庭内部人伦关系展开,并旁及女性与父母关系,但班昭对"妇礼"的具体做法并未面面俱到地展开宣讲,而对于"诸女"应如何看待"妇礼"的心态和观念多有论说,颇有重神轻形以期纲举目张、事半功倍之势。这一方面固然由于自汉代儒家思想被定为一尊以来基于儒家礼制的"妇礼"的细节在上层社会已经广泛普及,另一方面也说明班昭的教育具有尚理念、重精神的特点,体现了道与技、体与用的合一。

《仪礼·士昏礼》云:"女子许嫁,笄而醴之,称字。"古代女子十五岁及笄,就像男子二十岁加冠,表示已成年,可以论及婚嫁。对于一般女子而言,一生的主要精力都在家庭之上,家庭,成为女性人生的舞台。传统的家庭模式是"男主外、女主内",所谓"外"往往等同于由各种人际关系、权力等级构成的"社会",而所谓"内"则是家庭成员之间由血亲和姻亲扭结一处因而人际关系相对单纯、远离各种社会权力关系的"家庭"。这种看法虽然十分普遍且有一定的道理,但也不尽如此,因为对于贵族女性来说,家庭空间就等于社会空间。从这个意义上来说,班昭提示"妇礼"的目的在于处理各种家庭关系,其终极目的是使自己的女儿们在家庭内部的权力关系中稳固地处于权力关系的上层。因此,班昭的《女诫》已经突破了母女之间的私密谈话,具有浓烈的公共关系色彩了。

"公共关系"(public relations)这个词语虽然是一个舶来词语,作为一个现代学科的"公共关系学"形成的历史也并不悠久,但是自从有了人类社会,公共关系就实实在在地成为一种客观存在了。学界为"公共关系"所下的定义林林总总,但"一般意义上的公共关系,是指一种为维系良好公众关系而进行的传播活动和在传播中所遵循的策略和规范"。[①] 公共关系既可以指一种社会关系,亦可以指一种传播活动,同时它也是一种管理职能。其中,社会组织、公众、传播活动是公共关系的三个基本构成要素。通行的教科书往往把现代社会的"公共关系"定义为:某一组织为改善与社会公众的关系,促进公众对组织的认识、理解及支持,达到树立良好组织形象、促进商品销售的目的的一系列促销活动。借用这样的定义,我们也可以这样理解班昭写作《女诫》的目的:使即将出嫁的女儿们与其未来家庭的各种内部、外部公众建立起良好的关系,要让女儿们自觉地、有意识地采取措施,不断改善、长久维持自己的公共关系状态。因此,作为这种特殊的公共关系的主体,即班昭的女儿们,通过母亲的训

---

① 居延安.公共关系学:第四版[M].上海:复旦大学出版社,2008:3.

诚将尽快拥有这样的管理意识和管理能力：评估周围公众（家人）的态度，确认与周围公众（家人）利益相符的个人思维和行为方式，预设并执行各种与此相关的行动方案，不断提高自身的知名度和美誉度，维护良好形象，争取相关公众（家人）的理解与接受。

虽然用班昭的话来说，《女诫》的内容是"妇礼"，但实际上正如同中国古代的"礼"既是理想规划又是日常生活、既是用心存念也是言谈举止、既是不容改易的"经"又是灵活多变的"权"一样，班昭所言的"妇礼"也具有非常明显的道术并济、儒道互补的特点：既包括了为妇之道，也包含了为妇之术；既包括了来自儒家经典的对女儿们的理想化的期许，也包含了来自道家思想的以柔克刚、以静制动、以无为而无不为的生活谋略和人生智慧。贯穿其间的既有班昭自律内敛、低调隐忍的个性特点，更有班昭洞悉世情、深察人性的练达与精明。

朱维铮先生的《班昭考》是研究班昭生平的一篇颇具学术意义和参考价值的文章。在此文中朱维铮先生对《女诫》曾经有过这样一段非常精辟的说明：

> 此篇七章，讲述了中世纪早期世族妇女怎样处理家族内部复杂的人际关系，使自己成家族的内在核心。值得注意的是，此篇但讲"妇行"，不讲"三从"，所论实为弱者取得权力的策略。因而它不仅对宫廷"女主"有启示作用，也对所谓"臣道"是一种精致的概括。①

班昭在《女诫》中呈现的话语姿态非常复杂，对"诸女"的要求和期待也因此非常复杂。一方面，班昭强调女性之卑弱，主张女性以几乎低至尘埃的态度对待公婆、丈夫；另一方面，班昭又时时强调女性在夫家执掌内闱的核心地位。保持理性精神，占领道德高地，以柔克刚、以退为进、韬光养晦、以静制动，这就

---

① 朱维铮.班昭考[J].中华文史论丛，2006(2).

是贯穿在班昭传授给"诸女"的"妇礼"中的性别策略。唯有从此思路出发,方可获得对班昭的《女诫》主要观点的深度理解。以下逐一论之。

第一,家庭关系中女性的"卑弱"。

班昭在《女诫》中承袭传统的女性观念,论及女性的家庭地位和社会定位时,依然要求女性"卑弱第一""以柔为美"①,要求女性行为准则应该符合"四德":"女有四行,一曰妇德,二曰妇言,三曰妇容,四曰妇功。夫云妇德,不必才明绝异也;妇言,不必辩口利辞也;妇容,不必颜色美丽也;妇功,不必工巧过人也。"②班昭对女性提出的这一基本要求,就广义而言与当时汉代的主流价值观念和女性观念完全相符,就狭义而言与其兄长在《白虎通》中有关女性的论说也高度契合。徐复观先生曾经提出:"汉儒为应大一统之政治要求,《白虎通》中创为三纲,将人性中德性之事,无形中一变而为外在关系中权利义务之事。"③

《诗经·大雅·卷阿》:"岂弟君子,四方为纲。"强调君子因道德高尚、品格超迈可为天下楷模。《礼记·乐记》强调拥有天下至德的"圣人"的作用:"天地顺而四时当,民有德而五谷昌,疾疢不作而无妖祥,此之谓大当。然后圣人作,为父子君臣,以为纪纲。纪纲既正,天下大定。"这是根据儒家的话语体系说明至圣先王确立了国家和社会的基本架构,明确了父子、君臣之间的关系及其职责,以此协调人伦,安定天下。班固的《白虎通义·三纲六纪》则明确提出了"三纲":"三纲者,何谓也?谓君臣、父子、夫妇也。""君为臣纲、父为子纲、夫为妻纲"这"三纲"本来一方面强调君主、父亲、丈夫在道德、行为方面应具有楷模示范作用,另一方面则强调基于君主、父亲、丈夫道德高尚及身份优势而主张臣子、儿子、妻子对其的服从。但在现实生活中,往往后者被突出强调,前者则

---

① 范晔.后汉书[M].北京:中华书局,1965:2789.
② 范晔.后汉书[M].北京:中华书局,1965:2789.
③ 徐复观.徐复观文集:卷一[M].武汉:湖北人民出版社,2009:21.

隐而不论。所以,班固强调的"三纲"显然体现了汉代中央集权的社会政治的要求,对君权、父权与夫权的绝对强调体现了传统儒家倡导的忠、孝、顺具有了高度的强制性,臣子、儿女、妻子的独立人格由此被过度压抑。班昭在《女诫》中对身为妻子的女性之卑弱、谦让的要求,无疑正是当时社会政治生活意欲对中央集权进一步强化的趋势在闺阁之内的一个具体而微的投射,是传统儒家礼教和当时社会政治共同作用的产物。

班昭强调"诸女"为人之妻后的自我精准定位,时时"谦让"自处。为此,班昭在《女诫》中开篇就引用《诗经·小雅·斯干》之语:"乃生男子,载寝之床。载衣之裳,载弄之璋。其泣喤喤,朱芾斯皇,室家君王。乃生女子,载寝之地。载衣之裼,载弄之瓦。无非无仪,唯酒食是议,无父母诒罹。"在班昭生活的时代,"重男轻女"已经成为一个较为普遍的社会现象。在宗法制社会之中,自先秦以来,生男和生女对于家族意义不同因而待遇有异:生男为"弄璋之喜",生女则"载寝之地""载弄之瓦",郑玄笺云:"卧之于地,卑之也。"班昭在《女诫》特别提及这一古俗,并对此解释曰:"卧之床下,明其卑弱,主下人也。"受传统礼制影响,班昭认为女性与男性相比,地位卑下,但女性依然有自己的生存和发展空间,在家庭内部,"主执勤""主祭祀"即"女人之常道,礼法之典教",在礼制保护下,妻子为一家之女主,自有其地位和作用。

女性如何在天生"卑弱"这一相对不利的生存空间中确定自己"主内"的地位,甚至通过"主执勤""主祭祀"把握与祖先神灵沟通的特权,这就是班昭希望"诸女"认真权衡、对待的问题了。班昭给出的方案就是"谦让恭敬",甚至"忍辱含垢"。作为上层社会的家庭主妇,熟稔礼仪的女子在家庭祭祀活动中的表现对于其地位至关重要。女子从小时候起就要学习祭祀之礼数,《礼记·内则》曰:"女子十年不出,姆教婉娩听从,……学女事以共衣服,观于祭祀,纳酒浆、笾豆、菹醢,礼相助奠。"可见"祭祀"是贵族女子重要的"常道"之一。班昭进一步指出,在祭祀之事上,女子行事应该端庄自重,凡事以夫君为重,清心寡欲,不追求享乐。否则会有失仪容,遭受侮辱,甚至有遣归的终极隐患。谦让目的在于使家庭关系和谐,对丈夫保持畏惧之心的目的在于使夫妻关系恒久。这看似是对女性个体存在和独立人格的漠视,其目的却是对于主妇地位和权力的稳固获取。所以班昭在顺应当时主流价值观念、主流女性观念的同时,更从礼制出发,为"诸女"谋求最佳的生活状态、最大的生存空间,即远离黜辱,收获名望:"谦让恭敬,先人后己,有善莫名,有恶莫辞,忍辱含垢,常若畏惧,是谓卑弱下人也。晚寝早作,勿惮夙夜,执务私事,不辞剧易,所作必成,手迹整理,是谓执勤也。正色端操,以事夫主,清静自守,无好戏笑,洁齐酒食,以供祖宗,是谓继祭祀也。三者苟备,而患名称之不闻,黜辱之在身,未之见也。"由此可见,作为上层社会的女性,班昭并不是消极被动地顺应遏制女性自由发展的传统礼制,而是深谙传统礼制所维护的社会伦理、社会资源的运行流动的内在机制,并且在当时的社会环境下善加运用,谋求自我以及"诸女"的发展。

第二,夫妻关系中女性的"专心""敬慎"。

夫妻关系是家庭关系的核心,即使在现代婚姻家庭中,夫妻依然是家庭的主体部分。男子又是夫妻关系的主导者,即使在现代,大多数家庭中,男性也是家庭的物质和精神支柱,这固然与传统观念有关,但也是由男女的生理基础和心理的差异造成的。班昭提倡的夫妻关系是建立在"男尊女卑"的前提之下的"御"与"事",具体而言,如果"夫不贤,则无以御妇。妇不贤,则无以事夫"。班昭对家庭中的夫妇都提出了"贤"的要求,作为丈夫,要具备良好的品质和合乎礼仪的举止,才能掌控妻子,而妻子也要恭敬有礼地侍奉丈夫,这也说明夫妇之间的和谐需要双方的共同努力,而不是只有女性单方面的无条件顺从。班固的《白虎通义·嫁娶》曰:"妻者,齐也,与夫齐体,自天子下至庶人,其义一也。"夫妇一体,但如果二者没有达到这个要求,"夫不御妇"会失去个人威严,而"妇不事夫"则"义理堕阙",造成伦理失衡。因此,在夫妻相处之道上,男女依旧是不平等的。

正因班昭并非一味被动地接受传统观念、传统习俗,所以她在强调"诸女"接受女性地位"卑弱"这一现实的同时,又结合夫妻相处之道,对传统以及当时教育体系中有关家庭教育中重男轻女、女师教育缺失的现状提出直接的批评抗议:"察今之君子,徒知妻妇之不可不御,威仪之不可不整,故训其男,检以书传。殊不知夫主之不可不事,礼义之不可不存也。但教男而不教女,不亦蔽于彼此之数乎!"对此,班昭提出的解决方案是:不管男女都要"八岁始教之书,十五而至于学矣"。换言之,班昭认为礼制涵盖了男女二性,对礼的学习和遵守是不分性别的。

在班昭看来,唯有在礼的调节下,才能达到夫妇相处的理想状态:"夫妇之道,参配阴阳,通达神明。信天地之弘义,人伦之大节也。"王相笺注:"夫妇之礼,阴阳配合,纲维之义,感格神明,乃天地之大经,人生之大道也。"《周易·序卦传(下)》说:"有天地然后有万物,有万物然后有男女,有男女然后有夫妇,有夫妇然后有父子,有父子然后有君臣,有君臣然后有上下,有上下然后礼义有所错。夫妇之道不可以不久也,故受之以《恒》。"班昭以男女在生理上的差异所显示的阳刚与阴柔的表象,强调"男以强为贵,女以弱为美",这是从心理上安慰女性——男性在家庭中有主导地位是有其合理性的,并进一步指出"敬顺之道"非一时之事,要求女子有一颗知足和包容的恭敬之心。女性在家庭中有和其家的职责,要敬重丈夫,甚至小心谨慎地服侍丈夫。面对夫妻矛盾,班昭提倡女子既不"争"亦不"讼",而是以"敬顺之道"保全自身。

与此同时,班昭也注意到,如果要保持夫妻终身不离不弃,仅靠妻子对丈夫的敬顺其实难以长久维系,"恩义"方是夫妻相处的关键。这样的观点来自古代婚姻制度,亦与当时的社会现状有关。出于"父母之命,媒妁之言"的婚姻关系的确立显然无法以爱情为基础,强调门当户对的上层社会的婚姻关系更是如此。既然一般的婚姻缺乏情感的基础,那强调夫妻之间维系婚姻关系的"恩义"不失为一种理性的、积极的选择:"夫妇者,义以和亲,恩以好合。楚挞既行,何义之存?谴呵既宣,何恩之有?恩义俱废,夫妇离矣。"在夫妇相处之中,班昭将"恩"与"义"提至同样的地位,将作为施受"恩""义"的夫妻置于同样的地位,而不是让妻子单方面无条件服从丈夫的指令与要求。

单向度的忠贞观也是《女诫》论及夫妻关系的重要内容。班昭教育"诸女""贞女不适二夫",对待婚姻要专一。她引述《礼记》等儒家经典作为其观点的佐证,"夫有再娶之义,妇无二适之文"。班昭提出,作为家族中的女子,出嫁之后要对丈夫从一而终,如果妻子的行为违背神明的意愿,触犯了"礼义"的禁忌,就会遭到上天的惩罚。作为妻子,唯有"专心正色"才能获得丈夫的心意。"礼义居洁,耳无涂听,目无邪视,出无冶容,入无废饰,无聚会群辈,无看视门户,此则谓专心正色矣。"

在班昭看来,"专心"既要求女子从一而终,也要女子一心一意地为丈夫服务,对于丈夫娶妾的行为要坦然接受。另外,男子丧妻自可再娶,女子丧夫则不必再嫁。吕思勉(1884—1957年)先生的《吕著中国通史》上编"中国文化史"所列的十八个专题中,第一专题即为"婚姻",从时间维度详细论述了婚姻的起源,对于我们深入了解《仪礼》《礼记》等儒家典籍所载的古代婚姻制度的基础和背景有颇多启发。既然在当时婚姻与爱情本无必然关系,而更多与家族利益相关,那么班昭在《女诫》中并不强调婚姻中的爱情因素,当是从汉代社会的主流观念出发的必然结果。这种单向度的贞节观,既出于班昭对男尊女卑观念下的夫妇关系的理解与认识,也出于班昭对于女性价值的理解。考诸史籍可见,两汉时期对于女子再嫁实际上采取的是比较开放的态度。一方面是各级政府嘉奖贞节之妇,文人对此亦津津乐道并将其载入史册;另一方面是现实生活中婚姻观念的多元化:无论身份高低,女子再嫁时有发生,而在婚姻关系中,妻子悍妒甚至虐夫,也不乏其例。在这样的环境之下,班昭对自家"诸女"提出如此的贞节观,希望她们以隐忍克制实现道德自律,获取社会名望。大概在班昭看来,对于上层社会的女性而言,形而上之男女爱情本与爱情无必然关系,形而下之物质生活亦无需担忧,因此,理性地呵护名节以期"名称可闻",似乎就成为上层社会女性的终极追求。

由此,我们可以窥见班昭的婚姻观念:正如男性的归宿是社会,是官场,男性的理想是立德、立功、立言以求不朽一样,女性的归宿是婚姻,是家庭,婚后的家庭是女性实现自我价值、追求"名称可闻"的舞台。

第三,女性与舅姑、叔妹的关系。

班昭在《女诫》中设《曲从》《和叔妹》两篇,对于女性婚后如何与丈夫的亲人建立和谐关系、稳固自己的家庭地位提出了建议。就婚姻制度而言,婚姻自古以来都不仅仅关乎男女两个独立个体,而关乎两个家庭甚至两个家族,所以,处理好与丈夫家人的关系至关重要。《礼记·内则》曰:"子甚宜其妻,父母不说,出。子不宜其妻,父母曰'是善事我',子行夫妇之礼焉,没身不衰。"舅姑的认可是夫妻相谐的前提,得到舅姑认可的儿媳,更能得到丈夫的尊重。《大戴礼》中说妇有"七去",其一即不顺父母。所以班昭在《女诫》中尤其强调要以"曲从"的态度取得舅姑的欢心:"夫'得意一人,是谓永毕;失意一人,是谓永讫'。欲人定志专心之言也。舅姑之心,岂当可失哉?物有以恩自离者,亦有以义自破者也。夫虽云爱,舅姑云非,此所谓以义自破者也。然则舅姑之心奈何?固莫尚于曲从矣。"班昭强调的"曲顺服从"明显是源自《礼记·内则》所言"子妇孝者敬者,父母舅姑之命,勿逆勿怠",孝顺舅姑,逆来顺受,无言辞辩驳,不争辩是非,避免"以恩自离""以义自破"。班昭主张以近乎愚孝的方式换取姑舅的欢心,从而借助母权、父权的力量巩固自己作为主妇的家庭地位。这样的思想是当时亲属关系、社会伦理的真实反映。

在《女诫》的《和叔妹》部分,班昭开篇即言,妇人若想得到丈夫的喜爱,须转而仰仗于舅姑的疼爱,舅姑的疼爱,又源自叔妹对自己的赞誉:"妇人之得意于夫主,由舅姑之爱己也;舅姑之爱己,由叔妹之誉己也。由此言之,我臧否誉毁,一由叔妹,叔妹之心,复不可失也。皆莫知叔妹之不可失,而不能和之以求亲,其蔽也哉!自非圣人,鲜能无过。故颜子贵于能改,仲尼嘉其不贰,而况妇人者也!虽以贤女之行,聪哲之性,其能备乎!是故室人和则谤掩,外内离则恶扬。此必然之势也。"这样的逻辑显然建立在封建大家庭中复杂的人伦关系基础之上,亦有可能是班昭个人的婚姻生活中的相关经验的提炼和总结。西汉贾谊曾慨叹于"妇姑不相说,则反唇而相稽。……曩之为秦者,今转而为汉矣",在这里,班昭以自身四十多年的经历,也敏感地关注到了家庭之中与丈夫同辈人的相处之道。因此,班昭教育晚辈,要得到丈夫的喜爱,不仅要敬顺丈夫、曲顺公婆、修养自身,还需要与丈夫的兄妹和睦相处。不然,即使是聪慧的贤妇也不能保证自己在犯错之时,不会受到叔妹的非议,致使家丑外扬,于己名声亦有所损。因此,班昭教育晚辈要和气对待叔妹,"故室人和则谤掩,外内离则过扬"。"和叔妹"不仅有益于家庭和睦,也能使女子得到舅姑之疼爱、丈夫之宠爱,传扬自己的好名声,父母也会与有荣焉。相反,"于嫂则托名以自高,于妹则因宠以骄盈"的女性,则是愚不可及、因小失大。与叔妹和谐相处的关键在于"谦顺","谦则德之柄,顺则妇之行。凡斯二者,足以和矣"。虽然对待舅姑与叔妹都要求放低自我姿态,但"曲从"与"谦顺"又有所不同,对待舅姑是无条件地服从,而与叔妹这种同辈之间,则是始于理性经营,用心设计,终于将心比心,和睦相处。

第四,婚姻中的女性的自我修养。

《礼记》中提出,君子从立德出发,渐次而进,修身、治国、齐家、平天下。班昭教育家中"诸女",亦要自我修持,注意"四行",从"妇德""妇言""妇容""妇功"四个方面提升和完善自我:"女有四行,一曰妇德,二曰妇言,三曰妇容,四曰妇功。夫云妇德,不必才明绝异也;妇言,不必辩口利辞也;妇容,不必颜色美丽也;妇功,不必工巧过人也。清闲贞静,守节整齐,行己有耻,动静有法,是谓妇德。择辞而说,不道恶语,时然后言,不厌于人,是谓妇言。盥浣尘秽,服饰鲜洁,沐浴以时,身不垢辱,是谓妇容。专心纺绩,不好戏笑,洁齐酒食,以奉宾客,是谓妇功。此四者,女人之大德,而不可乏之者也。然为之甚易,唯在存心耳。"这"四行"亦被后世称为女子的"四德",基于已婚女子在婚姻家庭之中的实际而提出,是对理想女性全面而细致的规划,涉及班昭的价值观、审美观等多个层面,内容比较丰富,值得逐项深入研究。总体而言,相较于卓异的才学、过人的工巧、出众的容颜、美丽的服饰,班昭更强调婚姻中女性的品德,以及遵守妇礼、修养品德背后的"存心"。在此篇最后,班昭以《论语》中的经典名句作为结尾:"仁远乎哉?我欲仁,而仁斯至矣。"正如"仁"是君子修身的最高境界一般,心存仁爱、谦卑自抑,方可成就"四行"、实现"四德",从而由女性的必然王国走向女性的自由王国。

班昭以亲身经验给予适婚"诸女"如何在夫家立足、安身、扬名的忠告。其中的规律就是:以理性的隐忍态度,换取家庭地位的稳固,以退为进,以柔克刚。班昭将老庄的智慧与儒家的伦理巧妙结合,为"诸女"的生活空间的最大化提出了贴合当时社会实际的解决方案。从中反映出的是班昭对于人性的深刻洞察,以及对于女性优势的真切理解。她以这种独特的方式——示弱屈从,成就女性的成功,实现"声誉曜于邑邻,休光延于父母""名称可闻"的最高理想。这是独具特色的汉代上层社会女性的自我修养、自我期许,是其实现理想的成功的精彩呈现。

如前文所述,范晔在《后汉书·班昭本传》中既记录了马融对《女诫》的正面认可,也记录了班昭丈夫曹世叔之妹曹丰生对《女诫》的不以为然。既然曹世叔、曹丰生史籍无传,因而并非显要之人;既然曹丰生的辩难文章大有可能已然失传;既然在范晔撰写《后汉书》的刘宋时期,马融的一代大儒身份已经得到世人的认可,马融与曹丰生的历史地位完全不可同日而语;既然范晔在《后汉书·班昭本传》中详略得当地分别记录了班昭之才学、班昭之德性,字里行间洋溢着对班昭的崇敬之情,那么范晔在著录了班昭的《女诫》全文之后完全可以不提曹丰生,不提曹丰生对《女诫》的不满态度,但范晔却以史家的客观态

图 2-4　《新镌图像注解曹大家七诫》"和叔妹"篇插图，明万历十八年序刊本

度写出以马融、曹丰生为代表的两种面对《女诫》的不同的传播效果、接受路径。这是否也说明，《后汉书》的作者范晔之所以如此调动史料，是因为他本人也乐于看到世人对《女诫》采取一种更加开放的态度去接受呢？或者他也认为《女诫》具有多重的解读空间呢？历史学家的胸中丘壑，的确风舒云卷、气象万千。

总之，班昭的《女诫》以"妇德"为核心，涵盖了传统女教"妇德、妇言、妇容、妇功"的各个方面。单从《女诫》来看，班昭全面继承了先秦的"妇德"观念，同时亦结合汉代以来的儒家思想对其进行了一定的整合和发展。但是，如果跳出《后汉书》作者为班昭限定的历史格局，将班昭的《女诫》与《后汉书》里被作者一带而过、简略处理的班昭一生的其他事迹进行综合考量，我们就会看到，班昭在当时及对后世的影响绝不仅仅限于《女诫》,亦不局限于"妇德、妇言、妇容、妇功"之传统格局。

正是因为班昭思想的丰富性、复杂性,中国近代以来人们对班昭的评价也经常呈现极具戏剧性的两极分化现象。例如,1897年,近代思想家、教育家经元善先生以"翼中国自强"为目的在上海创立了第一所由中国人自办的具有现代意义和广泛影响的女校——中国女学堂①,得到了维新派人士梁启超、郑观应、康广仁、黄遵宪、谭嗣同、张謇等人的大力支持。1898年,该校女性董事、教师创办了《女学报》,著名女作家、翻译家薛绍徽(1866—1911年)是其主笔之一。梁启超(1873—1929年)亲自为中国女学堂草拟了《上海新设中国女学堂章程》(《女学堂试办略章》),该章程的第一条开宗明义:"学堂之设,悉遵吾儒圣教,堂中亦供奉至圣先师神位。"但薛绍徽在《创设女学堂条议》中却大力主张以东汉班昭代替孔子,理由是"其德其学,足为千古表率",在女教方面,"古今贤媛,无出其右",将班昭祀于堂中,可凸显中国女学堂的女校特点。此后,在1906年,留学日本的许定一编写的《祖国女界伟人传》由日本横滨新民社印行,上海广智书局负责在中国国内发售。该书以是否"与国家进步发达"直接有关为标准,收入战国至清代女性共三十九人,前以列传体叙述其生平事迹,后加评语称美其贡献。该书称扬班昭作为教育家,实为"女界之至圣""实祖国空前绝后之一伟人",直接将作为女师的班昭与"大成至圣先师"孔子相互类比、相提并论。但是,就在班昭被人比附为"女界之至圣""女人当中的孔夫子"后不久,对班昭的各种批评也纷至沓来,其中,既有主张有所保留、客观评价者,亦有主张全面否定、彻底清算者,其中的极端者甚至以"班贼"指斥班昭。

班昭之所以在中国近代历史上有如此遭遇,一方面是由于处在新旧交替

---

① 关于中国女学堂的创始沿革及其与中国女学会、《女学报》的关系,可参阅夏晓虹老师的两篇论文:《上海"中国女学堂"考实》,载《中国文化》2010年第1期;《中国女学会考论》,载《北京大学学报》(哲学社会科学版)2017年第3期。

之时的近代思潮波诡云谲，本身就处于激烈变动、发展变迁之中，多有愤激之言、偏激之论。另一方面则是因为班昭的历史贡献与其历史局限的确同时存在，无论是拥戴者还是批评者，均可从班昭的著作中找到充分的依据。但无论如何，中国近代这些意见完全相左的人们都无法否定班昭作为"女师"在中国历史进程中对中国古代女性的深刻影响。

如今，一个世纪过去了。当激情散去、理性回归的时候，我们将班昭置于中国古代教育的历史长河中，客观梳理其影响力的产生过程及传播路径，知人论世，以意逆志，检视其思想的源流，评价其历史功过，剔除各种基于时代局限的偏激，纠正一叶障目的误读，从而获得对班昭作为女师这一中国古代女性之中的特殊群体的代表和典范的更为精准、深入的认识。

# 第三章　班昭女性教育之进阶：由谦让自抑而倾动朝堂

——以班昭注释《列女传》、设教宫廷为中心

先秦以来，女性虽然一直活跃在社会生活的各个层面，在社会政治、经济、文化生活中从来不曾缺位，但是在现实社会中，在权力话语体系中，女性被定位于繁育后代、相夫教子的刻板印象早已根深蒂固。正因如此，班昭为家中"诸女"撰写《女诫》正是以温婉的态度对这一主流观念的积极回应，是保证家族女性以最为便捷的路径顺畅适应当时社会的女性成功指南。

但是，正如本文反复强调的那样，为自家"诸女"撰写《女诫》只是班昭一生所从事的女教活动中的一个层面，正如身为"诸女"之母，只是班昭一生中诸多身份角色之中的一个一样。所以，如果仅仅将《女诫》作为唯一的支点评价班昭，势必会将这一卓异女性的形象扁平化，将其丰富的内心世界简单化。梳理各种文献会发现，班昭的女教事迹除了为自家"诸女"撰写《女诫》之外，还有更多值得关注之处，特别是班昭注释《列女传》、续写《汉书》、辅佐和熹皇后邓绥三事，为我们展示出班昭女性教育在《女诫》之外的图景。

## 第一节　由内帏到朝堂：班昭《列女传》注释的女性身份认同

如果以中国历史上记录女性群像最为著名的文字和绘画作为例证的话，西汉时期刘向编写的《列女传》可以让我们最为充分地认识到在班昭之前女性丰富多样、精彩纷呈的生活状态。班昭为刘向的《列女传》作注，也体现了班昭对刘向的《列女传》的高度认同。如果说班昭撰写《女诫》，其预设对象明确而有限，仅限于家中"诸女"的话，她的《列女传》注释则几乎不再有目标人群的预设，而是将《列女传》由上层社会、知识阶层推向了社会大众。

刘向（公元前77—前6年），原名刘更生，后改名为"向"，字子政，沛郡丰邑（今属江苏徐州市）人。汉代宗室后代，楚元王刘交四世孙、阳城侯刘德之子、经学家刘歆之父，一生历经宣帝、元帝、成帝三朝。成帝时先后任光禄大夫、中垒校尉，后世亦称其刘中垒，西汉后期著名学者和政治家。虽然其一生沉浮官场，但其最大的历史贡献在学术方面。汉成帝时受诏领校秘书几近二十年，后来其子刘歆续成其功。刘向撰成中国古代最早的图书分类目录《别录》，由此开创了中国的目录学事业。其子刘歆以《别录》为基础，删繁就简，撰成《七略》。东汉时期，班固又在《七略》的基础上，完成《汉书·艺文志》。虽然《别录》《七略》自唐代以来失传，但因班固的《汉书·艺文志》以《七略》为基础撰成，可由此略知《别录》《七略》大概。刘向一生著述颇丰，除了目录学著作《别录》之外，今存《新序》《说苑》等著作，其《五经通义》有清人马国翰辑本。其文集《刘中垒集》为明代张溥辑本。除此之外，刘向的另外一部著作《列女传》格外引人注目，并对后世产生了深远影响。在这部编纂于汉成帝永始年间的作品中，刘向作为政治家和学者的特点均得到了充分体现。

班固编撰《汉书》时，列有《楚元王传》，包括汉高祖刘邦异母弟、楚元王刘交及其后人的传记，其中附有刘交的四世孙刘向的传记。在《汉书·楚元王传》所附的《刘向传》中,班固以史家之笔记录了刘向编纂《列女传》的取材、动机和目的。由班固的《汉书》刘向本传的记录可知,刘向博采经传、史传及诸子作品编撰了《列女传》,主观意图是通过钩沉诗书所载的或者兴国显家、或者乱政亡国的两类女性,"以戒天子",并希望天子由此端身正己、整顿宫闱,兴王教、守礼制,体现出政治家峻急、剀切的社会担当和忧患意识:

> 向睹俗弥奢淫,而赵、卫之属起微贱,逾礼制。向以为王教由内及外,自近者始。故采取《诗》《书》所载贤妃贞妇,兴国显家可法则,及孽嬖乱亡者,序次为《列女传》,凡八篇,以戒天子。①

从中可知,刘向的《列女传》的写作是从忧时愤世之心出发,借古喻今,以史讽世,从兴国显家的角度,把国家的兴亡之大任降于女性对古礼的崇敬与否。刘向针对当时"俗弥奢淫"、多"逾礼制"的不良风气,希望重振王教,主张"王教由内及外,自近者始",即王教应当从皇帝周边的人开始教育。刘向关注女性对家庭、对社会、对政治的重要影响力,在《列女传》中,他分门别类,以大量的篇幅和文字,对古代一系列德才兼具的"可法则"的优秀女性进行了重点揄扬。刘向此书可劝谏皇帝、嫔妃及外戚,而最终旨归乃是"以戒天子"。虽然今天的学者经常将《列女传》直接归入专门的女子教材②,但从《汉书》的刘向本传的相关记载可知,此书最初的读者定位是刘向意欲劝诫的天子。

宋代王回为《列女传》所作的序言中,提供了刘向撰写此书更为详细的目的:"《古列女传》八篇,刘向所序也。向为汉成帝光禄大夫,当赵后姊娣嬖宠

---

① 班固.汉书[M].北京:中华书局,1962:1957-1958.
② 例如,俞启定主编的《中国教育通史》(秦汉卷)"第六章 汉代的私学和家庭教育"之"第四节 家庭教育"之"三、女子教育":"专门的女子教材在汉代也出现了。最早的是西汉刘向撰写的《列女传》。""从教材的角度看,编纂是相当出色的。此书成为东汉以后'闺训'的主要教材。"俞启定.中国教育通史:秦汉卷[M].北京:北京师范大学出版社,2013:250-251.

时,奏此书以讽宫中。其文美刺《诗》《书》已来女德善恶,系于家国治乱之效者。"根据班固《汉书·外戚传》可知,班固、班昭的祖姑班婕妤恰好就生活在这一时代,谨遵礼法、慎言谨行、才情卓异的班婕妤初受汉成帝赏识宠爱,但后来成帝嬖宠赵飞燕、赵合德姐妹,班婕妤纵然才情卓异依然难逃被弃置失宠的命运,后半生境遇凄凉。

由此可知,刘向编纂的《列女传》有可能成为班氏后人寄寓对其祖姑班婕妤的不平遭际、凄凉命运难以释怀的心结的载体。刘向以此劝诫天子教化妃嫔,班氏后人无疑"心有戚戚焉"。所以,班昭为此书作注,不仅表明了班昭对刘向女性观的高度认可,而且也有可能隐含了对其谨遵礼法、才情出众的祖姑表达敬意这一层用意。根据班固《汉书·外戚传》记录的各种细节可知,班婕妤可谓女德典范,相形之下,赵氏姐妹无疑是扰乱朝纲、为害天下的无德女子的典型。刘向撰写《列女传》的本意是上奏天子,约束帝王后宫,并非传布天下。班昭为此书作注,显然是希望《列女传》走出宫廷,流布天下。后来《列女传》由宫廷劝谏之书转为"专门的女子教材",班昭的《列女传》注释在此转捩过程中应该发挥了重要作用。

刘向的《列女传》的主体部分分为七卷,即:《母仪传》《贤明传》《仁智传》《贞顺传》《节义传》《辩通传》《孽嬖传》,共涉及先秦以来的一百多位女性,可谓中国古代第一部女性的专史。所谓"列女",即诸女,包括了各种各样的女性。前七卷的卷名依次为母仪、贤明、仁智、贞顺、节义、辩通、孽嬖。其中,前六类均是以颂赞之笔记录描写的正面女性形象,置于末尾的第七类"孽嬖"为指斥批判的反面女性形象。

卷一《母仪传》收录了有虞二妃、弃母姜嫄、契母简狄、启母涂山、汤妃有㜪、周室三母、卫姑定姜、齐女傅母、鲁季敬姜、楚子发母、邹孟轲母、鲁之母师、魏芒慈母、齐田稷母。她们或者是古代帝王的母亲或后妃,或者是清寒之士、普通百姓的母亲。虽然她们社会地位高下悬殊,但都恪守礼法、言传身教、和睦家庭、教子有方,从而成为家庭之中立母仪、兴教化的典范。

卷二《贤明传》收录了周宣姜后、齐桓卫姬、晋文齐姜、秦穆公姬、楚庄樊姬、周南之妻、宋鲍女宗、晋赵衰妻、陶荅子妻、柳下惠妻、鲁黔娄妻、齐相御妻、楚接舆妻、楚老莱妻、楚于陵妻。其中,帝王诸侯的后妃、大夫官员的妻子占了较大比例。这些女性通达事理、洞晓世态、目光长远、胸襟开阔,往往能够有礼有节地匡正身为君王或者官员的丈夫在政治上或生活中的偏狭、过失,体现出高于男性的长远眼光、过人见识。这些女性思想睿智、处世理性,通过她们的夫君对朝堂产生了积极的影响,虽然她们足迹不涉政坛,实际上却对家和国的走向起到了至为关键的作用。

卷三《仁智传》是《列女传》中最具风采的部分,收录了密康公母、楚武邓曼、许穆夫人、曹僖氏妻、孙叔敖母、晋伯宗妻、卫灵夫人、齐灵仲子、鲁臧孙母、晋羊叔姬、晋范氏母、鲁公乘姒、鲁漆室女、魏曲沃负、赵将括母。这些女性的共同特点是聪慧异常、智能过人,而且其才智往往表现为见微知著、善于识人,能够洞察世事的发展走向、鉴别世人的祸福否泰,从而能够帮助其夫其子在波诡云谲的政坛之上趋利避害、事业有成,甚至成就霸业。此卷名为"仁智",重在赞美这些女性富有远见卓识的过人之"智",而且其"智"往往合乎天道、顺应人礼,能够转化成推动社会进步、政治清明的积极力量。

卷四《贞顺传》是《列女传》全书在当代中国最遭人诟病的部分。其中收录了召南申女、宋恭伯姬、卫寡夫人、蔡人之妻、黎庄夫人、齐孝孟姬、息君夫人、齐杞梁妻、楚平伯嬴、楚昭贞姜、楚白贞姬、卫宗二顺、鲁寡陶婴、梁寡高行、陈寡孝妇。虽然历史学家通过考辨汉代史料告诉我们,实际上汉代的女性在爱情和婚姻中拥有相当的自由,与汉武帝以来官方正统思想所阐扬的伦理观念并不平行,但是刘向在《贞顺传》中却清一色地选取了恪守妇礼、忠贞不二的女性,其中不乏过于极端、有悖人情的例子。她们对丈夫无条件的"贞"或者出于夫妻感情,或者出于"从一而终"的礼义信条。对某些将贞节观念置于个人幸福和生命价值之上的女性的记载,在当代社会引发的更多是人们对于传统贞节教条的弃绝,而无法引发任何共鸣。

卷五《节义传》收录了鲁孝保义、楚成郑瞀、晋圉怀嬴、楚昭越姬、盖将之妻、鲁义姑姊、代赵夫人、齐义继母、鲁秋洁妇、周主忠妾、魏节乳母、梁节姑姊、珠崖二义、合阳友娣、京师节女。这些女性善恶分明、节义至上,往往能够在动荡变幻的时代,在生死攸关的时刻,舍生取义、刚烈决绝,堪称女中义士、女中豪侠。当然,在这部分描述中,某些女性由于对礼义信条的坚守而表现出的某些极端之举也令人叹惋和遗憾。

卷六《辩通传》在某些方面可以与卷三《仁智传》相呼应,收录了齐管妾婧、楚江乙母、晋弓工妻、齐伤槐女、楚野辨女、阿谷处女、赵津女娟、赵佛肸母、齐威虞姬、齐钟离春、齐宿瘤女、齐孤逐女、楚处庄侄、齐女徐吾、齐太仓女。与《仁智传》的重点略有不同,《辩通传》中的智慧女性更大的特点是口舌便给,能言善辩,而在其过人的口才之中的是她们对治理国家的熟稔,对世事变化的通达,是其超乎常人的远见卓识。作为被她们说服、被她们唤醒甚至被她们拯救的对象,那些在庙堂之上手握权柄的君王、公卿,或者困窘失措,或者昏昧颠顸,与她们形成了鲜明的对比。

卷七《孽嬖传》是失德弃义的女性的合传,其中收录了夏桀末喜、殷纣妲己、周幽褒姒、卫宣公姜(宣姜)、鲁桓文姜、鲁庄哀姜、晋献骊姬、鲁宣缪姜、陈女夏姬、齐灵声姬、齐东郭姜、卫二乱女、赵灵吴女、楚考李后、赵悼倡后。她们大多是天子或者诸侯的宠姬,骄奢淫妒、祸乱朝纲,致使天子或者诸侯失德失位、身死国灭,给家庭、国家和社会带来了诸多灾难。刘向对她们的态度虽然并没有完全跳出将历史上昏君的祸败归因于他们宠溺的女性的窠臼,但是班固在《汉书》刘向本传中所透露出的刘向希冀借《列女传》"以戒天子"的意图让我们有理由相信,此卷方是刘向创作《列女传》的肯綮所在。显然,刘向相信,是否能够阻塞淫滥、远斥奸邪,天子和诸侯的态度至关重要。

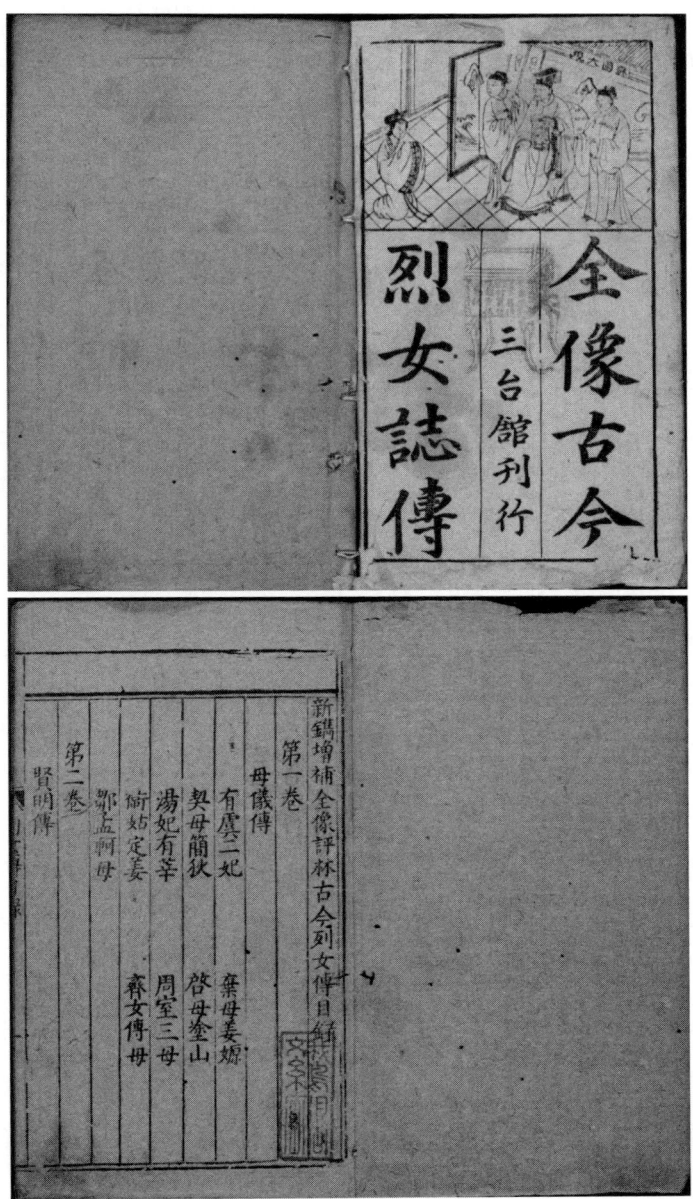

图3-1 《新镌增补全像评林古今列女传》,刘向撰,茅坤补,明万历十九年余文台三台馆刊本

自刘向的《列女传》在西汉问世以来,后人对此书的注释、续写、整理、研究就不曾断绝。当今学界围绕《列女传》对刘向的女性观念进行了深入的探讨,研究成果颇丰。从上述内容可知,刘向的女性观念、女德意识均是比较通达的,在倡导"为人妇者"的女性在家庭之中的"贞顺"的同时,也强调了女性在社会公共空间特别是政治生活领域发挥的重要作用,对女性的"仁智""辩通"给予了大力的颂扬,让读者看到了在刘向心目中卓异女性丝毫不逊色于须眉的性别意识和女性观念。

　　刘向、刘歆父子分别编写的目录学著作《别录》和《七略》中收录了刘向的《列女传》,记录此书有七篇、图一篇,"画之于屏风四堵"。以刘歆的《七略》为基础,东汉班固撰成《汉书·艺文志》,其中有《诸子略》儒家类,记载了"刘向所序六十七篇",班固注曰:"《新序》《说苑》《世说》《列女传颂图》也。"在《汉书》的《楚元王传》所附的《刘向传》中,班固又称《列女传》"凡八篇",当是在母仪、贤明、仁智、贞顺、节义、辩通、孽嬖这七个部分之外,将颂序视作相对独立的一个部分。由此可知,《列女传》最初包括了传、颂、图三部分,三者当皆出于刘向之手,以传记事,以颂评议,以图昭显传主之形神,三者有机结合。

　　在刘向的《列女传》的传播史上,班昭功不可没。她是今天可知的、有史可稽的对刘向的《列女传》进行注释的第一人。根据班固的《汉书》的刘向本传,刘向撰著《列女传》的目的在于"以戒天子",由此可知《列女传》并没有在社会大众之中广泛流传,有可能仅列于众多宫廷藏书之中,其影响力非常有限。虽然范晔的《后汉书》班昭本传中并没有关于班昭注释《列女传》的任何记载,因此我们无从得知班昭注释《列女传》的时间起始点,亦无法直接获知她注释《列女传》的动机和目的,但是,我们可以明确的是这些事实:由于身为女性的班昭在班固去世之后由皇帝钦定接续班固完成《汉书》,那么可以肯定,班昭对于倾注了其父班彪、其兄班固两代人心血的《汉书》的内容相当熟悉并且这一点为世人所知。兄长班固修撰《汉书》时曾特别在刘向本传中谈及《列女传》的撰著始末,班昭对于《列女传》一书想必亦早有耳闻,但班昭从何时起接触此书,并无史料可以稽查。可以肯定的是,由于中年的班昭有机会出入宫廷,可以遍览东观藏书,她最迟应在这个时期有条件看到《列女传》的全文,所以班昭的《列女传》注释工作,最迟是在其中年出入宫廷、成为宫廷女师之后。虽然此书最初的著述目的在于"以戒天子",但毕竟书中所收均为女性故事,且多以美德、嘉行、懿言著称,堪为女性典范,因此在东汉以来朝廷重儒学、弘经教、正风俗、修宫教的时代背景下,我们可以进而推测,班昭之所以注释《列女传》,很有可能与其宫廷执教活动存在着直接的关系。

关于刘向的《列女传》问世之后的流布情况,以及班昭的《列女传》注释对后世的影响,清代《四库全书总目》卷五七史部"《古列女传》七卷、《续列女传》一卷"提要所作的梳理钩沉最为详尽,兹录于下:

汉刘向撰。向字子政,本名更生,楚元王之后。以父任为辇郎,历中垒校尉。事迹具《汉书》本传。《汉书·艺文志·儒家类》载向所序六十七篇,注曰:"《新序》《说苑》《世说》《列女传颂图》也。"《隋书·经籍志·杂传类》载《列女传》十五卷,注曰:"刘向撰,曹大家注。"其书屡经传写,至宋代已非复古本。故曾巩序录称曹大家所注,离其七篇为十四,与《颂义》凡十五篇,而益以陈婴母及东汉以来凡十六事,非向本书然也。嘉祐中,集贤校理苏颂始以《颂义》编次,复定其书为八篇,与十五篇者并藏于馆阁。是巩校录时已有二本也。又《王回序》曰:此书有《母仪》《贤明》《仁智》《贞顺》《节义》《辩通》《嬖孽》(《孽嬖》)等目,而各颂其义,图其状,总为卒篇。《传》如《太史公记》,《颂》如《诗》之四言,而《图》为屏风。然世所行向书,乃分《传》每篇上下,并《颂》为十五卷。其十二《传》无《颂》,三《传》同时人,五《传》其后人,通题曰向撰,题其《颂》曰向子歆撰,与汉史不合。故《崇文总目》

以陈婴母等十六《传》为后人所附。予以《颂》考之，每篇皆十五《传》耳。则凡无《颂》者宜皆非向所奏书，不特自陈婴母为断也。向所序书多散亡，独此幸存，而复为他手所乱。故并录其目，而以《颂》证之，删为八篇，号《古列女传》。馀十二《传》，其文亦奥雅可喜，故又以时次之，别为一篇，号《续列女传》。又称：直秘阁吕缙叔、集贤校理苏子容、象山令林次中，各言尝见《母仪》《贤明》四传于江南人家，其画为古佩服，而各题其《颂》像侧。是回所见一本，所闻一本，所删定又一本也。钱曾《读书敏求记》曰："此本始于有虞二妃，至赵悼后，号《古列女传》。周郊妇人至东汉梁嫕等，以时次之，别为一篇，号《续列女传》。《颂义大序》列于《目录》前。《小序》七篇，散见《目录》中间。《颂》见各人《传》后，而《传》各有图，卷首标题晋大司马参军顾恺之图画。苏子容尝见江南人家旧本，其画为古佩服，各题其《颂》像侧者，与此恰相符合，定为古本无疑"云云。此本即曾家旧物，题识印记并存。验其版式纸色，确为宋椠，诚希覯之珍笈。惟苏颂等所见江南本在王回删定以前，而此本八篇之数与回本合，《古列女传》《续列女传》之目亦与回本合，即嘉祐八年回所重编之本。曾据以为江南旧本，则稍失之耳。其《颂》本向所作，曾巩及回所言不误。而晁公武《读书志》乃执《隋志》之文，诋其误信颜籀之《注》。不知《汉志》旧注，凡称"师古曰"者乃《籀注》，其不题姓氏者皆班固之《自注》。以《颂图》属向乃固说，非籀说也。考《颜氏家训》，称《列女传》刘向所造，其子歆又作《颂》，是讹传《颂》为歆作，始于六朝。修《隋志》时，去之推仅四五十年，袭其误耳，岂可遽以驳《汉书》乎？《续传》一卷，曾巩以为班昭作，其说无证，特以意为之。晁公武竟以为项原作，则舛谬弥甚。《隋志》载项原《列女后传》十卷，非一卷也。必牵引旁文，曲相附会，则《隋志》又有赵母注《列女传》七卷、高氏《列女传》八卷、皇甫谧《列女传》六卷、綦毋邃《列女传》七卷,又有曹植《列女传颂》一卷、缪袭《列女赞》一卷,将《续传》亦可牵为赵母等,《颂》亦可牵为曹植等矣,又岂止刘歆、班昭、项原乎?今前七卷及《颂》题向名,《续传》一卷则不署撰人,庶几核其实而阙所疑焉。①

这段记载不仅详细勾勒出刘向的《列女传》的版本流变情况,更明确地肯定了班昭在此过程中的重要作用:其一,班昭为《列女传》进行了文字注释;其二,班昭对《列女传》的内容编排、分卷情况进行了调整;其三,班昭注释整理的《列女传》影响深远,不仅被唐代的《隋书》所著录,甚至宋人亦曾经眼。

可惜,班昭《列女传》的文字注释后来大多失传,其中部分注释通过其他古籍旧注引证及类书摘录得以保留。班昭的《列女传》注释专注于对文字的训诂释义,这显然对于降低《列女传》的阅读难度起到了重要的作用,并对《列女传》的目标人群进行了新的定位,推动了《列女传》在上至簪缨之家、书香门第,下至小康之家、耕读之家这样广泛的人群中的有效传播。与其说班昭的《列女传》注释是一种学术行为,毋宁说是一种教育行为。其重点并不在于在学术的纵深层面阐发义理,而是在作品内容的普及化层面大力拓展。

兹列举今天可见的班昭《列女传》注释残文数则,以求窥其一斑而推想、知晓其全豹:

《毛诗正义》之《鄘风·柏舟》正义曰:"《史记》'髧'字皆作'髽',《列女传》曰'曹大家云"髽"音"髧"',则古今字异而音同也。"

对《史记·周本纪》的注释:唐代张守节正义解释密康公母之语"王田不取群,公行不下众"处,引曹大家注:"群、众、粲,皆多之名也。田猎得三兽,王不尽收,以其害深也。公,诸侯也。公之所行与众人公议也。"(刘向《列女传》"密

---

① 永瑢,等.四库全书总目[M].北京:中华书局,2003:517-518.

康公母"一则所记密康公母之语,其中有"夫兽三为群,人三为众,女三为粲。王田不取群,公行下众"之句。)

《文选》所收张华《女史箴》中有"婉嫕淑慎"句,李善注引曹大家《列女传注》云:"婉,柔和;嫕,深邃也。"

《文选》所收张华《女史箴》中有"卫女矫桓,耳忘和音"句,李善注引刘向《列女传》所载故事以及班昭对此的注释:"(《列女传》)又曰:'齐侯卫姬者,卫侯之女,齐桓公之夫人。桓公好淫乐,卫姬为不听郑卫之声。'曹大家曰:'卫国作淫泆之音,卫姬疾桓公之好,是故不听,以厉桓公也。'"

《文选》所收鲍照《苦热行》中有"生躯蹈死地"句,李善注引《列女传》语及班昭对此语的注释:"《列女传》曰:'楚子发之母谓子发曰:"使人入于死地,而康乐于上,虽有以得胜,非其术也。'曹大家曰:'军事险危,故为死地也。'"

《初学记》卷十三:刘向《列女传》之《鲁季敬姜》,引曹大家注:"少采,降之采也。以秋分祀夕月,以迎阴气也。"

班昭为《列女传》作注的同时,对其卷数也进行了调整,把原有的因主题不同而划分的七卷传文的每卷内容又拆分为上下两卷,成十四卷;另外把"颂"合为一卷,为第十五卷。在班昭之后,十五卷本的《列女传》成为最为流行的版本。唐代魏征等人在编撰《隋书》时,在《隋书·经籍志·杂传类》中留下了有关今天可见的关于班昭注本《列女传》十五卷的最早记录:"《列女传》十五卷,刘向撰,曹大家注。"此外,宋代《新唐书·艺文志》的相关著录与此大体相同。由此可见,唐宋时期班昭的十五卷《列女传》注本已经是《列女传》比较通行的版本了。班昭对《列女传》的推广传播无疑是成功的。

虽然根据文献记载,刘向的《列女传》在西汉问世之后,东汉的班昭、马融,魏代的虞韪妻赵氏,晋代的綦毋邃都曾为《列女传》作注,但是,唯有班昭身兼史家和女性双重身份,因而她的注释本值得特别关注,她的注本在《列女传》的传播史上曾经产生重要影响,这一事实毋庸置疑。

直至北宋嘉祐年间,馆藏的《列女传》依然为班昭所注十五卷本,只不过又多出无颂的二十篇传,当是《列女传》在流传过程中为后人所补。至于补者何人,历来有不同说法,根据清代《四库全书总目》的《古列女传》提要,宋代曾巩将其归至班昭名下。虽然曾巩此说未为学界所采信,但由此可以说明班昭对《列女传》的整理和注释工作已经深入人心。《古列女传》提要还简要梳理了见载于《隋书·经籍志》的各《列女传》注本,以及其他由刘向的《列女传》衍生而出的作品:"《续传》一卷,曾巩以为班昭作,其说无证,特以意为之。晁公武竟以为项原作,则舛谬弥甚。《隋志》载项原《列女后传》十卷,非一卷也。必牵引旁文,曲相附会,则《隋志》又有赵母《注列女传》七卷、高氏《列女传》八卷、皇甫谧《列女传》六卷、綦毋邃《列女传》七卷,又有曹植《列女传颂》一卷、缪袭《列女赞》一卷,将《续传》亦可牵为赵母等,《颂》亦可牵为曹植等矣,又岂止刘歆、班昭、项原乎?今前七卷及《颂》题向名,《续传》一卷则不署撰人,庶几核其实而阙所疑焉。"宋代传本《列女传》已经经历了后人的各种加工,因而北宋学者对《列女传》进行了较为集中的整理工作,著名学者曾巩、苏颂、王回等皆参与其事,据《四库全书总目提要》,"其书屡经传写,至宋代已非复古本。故曾巩序录称曹大家所注,离其七篇为十四,与《颂义》凡十五篇,而益以陈婴母及东汉以来凡十六事,非向本书然也。嘉祐中,集贤校理苏颂始以《颂义》编次,复定其书为八篇,与十五篇者并藏于馆阁。是巩校录时已有二本也。又《王回序》曰:此书有《母仪》《贤明》《仁智》《贞顺》《节义》《辩通》《孽嬖》等目,而各颂其义,图其状,总为卒篇。"经过苏颂的编次和整理,传文后有"颂"者集中为前七卷,后人称之为《古列女传》;无颂的传文被集中为一卷,后人称之为《续列女传》。从此,经过苏颂编次的八卷本与班昭编次的十五卷本并行于世。

刘向的《列女传》所选取的女性故事以及刘向对这些女性的记录和评价,一方面体现了刘向鲜明的儒家伦理观念,另一方面又体现出他较为开明的女性意识。虽然由于班昭的《列女传》注释失传,我们无法详细比较班昭与刘向思想的异同,也无法通过夫子自道来了解班昭整理《列女传》的完整用意,但是至少我们可以确定刘向对历史上诸多优秀女性德、才、识、辩等方面的高度赞誉是班昭认可和接受的。对比班昭的《东征赋》等其他传世作品的内容,我们的这一推断可以得到充分的验证(详见本书第四章)。

　　班昭为《列女传》作注并对其篇次卷数进行调整,显示出她对《列女传》编撰主旨及传颂内容的认同与肯定。至此,我们可以尝试梳理班昭的《女诫》与刘向的《列女传》的内在联系。虽然《列女传》为史书,《女诫》是家训,两者文体差异极大,但从《女诫》中我们仍可窥见班昭受《列女传》影响,特别是受《列女传》的《贞顺》卷影响的痕迹。与此同时,从今天尚存的班昭《列女传》注释的片段我们看到,班昭的注释完全是基于字词释义的经典的训诂学意义上的注释,既未作过多的义理的阐发,更未有任何对原文观点的质疑。由此我们可以得出这样的结论:班昭对《列女传》的注释是以班昭对《列女传》内容的认同为前提的;而她对于刘向笔下那些活跃在政治舞台上、穿行于社会生活中的身份各异的女性的"仁智""辩通"也同样是认可的。

　　由此,我们可以将班昭的《列女传》注释视作班昭推行"女教"的重要手段。至于"女教"的内容,并非狭义的"三从四德"之"女德",而是对《列女传》所列的母仪、贤明、仁智、贞顺、节义、辩通的接受和称赏,其中虽涉及传统的以贞顺为核心的"女德",但又绝不局限于"女德",更涉及女性的才智、胆识,等等。因此,班昭的《列女传》注释让我们看到了班昭女性观念的另外一个方面:虽然她在家训《女诫》中教育"诸女"安于家庭一隅柔顺隐忍,但显然这并不能代表班昭女性观念的全部。在她心目中,卓异女性的舞台更为开阔,她们的智慧、才能可以在社会生活中、在历史舞台上发挥出完全可以与男性比肩的甚至更大的作用。可以这样说,《女诫》点画出的是基于传统观念的最为安稳的女性立身存世的起点,它完全属于私人著述性质,体现的是身为女性家长的班昭对家庭内帏之中的女性的眷顾与约束;而班昭对《列女传》的注释则让我们看到了班昭对卓异女性更为高远的向往与期许,它很有可能是一部类似教科书的宫廷读本,是一部意欲传布于社会公共空间的普及读本,表现的是身为史家学者的班昭对于政坛之上、社会之中的女性的关注与评判。两者著述动机不同,关注焦点不同,因而就女性观念而言,班昭的《列女传》注释在通过"贞顺传"等篇章的内容及注释强化了《女诫》的观点的同时,更通过"仁智传""辩通传"等篇章的内容及注释完成了对《女诫》观点的超越。

随着《列女传》的传播,官修正史中的女性传记的著述情况也在悄然发生变化。从班固的《汉书》中亦可看到其受《列女传》影响的痕迹,《汉书》中的《高后纪》《外戚传》《元后传》收录了大量女性的传记,涉及的女性在数量上远远超过了司马迁的《史记》。此后,西晋陈寿编撰《三国志》时,对后妃事迹也多有关注,并集中为其作传。这种情况到了南朝范晔撰写《后汉书》时则出现了一次飞跃,在官修正史中首次设"列女传"之目,关注焦点也不似前代史书那样集中在后妃等宫廷皇族女性,而是涉及了社会各个阶层。这也自然引发了另外的一个更具有实质意义的变革:所关涉的女性,不仅是地位特殊、专以仁德、才能、见识著称的,而是身份多元、阶层各异的,体现出多元化的卓然不凡,"列女传"成为优秀女性的集中记录和展示,在正统的史家笔下,女性群体得到了全面展示自我的机会,并在社会上得到了极为广泛的传播。至此,刘向的《列女传》体现出的不以贵贱而以德才审视评价女性、虽然从传统"女德"出发强调女性之"贞顺""节义"但同时亦强调女性的"贤明""仁智""辩通"的观念得到了正史的充分接纳并发扬光大。此后,《晋书》《魏书》《北史》《隋书》《旧唐书》《新唐书》《宋史》《辽史》《金史》《元史》《明史》等皆有女性的专门合传,一批卓异女性由此在中国历史中脱颖而出,虽然相较于男性,她们作为一个群体一直处于史书的边缘,但是她们的存在,本身就像那海面上晶莹剔透的冰山一角,引领着我们去探寻被时光的大海掩藏的但又真真实实存在着的那个更为深邃而神奇的冰山之全貌,并为之惊叹和感慨。

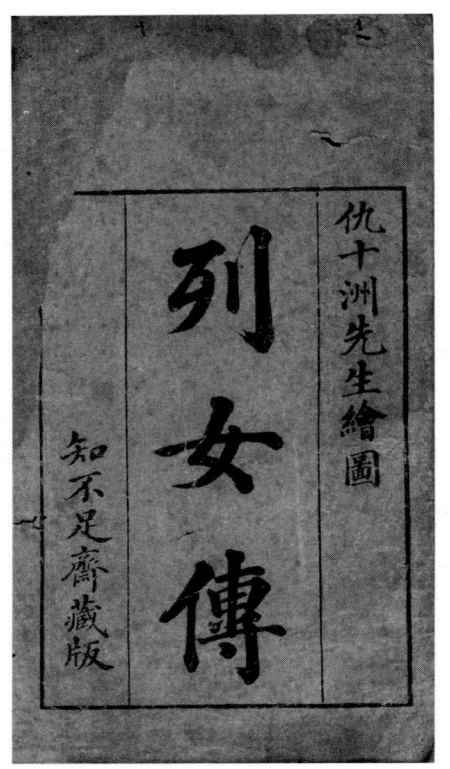

图 3-2 《列女传》书影,汉刘向撰,明汪道昆增辑,明万历时期刊刻,清乾隆四十四年鲍氏知不足斋刊本

## 第二节 续写《汉书》,以博学高才铺就通往宫廷女师之路

在班昭一生的事迹中,续写《汉书》无疑是最具历史影响力的事件,但是本书所关注的焦点并不是作为历史学家的班昭的史学贡献,而是身为"女师"、作为教育家的班昭,因此,此处我们更关注的是班昭续写《汉书》与其女师事业之间的关系。

虽然今天通行的《汉书》署名班固,但其中实际凝聚了班氏家族的班彪、班固、班昭两代人三位史学家的心血。

西汉司马迁的《史记》所载史事止于其生活的汉武帝太初年间,因此在司马迁之后,褚少孙、刘向、刘歆、冯商、扬雄等前后十多位学者都曾通过各种方式对《史记》予以续补,但因其各有短长,班固、班昭的父亲班彪(3—54年)立志在诸家之外,别铸伟辞。据《后汉书·班彪本传》,班彪认为汉代诸子续作"多鄙俗,不足以踵继其书","乃继采前史遗事,傍贯异闻,作后传数十篇,因斟酌前史而讥正得失"。班彪去世之后,"九岁能属文,诵诗赋""九流百家之言,无不穷究"的班昭之兄班固(32—92年)利用家藏的丰富图书,整理和补写班彪尚未完成的《史记后传》,并在此基础之上开始撰写《汉书》,在汉明帝时,初被召为兰台令史,后转迁为郎。班固虽然是史学家、经学家,但并非埋头典籍、穷经皓首的书斋学者,他是一位关注世务的政治家,汉和帝永元元年(89年)窦宪伐匈奴时,班固在其麾下任中护军,行中郎将事,随其出征,并因破匈奴之后勒石燕然而名震天下。但也正因班固与窦宪之间密切的关系,后来和帝永元四年窦宪失势自杀时,班固也大受牵连,官职被免。不仅如此,由于班固平时疏于家教,儿辈与种竞结怨,此时窦宪事败,班固顿失往日依傍,种竞不仅不复忌惮班固,甚至落井下石,将班固系于牢狱,笞辱摧折,六十一岁的班固由此死于狱中。

《汉书》也被后人称为《前汉书》,中国古代的"二十四史"之一,继承此前西汉司马迁在《史记》中开创的体例①,亦是一部纪传体史书。但与作为通史的《史记》不同,《汉书》是中国第一部断代史,记述了上自西汉汉高祖元年(公元前206年),下至新朝王莽地皇四年(23年)共计二百三十年的史事。《汉书》卷帙浩繁,包括本纪十二篇、表八篇、志十篇、传七十篇,共计一百篇,八十万字。

---

① 《汉书》在继承《史记》纪传体体例的通史的同时也做了一定的调整,将《史记》中记录帝王后妃事迹的"本纪"省称为"纪","列传"省称"传",取消《史记》中的"世家"名目,将勋臣的传记"世家"一并归入列传,并将《史记》的"列传"名目省称为"传"。《史记》中的"书"被《汉书》改为"志",等等,不一而足。

据范晔《后汉书》的班彪本传所附班固传,班固前后积二十多年之功,方完成《汉书》的写作:"固自永平中始受诏,潜精积思二十余年,至建初中乃成。"陈汉章的《缀学堂初稿》卷二《马班作史年岁考》将班固写作《汉书》的时间进一步确定为始于永平元年(58年),终于建初七年(82年),前后历时二十五年。但是,范晔《后汉书》卷八十四《列女传》中的班昭本传所记"兄固著《汉书》,其八表及《天文志》未及竟而卒",与班固本传中所说的"至建初中乃成"存在一定矛盾。显然,考较两人传记,班昭本传更为详切,班固传中所谓的""至建初中乃成"当是就《汉书》的主体部分而言,而非全部。因而在窦宪事败、班固受牵连死于狱中之时,《汉书》并未最终完成。世人津津乐道的班昭续写《汉书》,主要就是撰写班固未及完工的八表和《天文志》。另外,《后汉书·班彪列传》的记载,班固写《汉书》,撰"纪、表、志、传凡百篇"①,此处与《后汉书》班昭本传中的相关记载亦有出入。两相参校,可以大致推断:班固因窦宪之祸死于狱中时,《汉书》的主体部分已经完成,全书体例篇目也已经大致确定,但八表和《天文志》均为未完稿。至于未完的程度,史无可考,后世学者的各种说法亦多为推断猜测:或仅有宏观架构,内容则全然阙如,从头写起;或已有部分初稿,有待接续补完;或粗具纲目,需要填充具体内容。无论哪种情况,可以基本推断的是:八表和《天文志》的宏观架构,当有班固的重要作用;八表和《天文志》的具体内容,应该是班昭的主要功绩。班昭和马续两人与《天文志》的关系,亦可作如是解。唯有在班昭完成"八表"、马续完成《天文志》之后,《汉书》方成全璧。

  正因如此,研究《汉书》中的"表""志",无疑对于研究班昭的思想与学术具有重要意义。由于《汉书》研究自古以来就是史家显学,因此有关《汉书》的相关研究成果汗牛充栋,不胜枚举。其中也涉及有关"表""志"的研究,撮其大要,可见其一斑。

---

①  范晔.后汉书[M].李贤,注.北京:中华书局,1965:1334.

班昭参与修撰的《汉书》中的"表"总计八篇,多以《史记》旧表内容为基础,扩充汉武帝之后的新材料、新内容。其中有《异姓诸侯王表》(记载汉代异姓诸侯王)、《诸侯王表》(记载汉初同姓诸侯王)以及记载汉高祖至汉成帝时期功臣的表,等等。虽然八表具有专题资料汇编的性质,但通过材料的取舍与编排仍可明显看出推尊汉统的政治态度。八表之中,后两表为《汉书》卷十九《百官公卿表》、卷二十《古今人表》,这两者是《史记》不曾设立的,乃开创之举,也正因如此,这两篇历来受到学界更多的关注。

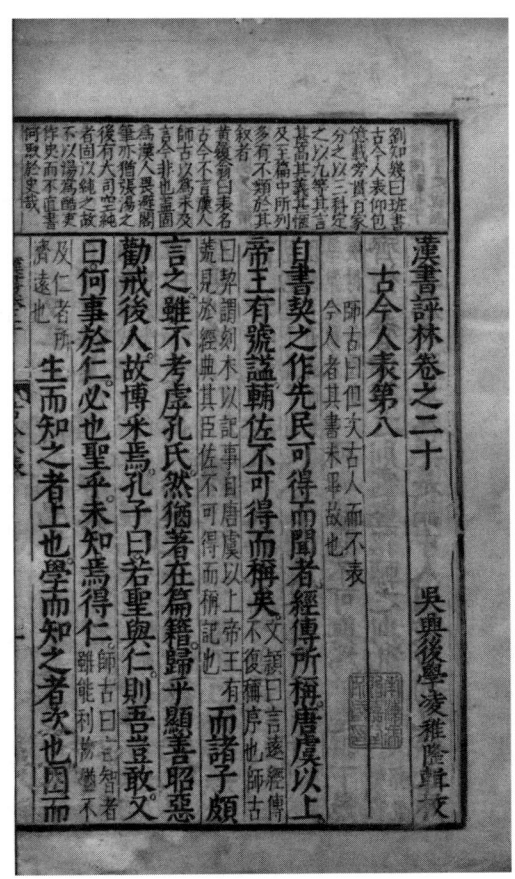

图 3-3 明代《汉书评林》书影

## 一、《古今人表》

《古今人表》所记人物起自太昊伏羲,下至秦嬴吴广,共计一千九百多人。因其中并无汉代人物的记录,后代学者多有质疑,或批评其名实不副,或质疑其为未完之稿,至今未有定谳。这里涉及一个问题:今人均以为此表对于汉代而言"古"人有余而"今"人阙如,那么对于作为汉代人的班固、班昭而言,他们对"古""今"的理解是否亦是如此?"今"是否必然等同于当代?如果我们聚焦于《古今人表》所记录的人物本身以及记录这些人物的方式,可能比追究是否缺失记录更有意义。从这些看似简单甚至刻板的表格、人名当中,我们至少应该关注到以下几点:

其一,《古今人表》体现了班昭的史学与史才。《古今人表》是"究极经传,继世相次,总备古今之略要云"①的产物,而"究极经传"需要丰厚的学养作为基础支撑。即使在班昭续写《汉书》时,班固已经积累了此表的部分材料,甚至全表已有雏形,等待班昭的依然是漫无涯际的钩沉、取舍、排次工作,编撰完成此表对于其学养储备及眼光见识,均为巨大的挑战。

《古今人表》所载人物在时间线上与《史记》所记大多重合,《古今人表》的突出贡献之一就是在"究极经传"基础上,留存了大量的历史人物的姓名,特别是记录了许多在时间线上与《史记》同步但《史记》未暇记录的历史人物。这些在历史上确乎出现,并且在《诗经》《国语》等前代著作中惊鸿一瞥的先秦人物,由于《古今人表》的记录而得以在正史中留有自己的一席之地。这样,《史记》集中著录在历史上有过重要影响、参与过重大事件的人物,而历史影响稍微逊色一等但同样有言可采、有事可稽的众多历史人物也由于《古今人表》而没有湮灭在历史长河之中。因而《古今人表》在忠实地还原历史、记录历史、补足历

---

① 《汉书》卷二十《古今人表》序文。

史方面,有其价值。

其二,《古今人表》体现了班昭在人物品评方面的创新与洞见。班昭在记录汉代以前的诸多人物的时候,并没有完全以时间先后为序,也没有根据人物身份类别记录,而是根据人物的德能等因素,将人物分为上、中、下三大类,每类再细分上、中、下三级,总计分列出九等,即:上上、上中、上下、中上、中中、中下、下上、下中、下下。九类的前三等中,"上上"为"圣人",尧、舜、商汤、文王、武王、周公、孔子等十三人名列其中;"上中"为"仁人",女娲、共工、祝融、孟子、屈原、荀子等七十三人名列其中;"上下"为"智人",仓颉、子贡、范蠡、廉颇等名列此类之中。九类中的最末一类即"下下"为"愚人",商纣王、周幽王等名列此类。如此记录历史人物的方式无疑受到了东汉以来人物品评风气的影响,带有鲜明的时代文化烙印。

对于《古今人表》以三类九等排列历史人物的做法,历来学者也都有不同的看法,或以为分类编次不当,或以为是过于机械地拘泥于儒家伦理观念进行的人物划分。但我们也应注意到《古今人表》此举的开创意义:以人物品格道德的高下为标准,以人物的事功或学术等方面的社会影响力的高低为标准,而不再以传统的身份尊卑、地位高下为标准;被划分进同一等级中的诸多人物,即使其社会地位有天渊之别,在表中却等量齐观,平等排列。这在经学风气炽盛的东汉时期,实在难能可贵。清代章学诚曾指责《古今人表》未能"以贵贱尊卑区分品第"①,这恰恰说明了《古今人表》的编排体例及其用意均有大大超越其所处时代之处。

其三,《古今人表》体现了班昭对女性的独到理解和特别关注。《古今人表》共计收录了五十七位女性。关于这些女性所处的朝代、在全表九等中的分

---

① 见《文史通义》卷七《亳州志人物表例议上》。章学诚.文史通义校注[M].叶瑛,校注.北京:中华书局,1985:801.

布情况,吴从祥的《〈汉书·古今人表〉女性观探析——兼与刘向〈列女传〉比较》①进行了非常详细的梳理和统计,颇可参考。

　　从绝对数量上来看,或者从这五十七人在全表所录的一千九百多人中所占比例来看,《古今人表》对女性的关注是不够的,虽然这在一定程度上是当时男权社会的真实反映,但不可否认,这更是趋同或者接受了当时有关女性价值与地位的传统观念的结果。虽然如此,如果细细梳理《古今人表》中的女性名单,特别是将《古今人表》与班昭曾经作过注释的刘向的《列女传》中所记录的女性进行对比,就会有一些新的发现:班昭在接受当时有关女性价值与地位的观念的同时,亦另有自己对女性的独到认识。最值得关注的是,《古今人表》把五十七位女性中的二十四位列入第二等"上中"即"仁人"之中,她们或者是女性始祖,或者是圣王之母,或者是明君后妃,多为上层社会女性,将这些女性归入"仁人"之列,的确属于创举。作为儒家思想的最高道德标准,"仁"在中国古代首先是对奉天承运的有道明君的期许,是对儒家理想化的政治特点的定位。因此,这些女性被归入"仁人",所强调的不仅是其母仪天下、与君相配的仁德,亦包括她们辅佐人主的政治才能以及在此过程中表现出的高尚品德。《古今人表》与刘向的《列女传》重合记录的女性中,《列女传》的"母仪传""仁智传""贤明传""贞顺传"中的女性大多被《古今人表》归入"中上"和"中中",《列女传》的"仁智传""贤明传"中的极少女性被置于《古今人表》的"上中"或"上下"。《列女传》中作为反面典型的"孽嬖传"中的女性,则绝大多数被置于《古今人表》的"下下"即"愚人"类,极个别的被置于"下中"。与刘向的《列女传》相比,《古今人表》对于贵族女性的关注非常突出,体现了作为史家的班昭对于这些以仁德行天下的女性的历史地位、历史影响的高度重视,她们作为隐形的参政者,参与或者影响了朝堂之上的政治活动乃至社会历史的基本走向。从这些

---

① 吴从祥.《汉书·古今人表》女性观探析:兼与刘向《列女传》比较[J].山东女子学院学报,2014(5).

女性"仁人"身上,我们发现,女性与政治、女性与历史,如同女性与立德一样,已然成为班昭这位女性史家所思考的问题。

## 二、《百官公卿表》

班昭续写的"八表"之中的《百官公卿表》是对政治制度的记录和反映,详尽地梳理记录了秦汉时期的官制,涉及秦汉各种官职的权限、俸禄、升降迁免,是研究秦汉时期官职的重要材料。与《古今人表》不同,《百官公卿表》得到了后人一致的好评。

《百官公卿表》的序文叙述了作此篇的动机所在:

> 《易》叙宓羲、神农、黄帝作教化民,而《传》述其官,以为宓羲龙师名官,神农火师火名,黄帝云师云名,少昊鸟师鸟名。自颛顼以来,为民师而命以民事,有重黎、句芒、祝融、后土、蓐收、玄冥之官,然已上矣。《书》载唐虞之际,命羲和四子顺天文,授民时;咨四岳,以举贤材,扬侧陋;十有二牧,柔远能迩;禹作司空,平水土;弃作后稷,播百谷;禼作司徒,敷五教;咎繇作士,正五刑;垂作共工,利器用;益作朕虞,育草木鸟兽;伯夷作秩宗,典三礼;夔典乐,和神人;龙作纳言,出入帝命。夏、殷亡闻焉,周官则备矣。天官冢宰,地官司徒,春官宗伯,夏官司马,秋官司寇,冬官司空,是为六卿,各有徒属职分,用于百事。太师、太傅、太保,是为三公,盖参天子,坐而议政,无不总统,故不以一职为官名。又立三少为之副,少师、少傅、少保,是为孤卿,与六卿为九焉。记曰三公无官,言有其人然后充之,舜之于尧,伊尹于汤,周公、召公于周,是也。或说司马主天,司徒主人,司空主土,是为三公。四岳谓四方诸侯。自周衰,官失而百职乱,战国并争,各变异。秦兼天下,建皇帝之号,立百官之职。汉因循而不革,明简易,随时宜

也。其后颇有所改。王莽篡位,慕从古官,而吏民弗安,亦多虐政,遂以乱亡。故略表举大分,以通古今,备温故知新之义云。①

从这段序文中,我们可以窥见班昭对古代官职的深刻认识:

首先,阐释了政治与教化之间的密切关系,贯穿了政治即教育的重要观点。文中简要追溯了官职的兴起与流变,对官职的功能所作的阐释带有鲜明的基于仁政理想的政教色彩。圣王天子最初建立官员制度,目的就在于实现"作教化民"的理想,君王与官员,须"为民师而命以民事"。

其次,虽尊奉周代,但并不一味崇古,体现了务实的态度和发展的理念。在叙述各代职官制度的变迁时,说明职官制度踵事增华,与时俱进,至周代渐趋完备:"夏、殷亡闻焉,周官则备矣。"此时官员"各有徒属职分,用于百事"分工明确,制度建设基本完成,可取"坐而议政,无不总统"之功。随着周代的结束,天下一统、分工明确的职官制度遭到重创,呈现多元化的倾向:"自周衰,官失而百职乱,战国并争,各变异。"秦代建立之后,在中央集权的政治格局下,职官制度再次建立完成:"秦兼天下,建皇帝之号,立百官之职。"虽秦代最终因无道而速亡,但其建立的职官制度却因简明实用、符合实际的适用性而具有优越性,因而被汉代所继承:"汉因循而不革,明简易,随时宜也。"这样的态度与传统儒家推尊周礼、视周代为文明之大成,因而尊奉文王、周公,力求"克己复礼"的态度有所差异。

最后,班昭强调名实相副,反对机械泥古。《汉书》所记历史,下至王莽篡位,如前所述,《古今人表》未能与《汉书》所记历史同步,仅仅止于秦嬴时期。《百官公卿表》则保持了与《汉书》全书的同步,亦记录到王莽时期。王莽(公元前45—23年),西汉权臣、外戚。初始元年代汉建新,推行新政,史称"王莽改

---

① 班固.汉书[M].北京:中华书局,1962:721-722.

制"。序文对王莽在代汉建新之后力图在职官制度方面完全复古提出了辛辣的批评:"王莽篡位,慕从古官,而吏民弗安,亦多虐政,遂以乱亡。故略表举大分,以通古今,备温故知新之义云。"从传统的忠君观念出发,班固在《汉书》的王莽本传中将代汉而立的王莽归入"逆臣"一类,并不承认他建立的新政权。受此影响,后世大多也把王莽视为乱臣贼子。王莽推尊儒家思想,博学好古、尊奉周礼,以道德名动朝野。登基之后希望通过恢复周初建立的各种制度实现其社会理想,所以,他的新政实际是以故为新,破除汉制,恢复周制,在职官制度方面尤其如此。但因其新政脱离现实,他恢复周礼、周制的新政基本都以失败告终。对此,后人或以为其愚,或以为其伪,不一而足。《百官公卿表》序文指出,王莽之败首先在于脱离实际、逆流而行,未能顺应时代,乘势而动;其次在于盲目复古,名实相悖,其全面恢复周代官职之举,仅得周礼之名目,失却了周礼倡仁德、安吏民的内核。虽然《汉书》对王莽的总体评价偏低,王莽本传中对王莽"逆臣"的定位对后世影响深远,但《百官公卿表》序文从职官制度角度对王莽败亡原因的分析,比后来那些对王莽进行简单化、脸谱化、污名化的道德批判的做法,明显更高一筹。

综上所述,《百官公卿表》不仅以其主体部分钩沉罗列的历代职官制度及其细目而体现出高度的历史价值与宏博的学术价值,更以序文显示了重视教育、推尊仁德、审时度势、反虚务实的思想。这样的思想大体上体现了班固规划和撰写《汉书》的总体思想,但同时也反映了续写《汉书》、完成《百官公卿表》的班昭的思想。

## 三、《天文志》

《汉书》的十"志"同样是以《史记》为基础的①,是典章制度兴废沿革的专题记录,在考索源流的时候,所记内容往往贯通古今,而不限于汉代一朝,因而具有重要的史学价值。其中,《汉书》卷二十六《天文志》在班固去世之时尚未完成,由于范晔的《后汉书》传世文本在《列女传》班昭本传中与在《天文志》中有关《汉书》中《天文志》的作者的记录自相矛盾,学界对于《天文志》的作者的看法也就出现了较大出入:或依据《后汉书》班昭本传中的"兄固著《汉书》,其八表及《天文志》未及竟而卒,和帝诏昭就东观臧书阁踵而成之",以为《天文志》由班昭完成②;或者依据《后汉书》的《天文志》中的"孝明帝使班固叙《汉书》,而马续述《天文志》",以为《汉书》的《天文志》是马续在班昭去世之后完成③;或调和前两种观点,以为由班昭与马续共同完成。

笔者认为,《后汉书》班昭本传中这段被反复引证的文字的最后一句颇不可解:"兄固著《汉书》,其八表及《天文志》未及竟而卒,和帝诏昭就东观臧书阁踵而成之。……时《汉书》始出,多未能通者,同郡马融伏于阁下,从昭受读,后又诏融兄续继昭成之。"其中"后又诏融兄续继昭成之"与前句"同郡马融伏于阁下,从昭受读"内容错位,无法建立有效关联。此句按照字面意来理解,当指在班昭身后,马融之兄马续受皇帝诏命接续班昭继续为马融讲解《汉书》,最终

---

① 《汉书》将《史记》原有的八"书"增加至十篇,并将其名目由"书"改为"志"。具体来说,将《史记》的"礼书""乐书"合并为"礼乐志",将《史记》的"律书""历书"合并为"律历志",将《史记》的"天官书"改为"天文志",将《史记》的"封禅书"改为"郊祀志",将《史记》的"河渠书"改为"沟洫志",将《史记》的"平准书"改为"食货志"。在上述各篇之外,另外新增《史记》没有的"刑法志""五行志""艺文志""地理志"。

② 所谓"踵而成之",传递的信息当然就是班昭完成了此篇。范晔.后汉书.列女传·班昭本传[M].北京:中华书局,2006:2784-2785.宋代晁公武《郡斋读书志》亦持班昭完成《天文志》之说:"固既瘐死,书颇散乱,章帝令其妹曹世叔妻昭就东观缉校,内八《表》、《天文志》,皆其所补也。"

③ 范晔.后汉书·天文志上[M].北京:中华书局,2006:3215.

成就了马融对《汉书》内容的透彻领会,但如此理解从逻辑上不能成立。由于《汉书》记事议论冷峻克制,行文简奥、多用古字,且将对经学理路的洞悉通达、对政治权力的圆通熟稔贯穿全书,所以一向以过于艰涩、难以读懂而著称,因此,马融之兄马续可以与班昭一样为马融讲解《汉书》奥义,绝不可能,更何况马续此举还是受皇帝诏命而为。因此,我们可以提出一个假设:"后又诏融兄续继昭成之"一句,或许是在《汉书》传播过程中文吏抄手将其位置误移至此。假如将此句移至"和帝诏昭就东观藏书阁踵而成之"句之后,那么此句的意思便改为:(在班昭身后)皇帝又下诏命令马融的兄长马续继承班昭未竟的事业,最终完成续写《汉书》的最后工作。这样的话,不仅此句与前句无法接续的不可解之处涣然冰释,而且此篇有关《汉书》的《天文志》作者的记录与《后汉书》的《天文志》的相关记录自相矛盾的疏失缺憾也不复存在。

正是基于这一假设和推断,笔者赞同将《天文志》归于马续所作的观点,不再将《天文志》的观点与班昭直接等同。

将《汉书》的《天文志》归于马续名下,也是今天天文学史研究界的主流观点。例如《中国古代天文学史略》"第二章 天文学史的主要文献史料"中的"第五节 二十四史中天文律历诸志",直接作如此表述:"《汉书天文志》,马续撰。"①

《天文志》反映了先秦至汉代的天文学研究成果,不仅保存了上古至汉哀帝元寿年间包括观星记录、日食和月食记录在内的大量天文学资料,更从天人感应出发,记录了大量的灾变,强调了天文与政治的神秘关系:"其本在地,而上发于天者也。政失于此,则变见于彼,犹景(影)之象形,乡(响)之应声。是以明君睹之而寤(悟),饬身正事,思其咎谢,则祸除而福至,自然之符也。"与《史记》的《天官书》相比,《汉书》的《天文志》在强调天人感应、渲染灾异神变与

---

① 刘金沂,赵澄秋.中国古代天文学史略[M].石家庄:河北科学技术出版社,1990:24.

政治治乱之间的直接关联方面更进一步。虽然我们不能排除班昭也持此思想观点和思维方式,但从忠于历史记录的理性出发,我们研究班昭的才学与思想,只能聚焦于《汉书》的八表,而不宜扩展至《汉书》的《天文志》。

不过,这一结论并不是意欲将班昭与《汉书》的《天文志》完全割裂,由《后汉书·列女传》的班昭本传中"兄固著《汉书》,其八表及《天文志》未及竟而卒,和帝诏昭就东观臧书阁踵而成之"的这一记载,可以确凿无疑地得出这样的结论:既然汉和帝将修撰《天文志》的工作交给班昭,说明班昭具有丰富的天文学知识,且被朝廷高度认可;中国古代天文学观象以授人时、观象以见吉凶的意识及能力,班昭是基本具备的。虽然班昭的天文学知识也许只堪在相关文献资料的辅助下祖述前人,尚不足名家①,但是《后汉书》班昭本传的这处记录已经足以证明,就知识结构、学术素养而言,班昭的女性身份并未给她带来任何障碍,她具有修撰正史中的《天文志》的学养。

正如本书第一章所论,中国古代的教育从发轫之时就具有明确的性别差异,虽然这一差异以社会分工为现实基础,但其具有性别歧视色彩是毋庸置疑的。关于男女教育内容的差异,《礼记·内则》的相关记录班班可考,兹不赘述。先秦以来的知识性别化的结果,就是女性的边缘化。但是,班昭特殊的家庭背景、扶风班氏的家风与见识,使得班昭有足够的条件打破这种知识对女性的壁垒,涉足传统上的男性的知识领地,具备了史家拥有的各种知识学养。虽然汉代史料中不乏上层社会女性好儒好道、能书能画、善诗善文的记录,但是像班昭这样兼具修史所应具备的学养与见识者,依然寥若晨星。这样的学养和见识,使得班昭完全可与男性文人学者比肩,与同时代女性迥异。由此,班昭跨越了性别鸿沟,破除了知识壁垒。这也成为成就其宫廷女师事业的前提和基础。

---

① 例如,陈久金《中国古代天文学家》"第二章 两汉天文学家"首列了汉代的司马迁,但本章并未提及班固,亦不提班昭、马续。陈久金.中国古代天文学家[M].北京:中国科学技术出版社,2008:30-116.

## 第三节 执教宫廷之中：身为宫廷女师和学者之师的班昭

今天的学者对班昭作为女师在中国女性教育史上的开创之功津津乐道，但对于其女师事业的性质、特点、内容、影响的研究，则尚存较大细化、深化的开拓空间。

《中国教育通史》（秦汉卷）对班昭的历史定位是："是有史料可稽的古代（从事家教之外的）最早的女教师。"① 根据《后汉书》班昭本传，正是由于班昭"博学高才"，她在班固去世之后受和帝（79—105年，其中88—105年在位）诏命入宫续修《汉书》。在此机缘下，她也开启了家教之外的汉代宫廷女师的煌煌事业。

一、班昭成为宫廷女师之缘起

《后汉书·列女传》的班昭本传"曹世叔妻传"中，以寥寥数百字概括了班昭的生平：

> 扶风曹世叔妻者，同郡班彪之女也，名昭，字惠班，一名姬。博学高才。世叔早卒，有节行法度。兄固著《汉书》，其八表及《天文志》未及竟而卒，和帝诏昭就东观藏书阁踵而成之。帝数召入宫，令皇后诸贵人师事焉，号曰大家。每有贡献异物，辄诏大家作赋颂。及邓太后临朝，与闻政事。以出入之勤，特封子成关内侯，官至齐相。时《汉书》始出，多未能通者，同郡马融伏于阁下，从昭受读，后又诏融兄续继昭成之。②

---

① 俞启定.中国教育通史：秦汉卷[M].北京：北京师范大学出版社，2013：251.
② 范晔.后汉书[M].北京：中华书局，1965：2785.

在这段文字中,范晔的《后汉书》以"博学高才"四字作为班昭一生的定评,虽然也提及班昭"有节行法度",但这主要是对于"世叔早卒"、班昭丧夫之后的行为举止的概括。"有节行法度"具有鲜明的女性性别印记,关乎班昭的家庭角色,是对其品德操行的评价;"博学高才"则与性别并无直接关联,关乎班昭的社会角色,是其一生功业的依凭所在。

至于班昭受汉和帝之命、开始进入洛阳皇宫之中的东观藏书阁,利用东观丰富的皇家藏书和档案资料续修《汉书》未及完成的部分的精确的起讫时间,史料阙如,今人无法考知。清代阮元推测应是在班昭之子曹成(字子穀)被任命为长桓长之后,即"班固死,始召昭入宫续编《汉书》,亦当在子穀为长垣长之后。当时昭已年将六十矣"①。但是当代学者朱维铮先生却对此有不同的意见,推测应该是始于班固去世之年,即在曹成受命为长桓长之前。② 班固因窦氏之祸死于狱中是在汉和帝永元四年(92年)。

班昭担任宫廷女师的具体时间,史书未及记录。《后汉书·皇后纪上》记载:"(和帝阴皇后)永元四年,选入掖庭,以先后近属,故得为贵人。有殊宠。八年,遂立为皇后。"③"(和帝邓皇后)永元四年,当以选入,会训卒……七年,后复与诸家子俱选入宫。后长七尺二寸,姿颜姝丽,绝异于众,左右皆惊。八

---

① 阮元认为:"昭之东征,因子穀长垣长而出京师。考昭本传言昭卒年七十余。昭卒在邓太后之前。故邓太后素服使护丧事。又考安帝永初元年,昭谏邓骘之事,是昭在京师为太后所敬听,故其子称谓中散大夫,必和帝永元七年为长垣长以后事。盖班固卒于永元四年,班固死,始召昭入宫续编《汉书》,亦当在子穀为长垣长之后。当时昭已年将六十矣。以此推之,则赋首'永初'亦为'永元'之误。若是'永初'则当作安帝矣。"梁章钜,撰.文选旁证[M].穆克宏,点校.福州:福建人民出版社,2000:301-302.
② 班昭何时开始续写《汉书》,史书无载。据朱维铮的《班昭考》,"班昭在永元四年京师乱后被召入东观,时间不会早于当年秋冬之际。少年好奇,和帝急于一睹班固之妹,在情理之中。所以班昭首次赴北宫受皇帝召见,也不会迟于同年末次年初。"本文姑从此说。朱维铮.班昭考[J].中华文史论丛,2006(2).
③ 范晔.后汉书·皇后纪[M].北京:中华书局,2006:417.

年冬,入掖庭为贵人,时年十六。"①由此我们推知,汉和帝在永元四年(92 年)、永元七年(95 年)两次选妃。其中,后来成为阴皇后的阴氏(80—103 年)在永元四年被选入宫,后来成为邓皇后的邓绥(81—121 年)在永元七年被选入宫。在邓绥入宫这一年,阴氏已经被立为皇后。另外,《后汉书·皇后纪上》之中,和帝的两位皇后即阴皇后和邓皇后接续排列,但在阴皇后的传记中并没有关于班昭的任何记载②,而在邓皇后的传记中,则出现了数条与班昭有关的重要史料,可以弥补《后汉书》班昭本传的某些缺漏,其中与班昭直接相关是:"太后自入宫掖,从曹大家受经书,兼天文、算数。"这几句正与《后汉书》班昭本传中的"帝数召入宫,令皇后诸贵人师事焉,号曰大家"的记录相呼应,可以互相补充。

由此可以推断,班昭入宫续修《汉书》的时间最早应该在班固去世的当年,即汉和帝永元四年(92 年)。但因阴皇后的传记中不见阴氏师事班昭的记录,可推测班昭最初似是在东观集中精力遍览文献档案、续写《汉书》。"帝数召入宫,令皇后诸贵人师事焉",更有可能是在永元八年(96 年)邓绥入宫之后:"八年冬,入掖庭为贵人,时年十六。"永元十四年(102 年)夏天,阴皇后由于失宠,暗行巫蛊,事发被废;同年冬天,邓绥被立为皇后。这样,班昭本传中的"帝数召入宫,令皇后诸贵人师事焉"提到的"皇后诸贵人"中的"皇后"如果确指被尊立为后的邓绥,那就与邓绥传记中的"太后自入宫掖,从曹大家受经书,兼天

---

① 范晔.后汉书·皇后纪[M].北京:中华书局,2006:418-419.
② 《后汉书·皇后纪》阴皇后纪全文如下:"和帝阴皇后讳某,光烈皇后兄执金吾识之曾孙也。后少聪慧,善书艺。永元四年,选入掖庭,以先后近属,故得为贵人。有殊宠。八年,遂立为皇后。自和熹邓后入宫,爱宠稍衰,数有恚恨。后外祖母邓朱出入宫掖。十四年夏,有言后与朱共挟巫蛊道,事发觉,帝遂使中常侍张慎与尚书陈褒于掖庭狱杂考案之。朱及二子奉、毅与后弟轶、辅、敞辞语相连及,以为祠祭祝诅,大逆无道。奉、毅、辅考死狱中。帝使司徒鲁恭持节赐后策,上玺绶,迁于桐宫,以忧死。立七年,葬临平亭部。父特进纲自杀。轶、敞及朱家属徙日南比景县,宗亲外内昆弟皆免官还田里。永初四年,邓太后诏赦阴氏诸徙者悉归故郡,还其资财五百余万。"

文、算数"句意似有不侔,因为此时邓绥入宫已经六年,班昭入东观修史已经十年。如果将"令皇后诸贵人师事焉"的"皇后诸贵人"中的"皇后"理解为对当时身份尚为贵人的邓绥的尊称,那么联系"太后自入宫掖,从曹大家受经书,兼天文、算数",就可以推断班昭因诏入宫成为宫廷女师,始于邓绥入宫为贵人之年,即永元八年(96年),此时班昭续修《汉书》已经四年。正是班昭在续修《汉书》过程中表现出的才学见识,获得了和帝充分的尊重和信任。关于班昭"博学高才"的具体体现,前文有关班昭续修《汉书》的八表和《天文志》的具体分析已经可以见其大概,兹不赘述。

邓绥入宫时年方十六岁。如本书第二章所叙,如果将班昭的生年定在公元45年左右,邓绥开始师从班昭时,班昭已经年过半百。邓绥二十二岁被册立为皇后,延平元年(106年),二十七岁的汉和帝驾崩,二十五岁的邓绥临朝称制。在此过程中,班昭一直在邓绥左右,两人的互动一直较为频繁,两人的师生关系一直延续至班昭去世,身为皇太后的邓绥为班昭"素服举哀"。《后汉书》班昭本传记载:"昭年七十余卒,皇太后素服举哀,使者监护丧事。"班昭的卒年大约在公元117年左右。由此可见,班昭的宫廷女师事业前后延续了超过二十年。班昭去世四年后,邓绥于东汉永宁二年(121年)驾崩,时年四十一岁,至此,身为太后的邓绥临朝称制已经十六年。所以,在班昭身为宫廷女师的二十多年间,师事于她的邓绥初为贵人,后为皇后,再为大权在握、职掌天下的皇太后。

班昭本传中有关班昭一生事迹的叙事部分几乎都可以视作"博学高才"一语的注解和说明。受和帝诏命续修《汉书》,班昭完成了未竟的八表,由此成为中国古代"二十四史"的作者中唯一的一位女性史家①。由于"和帝诏昭就东观藏书阁踵而成之",班昭走出了家庭这方狭小的天地,在东观这座东汉宫廷收藏档案、典籍的巍峨楼阁之中,利用这里丰富的皇家收藏,修撰了《汉书》。我们无法估量这种空间位置的变迁在当时对班昭内心世界形成了怎样的冲击,但毫无疑问,此举使班昭走出了传统女性的狭小封闭的空间,进入了皇族贵胄、高层官员、著名学者等男性活动的世界,有机会近距离地审视当时的国家权力中心,并在此受到了重视和尊敬。

班昭之所以获得这样一个其他女性绝无可能获得的机会,改变了个人乃至其家族的命运("以出入之勤,特封子成关内侯,官至齐相"),关键因素并不是因为她与班固的血缘关系,而是因为她"博学高才"的个人能力。

在东观修史的班昭,并非一成不变地在东观一隅孤寂地与典籍为伴,在其修撰史书的过程中,她受成帝之命,时常离开所续修的未完书稿,成为皇后以及各位贵人的女师。毫无疑问,班昭由此成为当时地位最为隆崇的女师,亦成为见诸正史记录的古代地位最高的女师。

班昭受和帝之命入宫廷为"皇后诸贵人"之师,"号曰大家",后人遂以"大家"或"曹大家"尊称班昭。"大家"的读音为 dà gū,本是对中老年女性的一种尊称,班昭之所以得到和帝及皇后贵人的爱戴尊崇,主要是因为其"博学高才"、出入宫廷为"皇后诸贵人"之师,因此,"大家"虽然并不是古代女师的专名,于班昭却包含了对其身为宫廷女师的高度肯定。对此,胡三省的《资治通鉴音注》的解释颇有启发意义:"超妹昭……帝数召入宫,令皇后诸贵人师事

---

① 《史记》,西汉司马迁著;《汉书》,东汉班固著;《后汉书》,南朝刘宋范晔著;《三国志》,西晋陈寿著;《晋书》,唐代房玄龄等著;《宋书》,南朝梁沈约著;《南齐书》,南朝梁萧子显著;《梁书》,唐代姚思廉著;《陈书》,唐代姚思廉著;《魏书》,北齐魏收著;《北齐书》,唐代李百药著;《周书》,唐代令狐德棻等著;《隋书》,唐代魏徵等著;《南史》,唐代李延寿著;《北史》,唐代李延寿著;《旧唐书》,后晋刘昫等著;《新唐书》,宋代欧阳修、宋祁著;《旧五代史》,宋代薛居正等著;《新五代史》,宋代欧阳修著;《宋史》,元代脱脱等著;《辽史》,元代脱脱等著;《金史》,元代脱脱等著;《元史》,明代宋濂等著;《明史》,清代张廷玉等著。

焉,号曰大家。家,今人相传读曰姑。又据《皇后纪》,冲帝母虞贵人,梁冀秉政,抑而不加爵号,但称大家而已。则大家者,宫中相尊之称也。"①正是由于班昭卓越的历史贡献,这位中国历史上赫赫有名的传奇女性被后人贴上了很多的标签。"一代才女""女教育家""史学家"……这些标签除了与班昭的个人才情和卓著成就相关以外,还着重强调了她的女性身份。

## 二、班昭作为宫廷女师的教学内容

### (一)超越性别壁垒的多学科知识

《后汉书·皇后纪》明确记录了班昭担任宫廷女师时所教的跨学科内容:"太后自入宫掖,从曹大家受经书,兼天文、算数。"这样的知识内容彻底超越了《礼记·内则》中对于知识的性别属性的人为设置,站在了那个时代女性教育的最前沿。

经学是中国古代学术的主体,也一直是中国古代的显学,它本指有关先秦诸家学说要义的学问,在汉武帝罢黜百家、独尊儒术之后,设五经博士,传习与解释《诗》《书》《礼》《易》《春秋》儒家五经成为专门之学,经学由此正式形成,成为汉代以来有关儒家经典的专门之学,尤其是指注释及阐发儒家经典的学问。西汉后期,经学逐渐形成今文经学与古文经学,由于今文经学注重以微言大义阐发儒家经典,并将经典与现实政治紧密结合,甚至由于过分注重对天人感应、灾异、符瑞的阐发而日益神学化,所以具有鲜明的政治哲学的性质,被汉代朝廷格外推崇,在汉代经学之中一直处于核心主导地位,与具有较多历史学色

---

① 读作 dà gū 的"大家"在古代也是女子对丈夫之母即婆母的尊称,《康熙字典》注"家,又与姑同,大家,女之尊称。"例如,《晋书·列女传·孟昶妻周氏》:"君父母在堂,欲建非常之谋,岂妇人所建! 事之不成,当于奚官中奉养大家,义无归志也。"又如《太平广记》卷一百二十二"陈义郎":"大家见之,即不忘息(媳)妇。"古代小说戏曲中,亦有直接称班昭为"曹大姑"者。例如元朝秦简夫的杂剧《晋陶母剪发待宾》第一折:"守志韩门愧丈夫,世传清白事非无。治家严肃闺门整,文业堪同曹大姑。"《红楼梦》第九十二回:"宝玉道:'若说有才的,是曹大姑、班婕妤、蔡文姬、谢道韫诸人。'"

彩、语言学色彩的古文经学明显不同。汉代学者在古文经学、今文经学两者之中或执其一端，或兼容并蓄，比较而言，以一派为主兼修旁者甚众。正如本书前一章所引述的那样，如果从班昭在《女诫》中所引证的诸多文献以及她对此的阐发来看，班昭的学术思想就具有兼容古文经学与今文经学的特点。正因如此，汉代经学兼具经学资料研究、经学思想研究以及经学的社会应用研究的多重内容，兼具学术性、思想性、应用性等多种属性。由此可知，《后汉书·皇后纪》所记录的"太后自入宫掖，从曹大家受经书，兼天文、算数"说明，班昭作为宫廷女师，传授经学是其主要的教学内容，它不仅仅涉及个人的立德修身，更与社会政治直接相关。

邓绥跟从班昭主修经学，兼修天文、数学。这三者在当时都直接与政治相关联。天文学在中国古代属于专门之学，中国古代的天文学与政治亦具有极其密切的关系，"观象授时""占候吉凶"是先秦两汉时期天文学的两大基本功能，它既能解决当时农耕生活的基本需要，更维系着朝廷统治的长治久安。由于天文学与政治有密切关联，长期以来一直属于皇家绝学，禁止通过私学的方式向社会公开传授，多以血缘为纽带的家学的方式在有特殊司职使命的家庭之间进行代际流传。也正因如此，中国古代的天文学与西方的天文学存在着较大的不同。比如著名的科学史研究专家江晓原教授在其多部专著、多篇论文乃至各种访谈讲座中都力主不再使用"中国古代天文学"这个概念，而将中国古代与天文学有关的活动统称为"天学"。在他看来，中国古代的"天学"本质上是以力证王权合法化、正当化为目的的一种"政治巫术"。①

与天文学类似，中国古代的数学也重在通过计算技术解决实际问题。我们仅从《后汉书·皇后纪》所记载的"太后自入宫掖，从曹大家受经书，兼天文、

---

① 江晓原.天学外史[M].上海：上海人民出版社，1999；江晓原.天学真原[M].沈阳：辽宁教育出版社，2007；江晓原.星占学与传统文化：新版[M].桂林：广西师范大学出版社，2004；江晓原，钮卫星.中国天学史[M].上海：上海人民出版社，2005.

算数"中无法推知班昭所教授的算数的具体内容与学术层次,但是教授这样的内容,以求运筹帷幄之中的政治管理的需要,是可以预料的教学目的。

由此可知,班昭的宫廷女师事业具有鲜明的学术性和政治性,其施教内容大大超出了《礼记》中对传统女性之学的限定。

### (二)重视教育、政教一体的育人理念和治国方略

《后汉书·皇后纪》在记录邓绥的政治生涯时,还在传记的后半部分集中笔墨记录了邓绥在文化教育方面的多项创举,其中虽然没有直接提及与班昭的关系,但由于记录邓绥这诸多举措的文字紧随"太后自入宫掖,从曹大家受经书,兼天文、算数"之后,就给人留下了其间不乏班昭的影响作用的合乎逻辑的想象和推测的空间:

> 昼省王政,夜则诵读,而患其谬误,惧乖典章,乃博选诸儒刘珍等及博士、议郎、四府掾史五十余人,诣东观雠校传记。
> 又诏中官近臣于东观受读经传,以教授宫人,左右习诵,朝夕济济。
> 六年,太后诏征和帝弟济北、河间王子男女年五岁以上四十余人,又邓氏近亲子孙三十余人,并为开邸第,教学经书,躬自监试。尚幼者,使置师保,朝夕入宫,抚循诏导,恩爱甚渥。

首先,邓绥本来就生长在重视教育的东汉勋臣之家,与东汉其他豪门不同,邓氏家族一向以重视教育、家风优良而著称于世。邓绥自小受到了严格的女德方面的教育和才学方面的训练。这也是她能够与班昭相契相得的前提和基础。其次,邓绥长期师事班昭,得到了为人、为学、为政等全方位的教育与熏陶,对教育自然格外看重。最后,东汉经学大兴,重视教育,太学、宫邸学、郡县学等各级各类学校都十分齐备,在传播文化、弘扬文教方面发挥了重要作用。

所谓宫邸学,即东汉的四姓小侯学,是明帝永平九年(66年)在都城洛阳专为樊氏(光武帝母族姓)、郭氏、阴氏(光武帝妻族姓)、马氏(明帝母族姓)四姓外戚子弟开办的贵族子弟学校。这四姓本为朝廷勋臣,但因与皇室长期联姻,因而又成外戚。《后汉书·明帝纪》记录了此事,李贤注引袁宏《汉纪》补充说明:明帝"崇尚儒学,自皇太子、诸王侯及功臣子弟,莫不受经。又为外戚樊氏、郭氏、阴氏、马氏诸子弟立学,号四姓小侯,置五经师。以非列侯,故曰小侯。"①《后汉书·儒林传》y 亦记录了此事:"其后复为功臣子孙,四姓末属,别立校舍,搜选高能,以授其业,自期门羽林之士,悉令通《孝经》章句,匈奴亦遣子入学。济济乎,洋洋乎,盛于永平矣!"②四姓小侯学使得东汉的这些豪族、贵族子弟拥有了更多接受教育、进入仕途、建功立业、光宗耀祖的机会,推动了豪族和贵族士族化的进程。虽然后来四姓小侯学接受对象不断扩大,四姓之外的功臣子孙亦可入学,甚至匈奴也将子弟送来留学,但四小侯中并未将邓氏纳入其中,因而邓绥在临朝称制期间,专在宫中为皇室诸王子弟及邓氏子弟开邸第,教经书,可谓目光长远,心意殷殷。

**(三)以柔克刚、以退为进、道术并用、儒道互济的政治智慧**

在中国古代,天下权柄集于女性、朝堂之上由女性主政之事虽非常态,却并不少见。对于后人而言,唐代武则天的后周革命、清代慈禧太后的垂帘听政,显然更为著名,但学者同样会关注东汉时期反复出现的、成为值得特别关注的现象级的、制度化的历史事件:多位太后先后主政。东汉共历十四帝,八位皇太后当中,除了汉明帝时期的阴太后、汉章帝时期的马太后之外,后六位都曾临朝称制,职掌天下。她们分别是汉和帝时期的窦太后,汉殇帝、安帝时期的邓太后,汉婴帝、顺帝时期的阎太后,汉冲帝、质帝、桓帝时期的梁太后,汉灵帝时期的窦太后,以及汉少帝、献帝时期的何太后。而在她们当中,主政时

---

① 范晔.后汉书[M].北京:中华书局,1965:113.
② 范晔.后汉书[M].北京:中华书局,1965:2546.

间最长、最为成功、最为后人称道、在历史上引发最多关注的,便是汉和帝的遗孀、师事班昭二十余年的邓绥。

范晔的《后汉书》对于东汉女性主政颇多微词。他在其中的《皇后纪》中有这样的评论:"自古虽主幼时艰,王家多衅,必委成冢宰,简求忠贤,未有专任妇人,断割重器。唯秦芈太后始摄政事,故穰侯权重于昭王,家富于嬴国。汉仍其谬,知患莫改。东京皇统屡绝,权归女主,外立者四帝,临朝者六后,莫不定策帷帟,委事父兄,贪孩童以久其政,抑明贤以专其威。任重道悠,利深祸速。身犯雾露于云台之上,家婴缧绁于圄犴之下。湮灭连踵,倾辀继路。而赴蹈不息,燋烂为期,终于陵夷大运,沧亡神宝。"作为一位历史学家,范晔所论在很大程度上切中了东汉太后临朝称制的弊端,但我们也必须看到,作为一位传统文人,他的批评亦带有男权至上的性别歧视思想的色彩。受范晔观点的影响,后世学者对邓绥的历史功过的评价一直多有争论:或以为邓绥依经治国,堪称贤者;或以为邓绥贪恋权位,弹压异己。但总的来说,将邓绥推尊为东汉临朝称制的所有太后中最为成功者,学界则几乎没有异议。

邓绥临朝称制成功的原因是多方面的。班昭的辅佐教育之功当不可没。

《后汉书·列女传》班昭本传载:"及邓太后临朝,与闻政事。以出入之勤,特封子成关内侯,官至齐相。……永初中,太后兄大将军邓骘以母忧,上书乞身,太后不欲许,以问昭。"[1]这则材料中主要涉及两件事情。第一件事是班昭辅佐邓绥参政议政的间接证据。身为太后的年仅二十多岁的邓绥临朝之时,年过半百的班昭"与闻政事",为其出谋划策,协助她处理政务。班昭作为一个"博学高才"的史学家,熟知历史兴亡、政治得失,具备为执政者提供参考意见的能力。根据班昭本传,班昭的儿子曹成之所以能够封为关内侯,也与班昭在政事上对邓太后的帮助有关。第二件事则是班昭"与闻政事"的直接例证。邓

---

[1] 范晔,撰.后汉书[M].李贤,等注.北京:中华书局,1965:2785.

太后临朝称制期间,对身为外戚的邓家诸人的管束是比较严格的。她的兄长邓骘意欲以母亲去世为由辞官守孝,但邓太后十分倚重这位兄长,犹豫难决。班昭从邓氏家族和朝政稳定的角度给予邓太后建议,最终被顺利采纳,足见班昭在政治上的见地,亦见邓绥对班昭的尊重与信服。这一例证说明,当邓太后临朝称制时,班昭长期、频繁地"与闻政事",她不仅是向邓绥传授知识的老师,更是向邓绥教授为政之道的教师,直接作为顾问参与了朝廷人事安排、官员任命等事务的决策。①

在本书第二章有关《女诫》的分析中,笔者反复强调,《女诫》所提倡的女性贞顺隐忍之道,绝非后人所说的愚贞愚顺,其中蕴含了以柔克刚、以退为进的策略,是班昭道术并用、儒道互济的政治智慧在处理家庭人伦关系时的体现。在班昭的宫廷女教之中,这样的内容及思想更是无处不在。虽然《后汉书·皇后纪》并没有直接道明此项,但在邓绥与阴氏之间的宫廷争斗中,邓绥通过非常高明的隐忍之术最终后来居上、取得完胜,这整个过程中的具体表现已足以见其一斑。相关记载如下:

> 七年,后复与诸家子俱选入宫。后长七尺二寸,姿颜姝丽,绝异于众,左右皆惊。八年冬,入掖庭为贵人,时年十六。恭肃小心,动有法度。承事阴后,夙夜战兢。接抚同列,常克己以下之,虽宫人隶役,皆加恩借。帝深嘉爱焉。及后有疾,特令后母兄弟入视医药,不限以日数。后言于帝曰:"宫禁至重,而使外舍久在内省,上令陛下有幸私之讥,下使贱妾获不知足之谤。上下交损,诚不愿也。"帝曰:"人皆以

---

① 此外,班昭在帮助哥哥班超返家的奏疏中,也同样表现出她在政治上的远见卓识。"蛮夷之性,悖逆侮老,而超旦暮入地,久不见代,恐开奸宄之源,生逆乱之心。"(范晔,撰.后汉书[M].李贤,等注.北京:中华书局,1965:1584.)班超已经多次上书请归,但没被皇帝理会。班昭在这篇奏疏中,分析了西域的形势,说明班超已经年迈,无力承担当前的责任,亟需年轻得力的人接任。从中我们不仅能看到兄妹二人之间真切的情义,也足以看出班昭以退为进、以柔克刚的政治智慧和审时度势、不慕虚名的务实态度。

数入为荣,贵人反以为忧,深自抑损,诚难及也。"每有宴会,诸姬贵人竞自修整,簪珥光采,袿裳鲜明,而后独着素,装服无饰。其衣有与阴后同色者,即时解易。若并时进见,则不敢正坐离立,行则偻身自卑。帝每有所问,常逡巡后对,不敢先阴后言。帝知后劳心曲体,叹曰:"修德之劳,乃如是乎!"后阴后渐疏,每当御见,辄辞以疾。时帝数失皇子,后忧继嗣不广,恒垂涕叹息,数选进才人,以博帝意。

阴后见后德称日盛,不知所为,遂造祝诅,欲以为害。帝尝寝病危甚,阴后密言:"我得意,不令邓氏复有遗类!"后闻,乃对左右流涕言曰:"我竭诚尽心以事皇后,竟不为所祐,而当获罪于天。妇人虽无从死之义,然周公身请武王之命,越姬心誓必死之分,上以报帝之恩,中以解宗族之祸,下不令阴氏有人豕之讥。"即欲饮药,宫人赵玉者固禁之,因诈言属有使来,上疾已愈。后信以为然,乃止。明日,帝果瘳。

十四年夏,阴后以巫蛊事废,后请救不能得,帝便属意焉。后愈称疾笃,深自闭绝。会有司奏建长秋宫,帝曰:"皇后之尊,与朕同体,承宗庙,母天下,岂易哉!唯邓贵人德冠后庭,乃可当之。"至冬,立为皇后。辞让者三,然后即位。手书表谢,深陈德薄,不足以充小君之选。是时,方国贡献,竞求珍丽之物,自后即位,悉令禁绝,岁时但供纸墨而已。帝每欲官爵邓氏,后辄哀请谦让,故兄骘终帝世不过虎贲中郎将。①

围绕以上记载,史学界对于邓绥一生事功的研究汗牛充栋,但对邓绥高明的政治策略、高超的政治才能与班昭的长期以来对邓绥的深入影响之间的关

---

① 范晔.后汉书[M].北京:中华书局,1965:419-421.

系的研究,尚有较大的开拓空间。邓绥之所以能够在宫廷之中反败为胜,后来居上,其所作所为与班昭的《女诫》的精义不谋而合。也正因如此,朱维铮的《班昭考》洞见了两者之间的关系,所论最为深刻:

> 坦率地说,我从来不欣赏班昭的名作《女诫》。这并非它悖于女权主义。恰好相反,此文七篇,篇篇都用儒家韶言,表述老子、韩非早已透彻伸说的权术,也就是刘向确切定义的"臣术"。这是无论中外的所有专制体制的共同特色,为臣为子必须获得君父恩宠,为妻为妾必须博取夫嫡欢心,如此才能以柔克刚,由弱转强。
> 
> 邓绥以曹大家为师,由贵人而皇后而皇太后,"称制终身,号令自出"(《后汉书》邓后纪论曰),恪守的就是这一套,堪称《女诫》的实践家,或者说《女诫》就是对邓绥在宫廷政治中权力不断扩张的经验总结。我们当然不可以主观爱憎来诠释千八百多年前的追段历史,而《女诫》可说是厘清这段历史,乃至解开《汉书》何以在中世纪总被官方史家称誉过于《史纪》的历史秘密的一把钥匙。①

正是在班昭的影响下,邓绥以其独具特色的女性政治在天灾人祸不断的执政时期,让风雨飘摇的政权日渐稳固,其政治领导力及历史影响力,得到了古今大多数史家的称赏和赞誉。邓绥临朝称制的所作所为,可以成为研究女性的柔性政治、弹性政治、韧性政治的绝佳样本,成为理解女性以柔克刚、以退为进的性别策略的经典案例。

综上所述,班昭的教师事业已经超越了性别壁垒,兼及男女两性。就其学生而言,班昭是"皇后诸贵人"之师("帝数召入宫,令皇后诸贵人师事焉,号曰

---

① 朱维铮.班昭考[J].中华文史论丛,2006(2).

大家"）、是太后之师（"及邓太后临朝，与闻政事。以出入之勤，特封子成关内侯，官至齐相"）、是经学家马融之师（"时汉书始出，多未能通者，同郡马融伏于阁下，从昭受读"）。在《汉书》的传播过程中，班昭是第一个开设教筵、专授《汉书》的学者，后来成为一代大儒的马融当时则"伏于阁下，从昭受读"，《汉书》之学从此确立。当然，班昭还是家庭晚辈的母师，《女诫》是其训诫、教育的重要文本，班昭为《列女传》作注，正是这方面的重要明证。就其主要事迹而言，班昭既在公共空间对后宫女性进行教育，对男性学者进行学术传承，亦在家庭私人空间对女性晚辈进行教育。她既为帝师，也行母教。就其教育内容而言，兼及德、能、学、识各个方面。因此，班昭无论从广义还是狭义而言，均可谓中国古代女师的重要代表人物。

多年之后，入宫成为贵人之初便在和帝安排下师从班昭受教的邓绥成为皇后，和帝去世之后继而成为皇太后。因新帝年幼，皇太后邓绥连续多年主政，前后长达十六年，即使在皇帝成年之后，邓绥依旧把握着朝纲。班昭在有生之年大体上持续保持着其宫廷女师的职能，多陪伴在皇太后左右。《后汉书》的邓绥本传中，对邓绥主政的具体过程多有记载，邓绥也因而成为中国历史上诸多主持朝政的女性之中为数不多的获得史家较高赞誉的女性政治家。最后，"昭年七十余卒，皇太后素服举哀，使者监护丧事"。可谓极尽哀荣。

与同时代其他女性完全不同的是，班昭在出入东观、出入后宫的同时，还多有机会接触到殊方异物，看到了更为纷繁多彩、开阔多样的世界，她文采斐然，善写赋颂，"每有贡献异物，辄诏大家作赋颂"[①]，这说明班昭并不只是窥伺中外交流带来的全新景观的旁观者、猎奇者，而是亲身参与了这个过程，并以自己的一支妙笔赋予其全新的意义。这些经历使"博学高才"的班昭成为史学家、教育家、文学家，而接下来"及邓太后临朝，与闻政事"，则使班昭获得了直

---

① 范晔，撰.后汉书[M].李贤，等注.北京：中华书局，1965：2785.

接参与权力中心事务的机会,"博学高才"开始与"经世致用"有机结合,此时虽无官阶职位但兼有教师、顾问、谋臣、文士、史家的班昭,其政治谋略与政治胸襟在她辅佐长期主政的邓太后时得到了充分的展现。

# 第四章 班昭女性教育之高阶：
# 由修身立德而名垂青史
—— 以班昭《东征赋》为中心

班昭在中国古代具有多重身份：史学家、教育家、文学家……班昭垂示女性乃至影响后人的成就也表现在上述诸多方面。

根据《后汉书·列女传》班昭本传，班昭"博学高才"；《史通·古今正史》亦称班昭"博学能属文"。班昭一生的著述涉及多种文体，《后汉书·列女传》班昭本传对此曾——罗列："所著赋、颂、铭、诔、问、注、哀辞、书、论、上疏、遗令，凡十六篇。子妇丁氏为撰集之，又作《大家赞》焉。"[①]班昭的儿媳丁氏曾将其创作的各体作品共十六篇汇编成集，并郑重其事地为班昭写作了一篇赞语。可惜班昭文集以及丁氏的赞语并未流传下来，班昭的作品大多散佚。

今天我们可以看到的班昭的作品颇为有限：南朝宋范晔的《后汉书》班昭本传全文收录了班昭的《女诫》，南朝梁萧统编的《文选》收录了班昭的《东征赋》，清代严可均编的《全后汉文》辑录了班昭的《东征赋》《针缕赋》《大雀赋》《蝉赋》《为兄超求代疏》《上邓太后疏》《欹器颂》以及《女诫》。今人胡文楷的《历代妇女著作考》中，有来自各种正史、通志、县志、笔记等文献的资料，对班

---

① 范晔.后汉书[M].北京：中华书局，1965：2792.

昭作品的流传散佚情况进行了堪称详尽的梳理,可资参考。今天可见的班昭的传世的作品中,应用文及文学作品同在,全璧与残篇并存。

在班昭上述作品中,自古以来的文人多集中于她的《女诫》。但是,如果综合考量班昭的写作动机以及预设读者,班昭的《东征赋》其实更值得注意。换言之,除了南朝时期萧统编选的《文选》以外,古往今来的大多数文人学者对班昭《东征赋》的关注明显不足。

在班昭的赋体作品中,《针缕赋》《大雀赋》《蝉赋》《欹器颂》属于咏物赋,《东征赋》属于述行赋。其中,根据《后汉书》班昭本传可知,其咏物赋多为在宫廷之中应制所作,歌颂帝德成为其重要内容。与这些作品相比,作为述行赋的《东征赋》则独抒机杼,是班昭内心世界的独特反映。因此,《东征赋》是班昭传世的文学作品中值得特别关注的一篇。虽然由于班昭文集散佚,我们今天无法悉数尽览班昭的作品,但是,窥一斑而知全豹,通过细读《东征赋》,我们依然可以获取班昭思想观念和写作风格等诸多重要信息。

汉魏六朝时期是赋体文学繁荣的时代,但是这一时期出于女性作者之手的传世赋作仅十六篇,作者九人,其中班昭一人名下就有多达四篇。这十六篇作品中,内容得以完整保存下来的则不足十篇,班昭的《东征赋》是其中最有分量的作品之一。[①] 这些女性创作的赋绝大多数具有鲜明的女性性别特点,多以哀婉感伤的格调抒写女性的悲苦生活与愁闷心情,班昭的《东征赋》却是其中的一个异数。此文虽然也有感性意味浓郁的愁怨之情绪,但更有理性精神突出的人生之思考,通过对以"立德"为理想的人生的倡导,班昭展示了她对突破女性人生局限的反思,为女性重新审视、定位人生价值和人生意义提供了一个堪称典范的新的标尺。

---

[①] 靳青万.汉魏六朝女性赋述论[J].中州学刊,2002(3).

## 第一节 《东征赋》:文体特点及文学创新

### 一、班昭的《东征赋》

班昭的《东征赋》在南朝萧梁时期被萧统的《文选》全文收录。《东征赋》全文如下:

惟永初之有七兮,余随子乎东征。时孟春之吉日兮,撰良辰而将行。乃举趾而升舆兮,夕予宿乎偃师。遂去故而就新兮,志怆恨而怀悲!

明发曙而不寐兮,心迟迟而有违。酌鳟酒以弛念兮,喟抑情而自非。谅不登樔而椓蠡兮,得不陈力而相追。且从众而就列兮,听天命之所归。遵通衢之大道兮,求捷径欲从谁?乃遂往而徂逝兮,聊游目而遨魂!

历七邑而观览兮,遭巩县之多艰。望河洛之交流兮,看成皋之旋门。既免脱于峻崄兮,历荥阳而过卷。食原武之息足,宿阳武之桑间。涉封丘而践路兮,慕京师而窃叹!小人性之怀土兮,自书传而有焉。

遂进道而少前兮,得平丘之北边。入匡郭而追远兮,念夫子之厄勤。彼衰乱之无道兮,乃困畏乎圣人。怅容与而久驻兮,忘日夕而将昏。到长垣之境界,察农野之居民。睹蒲城之丘墟兮,生荆棘之榛榛。悒觉寤而顾问兮,想子路之威神。卫人嘉其勇义兮,讫于今而称云。蘧氏在城之东南兮,民亦尚其丘坟。唯令德为不朽兮,身既没而名存。

惟经典之所美兮,贵道德与仁贤。吴札称多君子兮,其言信而有徵。后衰微而遭患兮,遂陵迟而不兴。知性命之在天,由力行而近仁。勉仰高而蹈景兮,尽忠恕而与人。好正直而不回兮,精诚通于明神。庶灵祇之鉴照兮,佑贞良而辅信。

乱曰:君子之思,必成文兮。盍各言志,慕古人兮。先君行止,则有作兮。虽其不敏,敢不法兮。贵贱贫富,不可求兮。正身履道,以俟时兮。修短之运,愚智同兮。靖恭委命,唯吉凶兮。敬慎无怠,思嗛约兮。清静少欲,师公绰兮。①

## 二、《东征赋》的写作背景

据班昭的《女诫》"年十有四,执箕帚于曹氏"可知,班昭在十四岁的时候嫁给了曹寿(字世叔)。《后汉书·列女传》班昭本传开篇亦交代:"扶风曹世叔妻者,同郡班彪之女也,名昭,字惠班,一名姬。"据《后汉书·班彪列传》:"班彪字叔皮,扶风安陵人也。"班昭与曹寿同乡,但《后汉书》中无曹寿的传记,其生平家世均难以考索。据《后汉书·列女传》班昭本传,"世叔早卒"。虽然汉代女子改嫁较为普遍,上至皇族贵胄,下至平民百姓,女子多次改嫁者也不乏其人,但班昭"有节行法度"(《后汉书·列女传》班昭本传),在曹寿去世之后没有再嫁。两人育有一子——曹成,字子谷。在曹成之外,曹寿和班昭两人是否还另有女儿,史书无载。

关于《东征赋》的写作时间,首句"惟永初之有七兮,余随子乎东征"已经指出,看似本无争议,很多颇有影响的文学史著作也采纳此说,例如陆侃如的《中

---

① 萧统.文选[M].上海:上海古籍出版社,1986:432-436.后文年引班昭《东征赋》,皆以《文选》为本,不再一一赘述。

古文学系年》①、刘跃进的《秦汉文学编年史》②,等等。但清代学者阮元对此提出过怀疑③,当代学者朱维铮在《班昭考》中广泛搜集各种史料,条分缕析,考据甚力,指出班昭随子东征的时间并非汉安帝(刘祜,东汉第六位皇帝,106—125年在位)永初七年(113年),而是汉和帝(刘肇,东汉第四位皇帝,88—105年在位)永元七年(95年)。④ 金璐璐的《班昭及其著述研究》⑤第二章"班昭的作品研究(上)"对此也进行了颇有说服力的梳理和总结。本书即从此说。此说的直接证据是《后汉书·孝和帝纪》中有关永元七年发生日食、和帝任用贤良以作回应的记载:

> 夏四月辛亥朔,日有食之。帝引见公卿问得失,令将、大夫、御史、谒者、博士、议郎、郎官会廷中,各言封事。诏曰:"元首不明,化流无良,政失于民,谪见于天。深惟庶事,五教在宽,是以旧典因孝廉之举,以求其人。有司详选郎官宽博有谋、才任典城者三十人。"既而悉以所选郎出补长、相。⑥

中国古代往往从天人合一、阴阳灾变的角度解释自然现象,将日食解释为

---

① 陆侃如.中古文学系年[M].北京:人民文学出版社,1985:138.
② 刘跃进.秦汉文学编年史[M].北京:商务印书馆,2006:465.
③ 阮元认为:"昭之东征,因子穀长垣长而出京师。考昭本传言昭卒年七十余。昭卒在邓太后之前。故邓太后素服使护丧事。又考安帝永初元年,昭谏邓骘之事,是昭在京师为太后所敬听,故其子称谓中散大夫,必和帝永元七年为长垣长以后事。盖班固卒于永元四年,班固死,始召昭入宫续编《汉书》,亦当在子穀为长垣长之后。当时昭已年将六十矣。以此推之,则赋首'永初'亦为'永元'之误。若是'永初'则当作安帝矣。"梁章钜,撰.文选旁证[M].穆克宏,点校.福州:福建人民出版社,2000:301-302.
④ 朱维铮《班昭考》在考索诸多史实之后指出:"按李善注引《东观汉记》,谓'和帝年号永初',知帝号无误(《东观汉记》和帝朝纪传,即撰于邓太后当政时期),而'永初'当为'永元'之误。盖六朝雅学走红,传抄者于《释诂》开篇初、元互训为始之语耳熟能详,或抄录中误元为初,是可能的。"朱维铮.班昭考[J].中华文史论丛,2006(2).
⑤ 金璐璐.班昭及其著述研究[D].北京:首都师范大学,2009.
⑥ 范晔.后汉书[M].北京:中华书局,1965:180.

上天对人事失当的警告便是其中典型的一例。类似《礼记·昏义》中"是故男教不修,阳事不得,适见于天,日为之食"这样的解释在古代文献典籍中颇为常见。王充的《论衡》总结了当时人们对此类事件的态度:"人君失政,天为异;不改,灾其人民;不改,乃灾其身也。先异后灾,先教后诛之义也。"①汉和帝应对此番日食的措施之一就是德化天下、选举贤良,将所选孝廉郎中"宽博有谋、才任典城"的三十人任命为县长、侯相。曹成就位列这三十人之一,他受命赴陈留郡担任长垣长,也正在此年。这与《三辅决录》中"曹成,寿之子也。司徒掾察孝廉,为长垣长"②的记载相契合。

关于班昭"东征"③的路线,《东征赋》纪行过程中呈现的地名信息相当清晰:从都城洛阳出发,一路东行,先后经过偃师、巩县、成皋、荥阳、卷、原武、阳武、封丘、平丘、匡、长垣、蒲城。不过需要说明的是,这些地名中既有当时作为行政建制中实有的地名,也有在行政区划中业已消失的古地名。班昭"东征"的目的地为其子曹成任职的长垣。春秋时期尚无"长垣"之地名,后世的长垣之地在春秋时属卫国,卫国在此地设蒲阪邑(即蒲城,今河南省长垣县县城所在地)、匡邑(长垣县城西南张寨乡孔庄村所在地)。春秋时期孔子遭匡人围困,就发生在卫国匡邑,这是匡邑历史上最为著名的事件。秦始皇统一中国之后,此地设长垣县,因这里筑有长长的防护用城垣而得名。

谈及班昭《东征赋》的主旨,学者大多认为是班昭以此记录跟随儿子"东征"赴任的经历,或进而引申以为此赋的述志文字是为人母者对新近上任的儿

---

① 黄晖.论衡校释[M].北京:中华书局,1990:645.
② 赵岐,等.三辅决录[M].西安:三秦出版社,2006:26.
③ 关于篇名中"征"之含义,为征行、出行,而非征伐。对此前人早已有清晰说明。例如《野客丛书》:"'征'有二义,有'征行',有'征伐',文字中有以'东征'、'西征'为名者,不可不审。如曹植《东征赋》,崔骃、徐干《西征赋》,班固、傅毅《北征颂》,此皆述'征伐'之'征',非'征行'之谓也;如袁宏、班昭《东征赋》,潘安仁《西征赋》,张缵《南征赋》,班彪《北征赋》,此正述'征行'之'征'……"王楙,撰.野客丛书[M].郑明,王义耀,校点.上海:上海古籍出版社,1991:276-277.

子的激励之辞。实际情况却远非如此简单。《东征赋》自始至终都是班昭写自己的所见、所感、所思、所想，无论是她的感叹，还是劝勉，都是以内心独白的方式进行的。这篇作品在开篇交代了"余随子乎东征"之后，班昭的儿子曹成在作品中基本是处于缺位的状态。这也就是为何本书并不认同《东征赋》的主旨是"训子""诫子"这一观点的主要原因。不仅如此，《东征赋》其实还有看似不可解之处：据史家考证，班昭之子曹成先前由司徒辟为掾，不久又以司徒掾举孝廉、补郎官，出为长垣长。长垣为陈留的属县。曹成此时的年龄至多三十岁左右。《东征赋》之东征的缘起，是年近半百的班昭随曹成到长垣赴任。年轻的曹成获得长垣长之任命，按照常情常理，班昭理当颇为欣慰。根据汉代的职官制度，大县长官为令，小县长官为长，长垣是隶属陈留郡的小县，故其县长为"长"而非"令"，其官俸为三百至五百石。考《汉书·百官公卿表》："县令、长，皆秦官，掌治其县。万户以上为令，秩千石至六百石。减万户为长，秩五百石至三百石。"①《后汉书·百官五》："属官，每县、邑、道，大者置令一人，千石；其次置长，四百石；小者置长，三百石。"②虽然"秩五百石至三百石"并非厚禄，但对于一名刚刚通过举孝廉进入仕途的年轻才俊来说，担任长垣之长，并非屈才。另外，据《后汉书·班彪列传》，早年"帝雅闻彪才，因召入见，举司隶茂才，拜徐令"，"后察司徒廉为望都长，吏民爱之"，从班昭一向重视家风传统的角度来看，班昭似乎也应为曹成此时的任命感到欣悦，但纵览全篇，竟然全无此类内容。对比班昭其兄班超此时在西域的卓越功勋，见多识广、阅历颇丰的班昭不为儿子长垣长的任命喜形于色，也算是其宠辱不惊、克制内敛的儒学修养作用的自然结果，但是，对于曹成来说，这毕竟是其仕途起步阶段的重要一步。因此，班昭的反应可从侧面说明，班昭在《东征赋》里表达的喜怒哀乐，基本都是从个人的内心出发，带有颇为鲜明的自我色彩。

---

① 班固.汉书[M].北京：中华书局，1962：742.
② 范晔.后汉书[M].北京：中华书局，1965：3622.

## 三、今人对班昭《东征赋》的总体评价

今人对于班昭辞赋的看法多有分歧。例如,著名学者谭正璧曾指出,班昭的辞赋具有明显的御用作文倾向,因而其艺术水平不高,即"在宫中受命作文,迎奉时尚,一方面说明此时才华出众的女子已经在正统辞赋创作领域达到了可与男性文人相比的水平,并得到了人们的赞誉和欣赏;另一方面,这类宫中应制之作多是颂扬之辞,或用以点缀升平,或用以显才露华;虽然展现了女子在字句修辞上的才能,却很少见女性动人情感的流露"①。另有学者认为,班昭的文学成就并未能超过其父,如朱维铮的《班昭考》认为"她的《东征赋》,是在模仿其父班彪的《北征赋》,在文学形式上缺乏新意"②。对比《后汉书》班昭本传中的记载:"帝数召入宫,令皇后诸贵人师事焉,号曰大家。每有贡献异物,辄诏大家作赋颂。"可知班昭的作品的确多有应制之作,但毕竟应制之作与平庸之作不能直接等量齐观,况且就创作动机而言,《东征赋》与那些应制之作完全不同,完全是班昭个人化的真情实感自然流露的结果,因而是一篇有为而作、有感而发的性情之作。可惜对于《东征赋》这篇《昭明文选》中收录的唯一一篇女性作家的作品,学界的关注历来不足,甚至有学者直接下断语说班昭的《东征赋》"此赋基本上是无病呻吟。……只因其父班彪作《北征赋》,她也要效法作《东征赋》"③。基于这样的认识,《东征赋》的文体价值及思想意义,自然没有得到深入开掘和客观认识。

## 四、班昭对述行赋的文体创新

刘勰在《文心雕龙》的《诠赋》篇中,把赋这种"兴楚而盛汉"的文体根据题

---

① 谭正璧.中国女性文学史·初稿自序[M].天津:百花文艺出版社,2001:46.
② 朱维铮.班昭考[J].中华文史论丛,2006(2).
③ 龚克昌.全汉赋评注[M].石家庄:花山文艺出版社,2003:332.

材分为若干类别,"述行"是其中之一,即:"夫京殿苑猎,述行序志,并体国经野,义尚光大。"刘勰所谓的述行赋,萧统的《文选》称之为"纪行"赋,是作者记录自己的行旅经过、沿途见闻以及内心感怀的辞赋。刘勰虽然列出了述行赋的名目,却未对其文体特点进行系统总结。此后,南朝著名文学家谢灵运(385—433年)在其《归途赋》小序中对"行旅赋"的写作缘起、主要内容进行了概括:"昔文章之士,多作行旅赋,或欣在观国,或怵在斥徒,或述职邦邑,或羁役戎阵。事由于外,兴不自已。虽高才可推,求怀未惬。"(《艺文类聚》二十七)从中可见,述行、咏史、写景、抒情,是述行赋的基本要素,它们在作品中往往结合在一起,作者往往因地及史、怀古叹今、览物感怀。正因如此,述行赋要求作者兼具才学、见识、情怀,应熟悉历史掌故、了解山川风物、通达社会人生。

西汉末年,哀帝时期刘歆的《遂初赋》可以说是第一篇真正意义上的述行赋,是述行赋的开山奠基之作。刘歆是著名的学者,生平事迹载于《汉书·楚元王传》等书。他曾与其父刘向领校秘书,撰写《七略》等著作,并以《左传》研究见长,因触犯权贵遭到排挤,被迫离京,出为五原太守。《遂初赋》作于赴五原的途中。刘歆在此赋中描述了自己北上赴任沿途的见闻,抒写了在官场上的忧愤失意之感,因所经之地为三晋故地,所以他主要结合晋国历史借古讽今,感今思古,所涉史实看似因地而起、随手拈来,其实有其一以贯之的主线,借历史上晋国衰败时期的人事影射西汉末年的社会现实。正因如此,全文记述行程、怀古伤今这两条线索毫不紊乱、相互生发,从而确立了述行赋的基本写作模式。此后,述行赋得到了进一步的发展。班昭的父亲班彪在西汉业已灭亡、东汉尚未建立这一特殊的历史时期曾经写过一篇述行赋——《北征赋》。当时班彪被迫离开长安,一路向西北行进,《北征赋》就作于此次避难期间。班彪在《北征赋》中叙述了自己从长安出发,经过池阳、云阳、枸邑、义渠、泥阳、彭阳等地,最终到达安定郡治所高平(今宁夏固原)的经历。作为一位学识渊博的历史学家,当他途经周秦旧地时,联想到一系列周秦掌故,在抒写所见所感之时,感叹世事沧桑、国家兴亡,吊古评史,抒发感慨,这既是途经之地的历史人文的写照,更是当时的社会动乱在班彪心中的投射。萧统所编的《文选》卷九专列"纪行"赋之名目,并精选班昭之父班彪的《北征赋》、班昭的《东征赋》以及后来西晋潘岳的《西征赋》三篇,将其视为体现了汉魏六朝述行赋最高成就的作品。班昭的《东征赋》作为东汉时期重要的赋作由此广泛传播。

与铺张、华丽的汉大赋不同,述行赋是通过记叙旅途所见而抒发自己感慨的赋作,因而能够跳出润色鸿业、点缀升平的宫廷文学窠臼,能够像诗歌那样抒写个人的情怀。虽然述行赋在状写所历的山川样貌、铺陈相关的历史事件等方面在一定程度上继承了汉大赋铺张扬厉的手法,但述行赋又增加了更多贯通今古的历史感怀,以及睹物发兴的抒情色彩,因而为汉赋增加了新的样态,成为汉大赋向汉末抒情赋发展的过程中的一个重要环节。

班昭的《东征赋》的文学创新首先表现在她对述行赋这种既有文体的充实与丰富。由于古代女性的活动范围多囿于家庭内部或宫廷内部这一有限的物理空间,所以,述行赋这一文体似乎一向是宦游在外或在江湖飘零的男性文人的专利。但是,班昭却打破了这一定律,以自己的《东征赋》在述行赋中留下了女性的长长的身影、打下了女性的深深的印记。

班昭的《东征赋》的文学创新其次表现在具体的述行赋写作中。《东征赋》最为突出的特点在于班昭表达了她虽身为女性,却彻底跳出了性别的羁绊,从容地与传统男性一样非常明确以"立德"作为自己的人生最高追求的理想信念,并对此进行了反复论说和演绎。虽然班昭的《东征赋》的确受到班彪的《北征赋》的一定影响,两者在结构、思想等方面都有一定的相似之处,她也曾直接表明自己的作品在一定程度上是效法父亲《北征赋》的结果:"先君行止,则有作兮。虽其不敏,敢不法兮。"但班昭的《东征赋》与班彪的《北征赋》的不同之处也显而易见。班昭在篇末特别强调基于个人主体意识的抒情的重要性:"君子之思,必成文兮。盍各言志,慕古人兮。"即以赋言志,借赋抒怀,袒露内心的想法,表达自己的志向。班昭突出强调了述行赋在记述行迹、状貌山川、咏史怀古和抒情言志几方面要素的内在融合。正是在凸显自我、强化抒情这方面,班昭的《东征赋》体现出不同于汉代其他述行赋的突出特点,为汉赋向抒情小赋转型做出贡献。

  正是基于其"立德"的信念和气魄,班昭一改传统述行赋中低徊、感伤的情感色调,使述行赋的文体风格为之一变。与此同时,班昭虽然也在《东征赋》中引经据典,论说古人,但她评说古人的线索已经不是沿途的地理因素。换言之,前人在述行赋中阐发思古之幽情的时候,线索是被沿途地理因素所限制的,是历其地而怀其人;班昭的述行赋中则表现出更强的主动性,她跳出地理线索的制约,完全由自己在行旅之中兴发的思绪引领全篇,评说的古人、征引的典故,也都以自己的思绪为线索,作者的主体意识得到了充分的彰显。所以,在今天传世的各篇汉代的述行赋中,班昭的《东征赋》的抒情性最为强烈,因而,当我们论及述行赋在汉大赋到汉末抒情赋之间的重要过渡作用的时候,我们必须认识到,班昭的《东征赋》功不可没,在各篇述行赋中值得我们特别关注。

## 第二节 《东征赋》的双线结构:述行言志、以理节情

  《东征赋》虽然在今存班昭的赋中篇幅最长,但如果与刘歆的《遂初赋》、班彪的《北征赋》相比,篇幅规模则小了很多。细读《东征赋》,我们可以看到有两条线索穿插其间:显性的线索是班昭从洛阳到长垣的地理空间的行进路线,隐性的线索是班昭情感思想曲折变化的心理空间的自省路线,两者相互交织、彼此生发,从而使《东征赋》具有独特的双线结构。

  《东征赋》的前半部分遵循述行赋的一般写法,重在纪行,情感的抒发和宣泄与行进的过程保持了同步。对于到达长垣之前所经过的各个地点,班昭都

以极简的方式跳跃记录,一路上的情感时间被浓笔重墨加以抒写;在《东征赋》的后半部分,纪行的这条线索更被淡化,围绕今之长垣、昔日卫地的历史名人怀古思远,非常自然地过渡到了作为主体部分的抒情和议论,而且在这两者之间,抒情的成分亦大为缩减,议论说理成为主要内容。因而,后半部分虽然在文字表述、篇章结构等方面依然保持赋的传统格局,但在内容方面则明显具有议论文的某些特点。

一、纪行为经、抒情为纬

据《后汉书·郡国志三》:"陈留郡武帝置。雒阳东五百三十里。十七城,户十七万七千五百二十九,口八十六万九千四百三十三。"①班昭此行的终点长垣距其出发地洛阳有五百三十里之遥,途径偃师、巩县、成皋、荥阳、原武、阳武、封丘等地,基本是在相当于今天河南省北部地区艰难穿行。在交通不便的古代,虽然班昭可以以车代步,但毕竟路途遥远,颇多不便。所以,从作品开始到"自书传而有焉"的前半部分,班昭在文字间所流露的情感色彩都偏于苦涩、压抑、低徊、感伤。《东征赋》在一开始交代了出发的时间"惟永初之有七""时孟春之吉日兮,撰良辰而将行",出行的缘由"余随子乎东征",以及出行的方式"举趾而升舆",甚至还交代了第一天的行程"夕予宿乎偃师",而这所有客观信息的收束点在于最后主观色彩非常强烈的小结:"去故而就新兮,志怆恨而怀悲。"言外之意显然是此行并非个人主动选择的结果,她对身后渐行渐远的京城洛阳充满认同和留恋。这两句奠定了此赋前半部分的情感基调,接下来班昭就用点染之法在此基点上反复咏叹,"明发曙而不寐兮,心迟迟而有违"表明心事重重,一夜无眠;"酌醴酒以弛念兮,喟抑情而自非"说明举杯浇愁而终难释怀,继而努力克制情感的倾泻,试图让理性统领感情;"谅不登樔而椓蠡兮,

---

① 司马彪,撰.后汉书[M].刘昭,注补.北京:中华书局,1965:3447-3448."长垣侯国。有匡城。有蒲城。有祭城。"

得不陈力而相追"两句即景会心,从风餐露宿的旅途见闻写起,既然圣人出世教化天下,那么就不可再像先民那样蒙昧放任,而应振作精神,追随圣道,顺从天命,即"且从众而就列兮,听天命之所归"。接下来依然是从眼前旅途入手,赋予生活化的行为以仪式化的象征意义:"遵通衢之大道兮,求捷径欲从谁?"如同此时此刻一行人沿着大路前行、并未顾及那些旁逸斜出的捷径小路一般,在追求大道的人生过程中,也应直道而行,绝不投机钻营。明确了这样的人生信念,眼前一切似乎都可以看得云淡风轻了,所以最后班昭写到"遂往而徂逝兮,聊游目而遨魂",沿着大路渐行渐远,同时极目四望,思绪纷飞。班昭就这样将眼前的旅途经历在想象中加以变形,将其视为人生道路的一个缩影,于是,现实中的不如意经过了理性的过滤之后,转变为"游目而遨魂"的释怀与解脱。不过,作品中情感的走向并不是简单的直线式的,而是一波三折、风起云涌的。在理性的力量短暂占了上风之后,由于迢迢无尽的道路充满了艰辛,班昭不由自主地将眼前这陌生的一切与过往熟悉的京城生活进行对比,其结果自然是对身后京师的留恋之情再次涌上心头。与一般述行赋不同的是,班昭并没有用过多笔墨淋漓尽致地铺叙渲染沿途各地所"观览"到的自然风光,而是用极为经济的笔墨将旅途经过的几个地方串联起来,构成一条完整的行进路线,如果说班昭在这条路线上还留有一定主观色彩的话,那就是旅途的艰辛即"多艰"、"峻险",虽然"河洛之交流"等景致定有一番壮阔景色,但班昭显然并没有以一种超脱的心态将山水作为审美对象来欣赏,而只是作为一个匆匆赶路的行人无法逃脱地在面对跋山涉水的旅途带来的各种不适。究其原因,与其说是班昭缺乏审美的意识,或者出于"一种严格男女礼法之防,行为举止的限制"①,即自我道德约束,不如说是出于"女子善怀"②的丰富情感世界,更不如说是由于对京城的无法忘怀而满腹心事,因而她完全无法放松下来去欣赏沿途的景致。之所以做出这样的判断,是因为班昭在这里明确地说明:沿途经过各地,更让她无限怀念京城,即"慕京师而窃叹",而这与前文所写的因"去故而就新"而愁肠百结正好遥相呼应。不同的是,前文写到自己愁情萦绕的时候,尚且努力"抑情而自非画",此处再次"慕京师而窃叹"的时候,班昭已经不再克制自己,而是用一句"小人性之怀土兮,自书传而有焉"来自我解脱;不过,这里她使用了《论语》中的典故:"子曰:君子怀德,小人怀土。"一位儒学世家的饱读诗书的女性当然不会心安理得地以"小人"自居,因而这里班昭引经据典的自解其实更是一种自嘲。

## 二、"小人怀土"原因探析

那么,《东征赋》前半部分的愁情因何而来?到底是什么原因令班昭并未因儿子新获官职而感到欣悦?到底是京师的什么令班昭念念不忘?显然不是生活的舒适、风物的繁华,因此只能从班昭此时在京城的生活状态等资料中寻求答案。

---

① 郭苑平《女旅书写中的时间、空间与自我追求——重读班昭〈东征赋〉》也提出了这个问题:"这样一个不同于京城的大好河山、壮丽家国,一路行来班昭甚少描绘,更遑论寄情山水,以景喻情,是山水无情或班昭寡言,亦或锦绣大地对她而言,毫无吸引力?原因何在呢?"但此文主要从性别角度予以解释,认为出于班昭作为女性的局限性:"显而易见的是,班昭对自己的言行举止有着严厉的要求,《女诫》中提到'礼义居絜,耳无涂听,目无邪视,出无治容,入无废饰,无聚会群辈,无看视门户。'(专心第五),已给了我们明白的线索。这样一种严格男女礼法之防,行为举止的限制,使得她无法如同男性一般,有着模山范水,寄情山水以比兴的闲情逸致,这样的限制来自儒家对女性'男主外,女主内'的道德要求,再加上对于公/私领域的疆界仍未打破,内化的道德价值依然纠葛心中,使得班昭的视野,即使到了开阔的野外空间,仍无法大幅度地展开,更无法像其他男性赋家一般,以景抒情,以景寓情。这样的一种空白及缺憾,正是班昭女性纪行书写的一大特色,也是一大缺憾。"郭苑平《女旅书写中的时间、空间与自我追寻——重读班昭〈东征赋〉》,载于《东海中文学报》2008年第20期。
② 出自《诗经·鄘风·载驰》:"女子善怀,亦各有行。"

在班昭于永元七年创作《东征赋》之前的几年间,班家遭遇了多种变故:永元四年,因平定匈奴功勋卓著的窦宪密谋叛乱,事发自杀,班固因与其关系密切受到牵连,兼之洛阳令种竞与班固素有积怨,结果班固下狱而死,《汉书》未竟。大约同年,和帝命班昭入东观续修《汉书》。永元五年,朝廷大赦窦宪党人。永元六年,汉和帝为班固平反冤狱,同年,班超降服西域全境五十余国,捷报传来,名动京师。永元七年,班超被封为定远侯。这就是班昭创作《东征赋》的背景。

在上述史实中,与《东征赋》的内容关联最为紧密、可直接影响我们今天对《东征赋》内容的解读的事情是:当班昭随子曹成赴任、写作《东征赋》之时,她续修《汉书》的工作远未完成。

综合这些因素,可以想象,在写作《东征赋》时,班昭的心情是复杂的。有学者撰文指出,班昭随行是因为不放心初做地方官的曹成,故而随行赴任,以便随时在曹成任上给予指导。笔者认为这样的推测很难成立。这是因为,如果随子赴任是班昭主动的选择,那么她就完全不必一路充满愁苦,不必对身后的京城恋恋不舍,更不会令我们在作品中通篇感受不到她因曹成新获官职的欣悦之情。随子东征之时,身后的京城还有班昭被迫中断的续修《汉书》这一未竟的事业,壮志未酬、心愿未了,这恐怕是班昭对京城念念不忘的深层原因。传统礼制向有"三从"之说。《仪礼·丧服》:"妇人有三从之义,无专用之道,故未嫁从父,既嫁从夫,夫死从子。"《礼记·郊特牲》:"妇人,从人者也:幼从父兄,嫁从夫,夫死从子。"班昭的兄长班固负责编写的《白虎通义·爵》也有类似的表述:"妇人无爵何?阴卑无外事,是以有三从之义。"对于孀居的班昭来说,随子离京赴任似乎是无可选择的结果,但是这一看似天经地义的举动却使她不得不中断在京城业已启动的补修《汉书》之举。所以,可以想象,此时的班昭陷入了两难境地,一方面是依奉礼制无法拒绝亦不可抱怨的随子东征,另一方面是继承父兄遗志、光耀班氏家族的京城修史事业。两相作用的结果,就是

《东征赋》前半部分我们看到的一幕:班昭因"去故而就新"、远离京城、远离故乡而愁绪万千,夜不能寐;一路的劳顿艰辛,更使她愁肠百结,"慕京师而窃叹",虽然努力"抑情而自非",最终也不过仅仅拈出"小人性之怀土兮,自书传而有焉"来自嘲。

"小人性之怀土兮,自书传而有焉"出自《论语》:"子曰:君子怀德,小人怀土。"班昭此处所使用的这个典故在《东征赋》里具有承上启下的重要转折作用,因为它提到了在儒家思想中极其重要、反复出现的"君子""小人"的二元对立关系。在此句之前,班昭将自己自嘲为留恋故土、欲振乏力的"小人",此句之后一直到全文结束,班昭则把重点转向如何成为超越"小人"、追慕前贤、立德为先的君子。在此过程中,我们可以看到,班昭在《东征赋》的后半部分完成了从自嘲的"小人"向自期的"君子"的跨越,这样,《东征赋》的思想情感也走出了一条先抑后扬、充满张力的路线。

自此处至《东征赋》结束,作品中抒情主人公的形象不再是一位情感细腻、患得患失的柔弱女性,而是变身为一位追慕圣贤、向往令德的高尚儒者,行文风格也因在怀古过程中贴切且密集地引经据典而更为雅正深沉。

### 三、简笔纪行、详笔怀古

据《后汉书·郡国志三》:"长垣侯国。有匡城。有蒲城。有祭城。"[1]长垣属于陈留郡,下有匡城、蒲城和祭城等地。如果说《东征赋》的前半部分罗列的途径的七地——巩县、成皋、荥阳、卷、原武、阳武、封丘——都属于既少景观描述,亦无历史钩沉的略写的话,《东征赋》下半部分在行近终点长垣之时,班昭在记录行程时由此前的略笔转向了详写,而且她详写各处所选取的切入角度是富有变化的:或着眼于自然景观(如写蒲城"生荆棘之榛榛"),或着眼于社会

---

[1] 司马彪,撰.后汉书[M].刘昭注补.北京:中华书局,1965:3447-3448.

人事(如写长垣"察农野之居民"),或着眼于历史掌故(如写匡、蒲城)。其中着墨最为集中的是在匡地追忆圣人孔子、在蒲城追忆贤者子路,然后借季札的赞语对怀古念远进行收束,最后非常自然地由记述行程、追忆历史转向此文的高潮部分:有关君子的大段议论。

在匡地追忆孔子、在蒲城追忆子路的时候,班昭将叙事、写景、抒情、议论融为一体,使人充分领略到其娴熟的文字技巧及丰富的情感世界,并为其意气怀高远、笔下壮古今的胸襟与气度深深折服。

赋这一文体多用典故,纪行赋更是如此。班昭的《东征赋》遵循此例,使用了很多来自经史、诸子以及辞赋名篇的典故,如《论语》《墨子》《荀子》《韩非子》《法言》《春秋左氏传》《史记》《毛诗》《楚辞》《韩诗外传》《长门赋》,等等。这足以说明班昭之博学以及其学养之纯正。自使用《论语》中"君子怀德,小人怀土"之典故之后,从在匡地追忆孔子开始,班昭更为密集地使用了大量来自《论语》或与孔子相关的典故,这不仅使作品在风格上呈现出典雅醇厚之美,而且在思想观念上将作品完全置于传统儒家的经典话语体系之中。如果与刘歆的《遂初赋》、班彪的《北征赋》等纪行赋相对比,班昭的《东征赋》在使用典故方面最为突出的特点是有显然经过精心设计的详略安排:在行进于今河南北部这段漫长的东征过程中,班昭并没有沿途生发思古之幽情;《东征赋》的典故集中于其东征的终点长垣一带,即卫国故地,所使用的典故集中于春秋后期孔子生活的时代,或者直接引述孔子的故实,或引用孔子的弟子(子路)、孔子的友人(蘧伯玉)的事迹;虽然在现实生活中季札与孔子并无交集,但两人都生活在春秋后期,季札盛赞的"卫国"正是班昭此时所历之地;季札谈论的"君子"更是班昭此文的焦点。因而,其典故的使用更为灵活,更为集中,从中折射出的主体意识更为明显和突出。

匡邑、蒲城皆在长垣一带,两地在周代都属于卫国。当年孔子带领一众弟子离开卫国准备前往陈国的时候,曾因匡人误把孔子当成曾经残害过匡人的阳虎而遭到围攻。当班昭此番"东征"一路颠簸劳顿,终于到达目的地长垣一带,经过匡邑的城郭之时,她非常自然地想到了匡地历史上这一著名的事件:"念夫子之厄勤"。对于孔子周游列国时厄于匡地一事,《论语》《史记》都有记载,比较而言,《论语》有两处谈及此事,其中《论语·子罕》将孔子被围困的过程一笔带过,重点记录了孔子当时那种充满自信的言论,即:"子畏于匡,曰:'文王既没,文不在兹乎?天之将丧斯文也,后死者不得与于斯文也;天之未丧斯文也,匡人其如予何?'"《论语·先进》的重点亦不在被围困这一事件本身,而是孔子与颜回的对话:"子畏于匡,颜渊后。子曰:'吾以女为死矣。'曰:'子在,回何敢死?'"《史记》则将这两处记载合并为一,同时增加了很多细节,重点记录了孔子被围困的整个过程,即《史记·孔子世家》:"将适陈,过匡,颜刻为仆,以其策指之曰:'昔吾入此,由彼缺也。'匡人闻之,以为鲁之阳虎。阳虎尝暴匡人,匡人于是遂止孔子。孔子状类阳虎,拘焉五日。颜渊后,子曰:'吾以汝为死矣。'颜渊曰:'子在,回何敢死!'匡人拘孔子益急,弟子惧。孔子曰:'文王既没,文不在兹乎?天之将丧斯文也,后死者不得与斯文也。天之未丧斯文也,匡人其如予何!'"①这一场误会由于孔子那段以道统自居、与天道同在,坚信薪火一脉系于自身的历史使命感和责任担当感而在儒学史上成为极其著名的事件,向来为后世儒生所津津乐道。班昭的兄长班固记录的《白虎通德论·圣人》保留了东汉时期有关此事的讨论:"圣人亦自知圣乎?曰:知之。孔子曰:'文王既没,文不在兹乎?'"②显然东汉儒士已经将孔子神圣化了。

　　班昭在此处使用孔子在匡地被围困的典故,其用意何在?她叹息"彼衰乱之无道兮,乃困畏乎圣人。怅容与而久驻兮,忘日夕而将昏",为春秋末年的乱世感慨,为圣人遭受困厄而扼腕,以至于久久驻足,沉浸在怀古之幽情中,不知不觉间夕阳已沉沉西下。她的凝神覃思在于天命所在、天道所载的孔子偏偏

---

① 司马迁.史记[M].北京:中华书局,1963:1919.
② 班固.白虎通德论[M].上海:上海古籍出版社,1990:51.

遭逢了无道的"衰乱"之世。如果细读《史记》中的相关记载就会发现,孔子在匡地被围困,本是一场误会,仅因孔子长相酷似曾经为害匡人的阳虎,加上为孔子驾车的颜刻在城门附近向孔子追忆了一番自己以前入匡的路线,结果说者无意听者有心,一场误会就此酿成。孔子被围,既非出自匡人的顽劣凶暴,更非由于卫国民风浇薄。如同今人对此事甚少就事论事进行解读一样,班昭对此事也作了放大式解读,对承续斯文一脉的圣人遭逢无道之乱世感喟无限,充满怅惘。

接下来班昭行进至蒲城旧地,又回忆起春秋时期此地的贤者子路、蘧伯玉。子路的事迹主要见于《论语》《孔子家语》,以及司马迁的《史记·仲尼弟子列传》等。他伉直好勇,忠义守信,事亲至孝,善政为民。他曾经担任蒲邑的地方官,治理有方,深得孔子赞许。《史记·仲尼弟子列传》:"子路为蒲大夫,辞孔子。孔子曰:'蒲多壮士,又难治。然吾语汝:恭以敬,可以执勇;宽以正,可以比众;恭正以静,可以报上。'"《孔子家语·辩政》则借孔子之口对子路在蒲邑的政绩作了全面的肯定:"子路治蒲三年,孔子过之,入其境曰:'善哉由也,恭敬以信矣。'入其邑曰:'善哉由也,忠信而宽矣。'至廷曰:'善哉由也,明察以断矣。'子贡执辔而问曰:'夫子未见由之政,而三称其善,其善可得闻乎?'孔子曰:'吾见其政矣。入其境,田畴尽易,草莱甚辟,沟洫深治,此其恭敬以信,故其民尽力也;入其邑,墙屋完固,树木甚茂,此其忠信以宽,故其民不偷也;至其庭,庭甚清闲,诸下用命,此其言明察以断,故其政不扰也。以此观之,虽三称其善,庸尽其美乎!'"正是由于子路的贡献,蒲邑成为历史上著名的"三善"之地。

蘧伯玉即蘧瑗,字伯玉,卫国蒲邑人,春秋时期卫国大夫,先后辅佐过献公、殇公、灵公三代国君。其生平事迹,《左传》(《左传·襄公十四年》《左传·襄公二十七年》)、《吕氏春秋》有零星记载,《史记》的《卫康叔世家》《孔子世家》中亦有简要记述,此外还见于《庄子·则阳》《礼记》《淮南子·原道训》《孔子家语》等。《论语》中也有多处记载,如《论语·宪问》等等。蘧伯玉长于孔子,与孔子情谊深厚,孔子周游列国至卫国时,曾长期客居蘧府,蘧伯玉是当时著名的贤者和智者,善于自省,乐于改过,审时度势,明哲保身,知人善任,具有远见,其思想对儒家、道家均有一定的影响。

子路与蘧伯玉的精神气质判然有别,蘧伯玉是一位兼有智者与哲人特点的政治家,子路则集勇士、义人、忠臣、孝子等形象于一身。但在班昭看来,他们有共同之处:在其身后,即使时光荏苒、岁月倏忽,即使物是人非、城邑败落,子路、蘧伯玉的令德美名依然令人敬仰、使人追慕。很多学者把班昭的《东征赋》里"到长垣之境界,察农野之居民"两句解释为班昭心系民瘼、访贫问苦,这样的推测恐怕在《东征赋》里找不到足够的作为内证的支撑材料。相反,考虑到子路在蒲邑为官、蘧伯玉的故乡为蒲邑且此地有其坟墓(蘧伯玉身后,长垣及其他地方有多处蘧伯玉坟墓),而蒲邑在东汉已是长垣治下的区域,所以这里是否可以这样理解:班昭"到长垣之境界,察农野之居民"时,她不仅希望了解当地民情土风,更希望探知当地父老对此地乡贤前辈的看法。如果这样的推测成立,那么当班昭接下来写到她"想子路之威神"时,可以毫不迟疑地写出"卫人嘉其勇义兮,迄于今而称云";当她叙述"蘧氏在城之东南"时,可以非常笃定地感叹"民亦尚其丘坟。唯令德为不朽兮,身既没而名存",这一切就都顺理成章、逻辑自洽了。班昭这两处都采用了相同的写法,即借当地居民今天的反应追忆先贤昔日的盛德,从而在最后穿越时间长河、对于何为不朽的深沉思索给出掷地有声的结果:"唯令德为不朽兮,身既没而名存!"

班昭由蘧伯玉又联想到季札"君子之言信而有征"。赋的最后"君子之思,必成文兮。盍各言志,慕古人兮",化用了《论语》中"颜渊季路侍"的故事,"贵贱贫富,不可求兮。正身履道,以俟时兮"化用了《论语》中的"富而可求,虽执鞭之士,吾亦为之;如不可求,从吾所好",《周易》中的"履道坦坦"和《荀子》中的"君子博学深谋,修身端行,以俟其时"。文中也多次直接提到仁义道德的重要性,要向圣贤学习,"惟经典之所美兮,贵道德与仁贤",所以要"勉仰高而蹈景兮,尽忠恕而与人",只有瞻仰高德,跟随前贤后尘,把忠恕作为自己的行为准则。她相信"庶灵祇之鉴照兮,祐贞良而辅信",神灵能够保佑忠诚守信的人。

接下来班昭以春秋时期吴国公子季札(公元前576—前484年)对卫国的评价收束前文:"吴札称多君子兮,其言信而有徵。"季札是春秋时期著名的贤者,周朝泰伯的后代,以品格高尚、坚守信义、富有远见而著称,鲁襄公二十九年(公元前544年),他出使鲁、齐、郑、卫、晋五国,造访卫国时对卫国给予了高度评价。对此《左传》和《史记》的记载几乎完全一致。《左传·襄公二十九年》:"适卫,说蘧瑗、史狗、史䲡、公子荆、公叔发、公子朝,曰,卫多君子,未有患也。"《史记·吴太伯世家》:"去郑,适卫。说蘧瑗、史狗、史䲡、公子荆、公叔发、公子朝曰:'卫多君子,未有患也。'"

但是,春秋时期被一向以富有远见而著称的贤者季札盛赞为"卫多君子,未有患也"的卫国后来命运如何? 其实,春秋以来卫国就内乱不断,春秋末年卫国发生的直接导致子路惨死的卫庄公蒯聩与卫出公辄父子争国事件,使卫国国力更为削弱,只能在其他诸侯国的夹缝中苟延残喘。战国时代,卫国先沦为魏国附庸,后又遭到秦国蚕食。公元前209年,卫君被秦二世废为庶人,卫国彻底灭亡。这个第一代国君为周文王嫡九子康叔封的姬姓诸侯国,虽然立国时间前后长达907年,在周代各诸侯国中存在时间最长,但其后期命运多舛,风光早已不再。

班昭这里引用的季札对卫国"多君子"的赞誉,在全文中起到承上启下的作用,"承上"是对前文到达长垣(即卫国旧地匡邑、蒲邑)时有关子路、蘧伯玉的事迹的收束,"启下"则是充当下文在超越历史陈迹、转向对历史兴亡发出感慨和议论的一个总引。

## 四、议论说理、升华主题

虽然卫国旧地在历史上曾经出现子路、蘧伯玉这样或者勇毅过人或者贤明超群的人物,虽然春秋时期的贤者季札曾经预言"卫多君子,未有患也",但这一切终难抵挡岁月的侵蚀,卫国"后衰微而遭患兮,遂陵迟而不兴",至秦朝终于轰然落下大幕,走向终结。东汉的班昭从这片卫国旧地走过的时候,眼前只有"生荆棘之榛榛"的废墟,卫国昔日的群贤云集、繁荣兴旺早已化为过眼云烟。

所以接下来班昭转向对卫国历史命运变迁的思考。尽管班昭有世所公认的深厚史学素养,但在这里,班昭并未如史家修史那样条分缕析地寻找和分析卫国兴亡的内因和外因,而是直接转向超越人事之上的有关天命的浩叹,并将这样的感慨和议论一直延续到文章末尾作为全篇总结的"乱"的部分。

在这里,班昭实际上是围绕有限与无限、无常及永恒等问题展开了思考。在班昭看来,正如同在茫茫的历史长河之中,一个国家的兴衰沉浮难以凭借几人之力去改变一样,人生也有其局限性和不确定性,人的寿命长短、贫贱富贵都是个体生命无法掌控和改变的。这样的态度看似悲观,实则透露出勘破世情之后的沉痛与豁达。出生于史官世家的班昭对历代兴亡旧事想必早已熟稔于心,她的两位兄长一位屈死狱中,一位边关封侯,想必也会让她对世事无常、人生难料有更为深刻的认识;兼之自己丧夫寡居,身不由己,京城虽然有未竟的事业,却不得不随子东征,人生的卑微与渺小又怎能不让她感叹那看似无形但似乎有无处不在的神秘的天命对人事的左右……难能可贵的是,班昭在感叹世事、感叹人生、感叹命运的时候,最终并没有陷入神秘主义一端而难以自拔,而是始终保持一份清醒的理性精神,这里,班昭秉承了传统儒家对于天道、天命的一贯认识,天道有其神秘的一面,又有其可被认识、可被理解的一面,人事之道无非是天道的一种呈现而已,因此坚守人道就是敬畏天道、顺从天道的唯一方式。孔子以文王周公之礼为天道的体现,后世儒家以孔子建构的儒家思想体系作为对天道的揭示。基于这样的认识模式,班昭重申了对先贤的追慕敬仰——"勉仰高而蹈景",主张"由力行而近仁""尽忠恕而与人""好正直而不回",并坚信,惟有这样坚守道德、以君子之德自律自期,必能与道同在,获得天地神明之佑护——"精诚通于明神""庶灵祇之鉴照兮,佑贞良而辅信"。

如果说这些议论还是围绕如何看待卫国诸君子、如何以历史上的君子自警自励而展开、议论以纪行中的叙事作为中心和基石的话,那么,在结尾"乱"中,班昭的议论则将此议论宕开一笔,推向高潮。在"乱"中我们可以看到两层意蕴,其一,班昭以追慕古人、成就君子来自我期许、自我定位,"君子之思,必成文兮。盍各言志,慕古人兮"说明《东征赋》正是一篇记录"君子"之"思"、抒发"君子"之"志"的"君子"之"文"。班彪的《北征赋》已经为其作了很好的示范,班昭的《东征赋》正是踵武其后、有为而作的结果。行文至此,班昭已经彻底超越古代礼制对于女性角色的传统限定,完全以儒家话语体系之中的"君子"形象进行自我设定。在传统儒家思想中,道与欲、义与利始终处于二元对立之中,班昭在主张"正身履道"的同时,还主张"清净少欲",倡导"敬慎无怠,思嗛约兮",强调"贵贱贫富,不可求兮",皆是儒家君子之修为的具体体现。

班昭在"乱"中巧妙化用了《周易》《论语》《毛诗》等诸多儒家经典之语句,所表达的是非常传统的儒家观念,围绕顺天知命而展开。就其思想内容来说,可以视作对此前她强调君子积极有为、立德树仁的一个辩证的补充,其核心观点是"俟时""少欲"。知天命、从天命可以说是文章后半部分围绕在君子黾勉、立德树仁这条主线周遭的一条充满弹性的副线。两者互相生发、互相补充,体现出允执其中的和谐与平衡。

在赋的最后,"君子之思,必成文兮。盍各言志,慕古人兮"化用了《论语》中"颜渊季路侍"的故事;"贵贱贫富,不可求兮。正身履道,以俟时兮"化用了《周易》中的"履道坦坦"。

"俟时"之说在此处稍显突兀。此语出自孔子。据《荀子·宥坐》,孔子曾经如此对弟子剖白心迹:

> 君子博学深谋不遇时者多矣。由是观之,不遇世者众矣,何独丘也哉! 且夫芷兰生于深林,非以无人而不芳。君子之学,非为通也;为穷而不困,忧而意不衰也,知祸福终始而心不惑也。夫贤不肖者,材也;为不为者,人也;遇不遇者,时也;死生者,命也。今有其人不遇其时,虽贤,其能行乎? 苟遇其时,何难之有? 故君子博学、深谋、修身、端行以俟其时。①

孔子在这里表示,君子学道,是君子个人的自律行为,出于君子追求个体生命圆满的内在需要,而非媚世趋时、博取功名的进身之阶。另外,《论语·述而》中也有"富而可求,虽执鞭之士,吾亦为之;如不可求,从吾所好"之句,其意与《荀子·宥坐》所载可相互印证。所以,在以孔子为代表的儒家看来,无论穷达,君子皆能怀道处世,守道不二。君子在崇仁修德、实现"内圣"之后,会推己及人,流惠下民,昌明风化,建立勋业,以求"外王"。但在"外王"的时机方面,孔子一向比较通达,主张伺机而起、遇时而动,即孟子所谓"士穷不失义,达不离道。……古之人,得志,泽加于民;不得志,修身见于世。穷则独善其身,达则兼善天下"②。班昭"俟时"之语,并非蹈空之论,乃暗有所指。此时其子曹成刚刚得官受命、履新就任,正是春风得意、大展宏图之时,所以,安住寂寞、静观俟时的忠告并非在诫子,而是班昭自诫自勉之语。"乱"开篇就说"盍各言志,慕古人兮",强调了此篇文字是班昭在自写其"志",这也可以作为内证印证这一点。

---

① 王先谦.荀子集解[M].北京:中华书局,1988:527.
② 语出《孟子·尽心上》。万丽华,蓝旭,译注.孟子[M].北京:中华书局,2006:291-292.

"少欲"之说,班昭则借有关孟公绰的典故提出。在《东征赋》末尾的"乱"这部分,班昭直接提及的历史人物仅孟公绰一人,且出现在全文末句,可谓意味深长。

孟公绰,春秋时代鲁国大夫,鲁国三桓孟孙氏族人。他为人廉洁,清心寡欲,做事富有条理。孟公绰是孔子非常敬重的人之一。孔子在教育弟子的时候常引用孟公绰的德行。其事迹《左传·襄公二十五年》有载:

> 二十五年,春,齐崔杼帅师伐我北鄙,以报孝伯之师也。公患之,使告于晋。孟公绰曰:"崔子将有大志,不在病我,必速归,何患焉?其来也不寇,使民不严,异于他日。"齐师徒归。①

另外,《论语》《史记》中也都记录了孔子对他的推崇和赞许。其中,《论语·宪问》记录了孔子论及如何"成人"即怎样成为一个完美的人的时候曾提到,孟公绰"不欲"的美德是"成人"的必要条件之一:

> 若臧武仲之知,公绰之不欲,卞庄子之勇,冉求之艺,文之以礼乐,亦可以为成人矣。

《史记·仲尼弟子列传》罗列了孔子所尊敬的诸人,孟公绰的大名赫然在此名单之中:

> 孔子之所严事:于周则老子;于卫,蘧伯玉;于齐,晏平仲;于楚,老莱子;于郑,子产;于鲁,孟公绰。

---

① 洪亮吉.春秋左传诂[M].北京:中华书局,1987:571.

《论语·宪问》还有有关孔子对孟公绰政治才能的评论:"子曰:'孟公绰为赵魏老则优,不可以为滕薛大夫。'"可惜此语背景不详,致使后人对此语的理解歧义纷出,或以为是对孟公绰行政才能有限的贬抑之辞①,此说恐怕不确。根据《左传·襄公二十五年》的记载,孟公绰心思缜密,富有远见,是一位成熟的政治家;加上孔子对其人一向称赏有加,且如对待老子、晏子、子产一般尊重,可推知孔子此处所论并无贬义,而是根据其"少欲"之特点,孔子才有此假设。虽然传统儒家和道家都主张少欲、无欲,但是孟公绰的"少欲"更为传统儒家所推崇,不同于道家的"绝圣弃智"。孟公绰身为鲁国大夫而"少欲",是将儒家所提倡的黾勉行事、立德近仁与不慕荣利、克己乐道相结合:"为赵魏老则优"是说如果孟公绰担任像晋国权臣赵氏、魏氏诸卿的家臣,就会力有富余、游刃有余,言外之意是其"少欲"的秉性会对家主有一定制约与影响,并进而在某种程度上对乐于扩张争霸的晋国那样的大国也形成一定的制衡。"不可以为滕薛大夫"是说孟公绰不适合担任处于大国夹缝之中的小国的重臣,因为小国事繁,大夫责重,需要巧妙周旋,积极作为;如果这种责任重大的大臣"少欲"不争,小国必会更遭大国凌虐,国祚甚至难以为继,所以孔子认为孟公绰并不适合担任这样的职位。这段评价体现出孔子思维的缜密、通达与辩证。

班昭用此典故,当然不可能是劝慰其子曹成安于担任长桓长这样一个地方小官,不必内心中热、谋求高官厚禄。如果这样岂非将东汉朝廷与春秋时代争霸称雄、偏离仁道的晋国相提并论?心思细密、处事谨慎若班昭怎会作此不伦之暗喻?所以,《东征赋》的末句只能联系前句来理解,"清静少欲,师公绰兮"的重点只有一个,即主张审慎内敛、克己少欲。"乱"中提到的"靖恭""敬慎""嗛约""清净"均与"少欲"这一核心观点有关,同前文的"俟时"一样,并非针对曹成所言,而是自警自励。

---

① 朱熹在《朱子集注》提出"公绰盖廉静寡欲,而短于才者也",此说对后世有一定影响。但联系《左传》中的相关记载,朱熹此说恐难成立。

如何理解班昭"俟时""少欲"的自诫？这仍然需要联系前文有关班昭《东征赋》写作背景的话题进行考量。

在班昭之兄班固意外下狱惨死、父兄《汉书》大业未竟的情况下，班昭非常明确自己的使命所在，更何况她的学养经历使她完全可以承担这份责任。但此时的她身不由己，随子东征，深受儒家思想熏染的班昭在《东征赋》前半部分的哀怨愁思之后，转向冷静理性，所以，在《东征赋》的后半部分，她收束情感，以古圣先贤来自我勉励，在"立言""立功"暂时无望的情况下，她一方面以"立德"之至上高标自我勉励，另一方面又以"俟时""少欲"自我疏解，通过强调顺时随分、应天知命，把忘怀、排遣生活中的暂时的焦虑、失意，上升到了伦理上的谦卑自敛、哲学上的通达智慧的高度。

在随子东行的路途之上，班昭与天地对话，与古人神交。最终，"立德"成为她飘摇人生中的坚固磐石，她将由此拾阶而上，走向自己人生的巅峰。

## 第三节 《东征赋》的核心观点：超越"妇德"的君子"立德"

关于班昭的《东征赋》的写作主旨，传统的观点皆是从该作品作为述行赋的文体特点出发，认为是班昭对自己随同新任长垣长的儿子曹成自洛阳东去长垣的经历的记录，并无更为深入的论述。近年来，虽然学者在此基础上时有新的开掘，但其中观点大多围绕班昭"训诫儿子"这个核心展开，将《东征赋》全文的核心即对"立德"的思考及倡导视作母亲对儿子的告诫，而非视作作为女性的班昭的自我期许和自我勉励，或者班昭对于包括男性、女性的所有世人在内的理想人生的定位和认识。例如，金璐璐认为："班昭《东征赋》的主旨是通过一系列的史实来告诫儿子曹成做官时所应具备的品行，所应做的事情，以不辜负朝廷的重托。"①如果此说成立,那么此赋当与班昭的"诫女"之作《女诫》形成双璧,展示了班昭身为人母的家庭责任及为人风标。不过,本着"以意逆志"的理路,细细揣摩《东征赋》的文意,就会发现,此赋的内容并不局限于诫子一端,其主旨和核心并不在此。

在《东征赋》不长的篇幅里,班昭或惜墨如金地记述行程,或不吝笔墨地抒情言志,两条线具有明显的不对等特点。纪行这条线索显而略,言志这条线索隐而详,全文重点抒写了作者东征途中内心世界的起伏变化过程——从忧虑、感伤,转为从容、豁达;从不加节制的感性化的倾诉宣泄,转向克制内敛的理性化的分析论说;从幽然自闭于愁肠百结的内心一隅,到坦然游走于浩气涤荡的历史长河……作品从抒写自己矛盾的心情、展示自己两难的境地入手,进而游目八荒,追慕先贤,超越时空与儒家圣人君子进行精神对话,最终化解了起初的各种忧惧和愁思,以道德自励,以君子自期,在地理空间旅行的同时,也完成了一次心灵世界的长征。赋的开端作者是以佝偻的姿态感叹自己在天命面前的无奈与渺小,而在赋的收束之时作者则通过对自己心灵的重新建构最终以潇洒淡然的姿态显示出面对天命虽不迎不拒却能顺天而行的自信。

从性别角度而言,本文起首具有较为浓烈的抒情色彩,柔弱、哀婉、怨怅,因而具有较为明显的所谓"女子善怀"的女性性别写作的特点。但当作者在后半部分由纪行转向怀古、言志,即表达意欲追慕古人、效法父辈、立德树仁、自律少欲之时,作者使用的话语体系明显转向传统文士,女性的性别色彩荡然无存。班昭以圣人教诲自励,抒写了改变现实困境的精神追求;她以君子自期,所表现的情怀思想与古往今来所有坚守儒家道德操守、坚持儒家人格理想的文士儒生高度一致,这样的追求早已超越了传统礼教对女性思想的局限。班昭的《东征赋》以偏于女性写作的纪行兼抒情入手,最终却超越了性别。她在

---

① 金璐璐.班昭及其著述研究[D].北京:首都师范大学,2009:65.

作品中集中表达的儒家文人君子式的"立德"意识更超越了传统女性以"妇德"为核心的抒写模式。

在传统儒家的伦理思想体系中,自我修养是个人发展的核心。在其社会化的过程中,逐渐形成一套具有性别伦理特质的道德规范,即"妇德"。在男权主导的传统话语体系及价值观念中,"妇德"的养成及恪守与其行为意义、人生价值紧密相关。由于"妇德"的获取与养成须通过长期的、系统的自我修养,往往与对于礼仪的正确理解、日常实践紧密相关,所以在文学作品中,"妇德"的表现方式既可以非常抽象化,亦可以非常生活化。

今人常常将"妇德"与"女德"混为一谈、等量齐观。其实,考察两者的语源就会发现,两者之间曾经存在非常明显的区别。所谓"女德",从字面上来看似乎专指传统礼教所规定的女性应该具备的品德,但先秦典籍之中的"女德"一词往往并非如此,无论是《左传·僖公二十四年》中"女德无极,妇怨无终"句中的"女德",还是《国语·晋语八》中"故食谷者,昼选男德以象谷明,宵静女德以伏蛊慝"句中的"女德",虽然以上两句经常被追溯"女德""妇德"起源的学者引用,但实际上此二句中的"女德"尚未固化成词,并非内涵和外延相对稳定的词语。先秦时期,"德"与"色"往往对举,甚至《论语》在《子罕》《卫灵公》两篇中都记载了孔子"吾未见好德如好色者也"的感慨①,但秦汉时期的"女德"一词的含义有时却与"女色"基本等同,如《史记·晋世家》:"齐女斥重耳曰:'子不疾反国,报劳臣,而怀女德,窃为子羞之。'"《汉书·杜周传》:"废而不由,则女德不厌;女德不厌,则寿命不究于高年。"颜师古注曰:"'女德不厌',言好色之甚也。"所以,"女德"偏重于女性生理性别特点,类似英文中使用 sex(生理性别)谈论两性时,偏重于女性生理层面的各种属性。

比较而言,"妇德"在秦汉时期的内涵则相对稳定,类似英文中使用 gender

---

① 《论语·子罕》:"子曰:'吾未见好德如好色者也。'"《论语·卫灵公》:"子曰:'已矣乎!吾未见好德如好色者也。'"

(社会性别)谈论两性时,偏重于女性社会层面的各种属性。如《礼记·郊特牲》:"信,事人也;信,妇德也。壹与之齐,终身不改。故夫死不嫁。"《礼记·昏义》:"是以古者妇人先嫁三月,祖祢未毁,教于公宫,祖祢既毁,教于宗室,教以妇德、妇言、妇容、妇功。"《大戴礼记·本命》强调了女性的"三从之道"后,重申女性应"参知而后动,可验而后言,宵行以烛,宫事必量,六畜蕃于宫中,谓之信也,所以正妇德也。"① 汉代荀悦《申鉴·时事》:"古有掌阴阳之礼之官,以教后宫,掌妇学之法,妇德、妇言、妇功,各率其属而以时御序于王,先王礼也。"② 可见,"妇德"强调的是成年之后的女性在各种社会关系尤其是家庭之中的各种人际关系中呈现出的合乎主流价值观念的思想与言行。

《东征赋》虽然是出自女性之手的一篇赋,但是其主旨却超越了女性写作的惯常格调,其内容超越了女性生活的狭小空间,其价值观亦超越了传统"女德"的藩篱桎梏。汉魏六朝时期的女性的赋,基本都以女性家庭为有限的物理空间,以女性对爱情的美好向往作为主要表现内容,兼之描写女性不能自主的命运及遭遇,格调大多缠绵、哀伤,班昭的以诗赋著称的祖姑班婕妤就是如此。萧统的《文选》所收的自先秦至梁代诗、赋、文三大类共计近四十种文体的七百余篇作品,涉及一百三十多位作家,其中的女性作家仅有班婕妤、班昭两人。班婕妤的生平事迹见于《汉书·外戚传》,她在汉成帝时被选入宫,初为少使,后得宠幸,升为婕妤;其德其才其貌历来为人所称颂,原有诗文集一卷,《隋书·经籍录》有著录,后散轶,今仅存《自悼赋》《捣素赋》《报诸侄书》《怨歌行》四篇作品。就其中的两篇赋来看,其中《自悼赋》又名《自伤赋》,抒发了自己从入宫得宠到见疏失宠的凄苦经历,对赵飞燕的骄横善妒、成帝的偏听偏信充满幽怨,是一篇以抒情为主的骚体小赋,属于典型的宫怨题材。班婕妤的《捣素赋》亦亦宫中女性生活为表现内容,写秋天月夜捣素女子的劳作过程以及内心

---

① 方向东.大戴礼记汇校集释[M].北京:中华书局,2008:1301.
② 荀悦.申鉴注校补[M].北京:中华书局,2012:92.

的万千心事,表达了对爱情的憧憬、对命运的哀叹,其文辞较之《自悼赋》更为华丽,骈俪成分更多,但就哀婉悲苦的情调来看,两篇作品却是不谋而合的,都具有非常鲜明的传统女性的情感特点。

班昭的《东征赋》则完全不同,她不再局限于女性狭小的个人情感世界,以更为理性的态度去思考了关于人生终极意义的"不朽"的问题,关于"立德"的问题,关于君子自处的问题。这些问题是处于传统家庭人伦关系羁绊中的女性很少思考的,基本属于男性世界中君子修身处世的范畴。在《东征赋》中,班昭以一位性别特征比较明显的女性形象出场,最后却将自己定格为一位儒家的"君子"。《东征赋》的双线结构使得作品从性别角度来看也充满了变化与张力。

《左传·襄公二十四年》的开篇即提出了著名的"三不朽"之说:

> 二十四年,春,穆叔如晋。范宣子逆之,问焉,曰,古人有言曰,死而不朽。何谓也?穆叔未对。宣子曰:昔匄之祖,自虞以上为陶唐氏,在夏为御龙氏,在商为豕韦氏,在周为唐杜氏,晋主夏盟为范氏,其是之谓乎!穆叔曰:以豹所闻,此之谓世禄,非不朽也。鲁有先大夫曰臧文仲,既没,其言立。其是之谓乎!豹闻之:大上有立德,其次有立功,其次有立言。虽久不废,此之谓不朽。若夫保姓受氏,以守宗祊,世不绝祀,无国无之。禄之大者,不可谓不朽。①

在男权社会中,由于男女社会角色的差异,"三不朽"往往成为男性社会所专有的价值标准。在儒家的价值观中,"三不朽"的极致当推"立德"。古代对

---

① 洪亮吉.春秋左传诂[M].北京:中华书局,1987:566-567.

于女性的要求集中于日常生活中的"妇德、妇言、妇容、妇功"[①]方面的教化,很少提及女性能否以及何以"不朽"。虽然如此,由于性别伦理的实际存在,如果借用"立德"谈论女性,"立德"的内涵则有了明显的性别差异。当代学者强调,古代男权社会的性别理论的弊端既体现为"男女有别"的基本观念,更体现为男尊女卑这一价值判断。"男女有别"具体体现在社会分工、社会地位、礼仪规范等多个层面,如果说"男主外,女主内"的社会分工是当时历史、文化、政治和经济等因素共同制约的结果,具有一定的时代性的话,包括"三从四德""三纲五常"等在内的"男尊女卑"的价值判断则完全是当时社会权力关系的产物。而"男女有别"在社会地位、礼仪规范方面的表现与"男尊女卑"的价值判断密不可分。虽然很多当代学者都提出,性别认同是女性发展的基础,但是在东汉时期,以性别不平等的"男尊女卑"为基础的传统"妇德"不仅是女性性别认同的障碍,更是女性发展的制约因素。因此,对这样的社会主流性别观念的超越是有积极的社会意义的。

根据班昭的《女诫》小序所言她"蒙先君之余宠,赖母师之典训"可知,她一方面自幼在"母师"督导下受到了较为正统完备的女性教育,另一方面跟从"先君"获得了传统儒士以经史为核心的教育,后者从后来班昭的知识结构、史学造诣、文章写作等实践层面可以得到充分的印证。班昭所接受的教育覆盖了传统的男子教育的内容和正统的女子教育的内容,因而是全面的,也是独特的。这样的双重教育背景使得她在写作的时候可以自如地在社会化的儒士、君子和家庭化的女性这样两套价值体系之间转换,其行文风格、话语方式亦会随之发生相应的变化,从中我们看到的是班昭在女性身份认同方面的高度弹性。《东征赋》中作为核心主旨的对于君子人格的追求,绝非班昭性别认同的

---

[①] 《周礼·天官冢宰》:"九嫔:掌妇学之法,以教九御妇德、妇言、妇容、妇功,各帅其属而以时御叙于王所。"《礼记·昏义》:"是以古者妇人先嫁三月,祖祢未毁,教于公宫。祖祢既毁,教于宗室。教以妇德、妇言、妇容、妇功。"

偏差，而是体现了班昭在人格理想、道德理想层面对于传统"女德"的超越。毫无疑问，生活在儒学世家、史学世家的班昭深受具有鲜明男性化印记的儒家君子文化的影响，这样的影响既可以作为知识结构中的认知对象，久而久之亦可内化为班昭个人精神世界的重要组成部分。班昭对君子理想的追求并非性别倒错或者异化，而是她将"君子"之德抽象化使之不再为性别所限制，所以班昭对君子的追求，其实质是对超越性别的，或曰无性别差异的仁、义、信、智、勇等美德的追求。

从这个意义上来说，《东征赋》在文学史上的地位需要重新估量。作为一篇独具特色的述行赋，它不仅在赋这一文体的发展历史上具有重要的意义，更在东汉时期儒家思想经学化的大背景之下让我们看到了传统的女性以其超越性别局限的独特方式进行的人格理想的建构，从而在客观效果上具有了一定的超前意义。班昭的《东征赋》在一定意义上颠覆了男权社会中传统的以男性为中心的写作传统对女性形象的界定，亦超越了传统女性由于物理空间层面常常囿于家庭一隅、知识结构层面常常偏于女教一端而造成的女性自我表达的局限，从而塑造出了一位行进在东征路上的独特的女性形象——她是传统的女性，但她同时接纳了传统社会中君子、儒士的人格理想，因而又是一个带有新意的立体的新女性，所以作品中体现出的社会性别认同、社会身份认同都与传统女性写作大不相同。

除此之外，班昭还继承父亲和兄长之遗志，完成他们未竟之事业，续写《汉书》。以女性之身直接从事官修正史的独立写作，此举本身也是一次超越男女性别差异、打破有关社会角色划分的刻板印象的重要社会实践。在这个过程中，作为女性的班昭在智力方面的优长被充分凸显，甚至由于帝王的敕命而被格外放大，这一独特的经历无疑也使班昭获得机缘，使她更为自信地对于女性的价值及意义进行重新定位和思考。这一点目前在班昭研究中尚未被学界充分关注，这是令人颇觉遗憾的。

当人到中年的班昭走出闺阁、面对苍莽天地之时,她精骛八极、心游万仞,空间的无垠与时间的无限在其胸间叠加激荡,追慕古圣先贤、通过"立德"超越个体生命,成为其高扬的信念。对于班昭而言,这一信念显然孕育良久,之所以此时喷涌而出,只不过是机缘巧合、恰逢其时而已。在《东征赋》中,班昭有关人生的价值判断全然以"立德"为核心,男女性别之藩篱鸿沟在此时已然彻底消亡泯灭。正是对超越性别的"立德"的追求,班昭完成了对古代女性性别限定的彻底超越。

从这个问题进一步引申下去,我们甚至会发现,《东征赋》中透露出的班昭丰富的内心世界、超迈的精神追求,与她在《女诫》中的表述内容颇有云泥之别。因此,唯有认识到班昭思想观念中对东汉时期性别局限的超越,我们方可对当时以"妇德"作为基点进行性别写作的《女诫》作出更为客观的评价。

# 第五章　班昭女师形象的历史变迁及当代反思

因身为皇后及诸贵人之师而被尊称为"大家"的班昭，其教育对象并不囿于后宫，她续修《汉书》、撰写《女诫》都强化了她的女师特点，丰富了她的尊号"大家"的内涵。正如前文所述，班昭的女性观念具有丰富性、复杂性、开放性，那么，她对后世女性的影响主要体现在哪些方面？班昭的女性观念如何形塑了汉代之后的中国古代女性群像？班昭作为女师在中国古代以及当代具有哪些启示意义呢？

## 第一节　《列女传》与《列女图》的传播："后班昭时代"的女性群像

谈及班昭的历史影响，在中国近代以来清算封建礼教思想对社会发展的阻碍、特别是对女性的荼毒的激流中，很多人将矛头直指班昭和她的《女诫》，对班昭的评价降至历史最低点。实际上这在很大程度上是由于特殊的历史时期的思想激进，是一种学术精神缺失的源流错置，亦是对班昭多元化的女师实践的曲解误判。

中国近现代以来，论及中国古代女性的群像，学界和民间往往不自觉地采取一种模棱两可、举棋不定的态度。在浓笔极言女性之聪慧卓异、才情不凡和重墨渲染女性之卑微压抑、饱受戕害之间,经常难以找到逻辑自洽的支点。唯有当人们不再把传统女性的苦难叙事作为唯一的政治正确的选择的时候,我们对班昭的评价方可回到历史原点,全面考察作为"大家"的女师班昭一生所进行的教育内容的产生与接受、传播与影响,并基于史料、基于逻辑进行客观、全面的评判。

有了班昭对《列女传》的注释,刘向的《列女传》的影响更为广远,由此那些活跃于上自朝堂、下至民间的兼具美德与智慧的各种女性形象更加深入人心。对于《列女传》文本在后世的传播,第三章已经有所涉及,此处则还原历史语境,结合与《列女传》相关的绘画材料,全面梳理班昭之后的世人对于卓异女性的理解与认识。

由前文可知,自西汉刘向的《列女传》问世之初,其内容就以文字与图画的形式同步流传,刘向的《别录》所叙即为明证:"臣向与黄门侍郎歆所校列女传,种类相从为七篇,以著祸福荣辱之效,是非得失之分,画之于屏风四堵。"虽然刘向编撰《列女传》的目标明确,但是由于《列女传》前六卷即母仪、贤明、仁智、贞顺、节义、辩通各篇对女性德、才等多方面的优长之处进行了较为全面的展示,兼之其在流传过程中的画风亦可能会因审美观念及绘画技法之差异多有变化,所以通过钩沉相关资料可知,"列女传"及"列女图"在后来的传播过程中呈现出了多元化的传播路径,世人对其的接受角度亦多种多样,不一而足。概而言之,主要表现在以下方面:

其一,情色化——女性美色的载体。东汉初年光武帝刘秀(公元前5—57年)御座旁新安置的屏风上即画有列女图。根据《后汉书》卷二十六的宋弘本传中的相关记载,刘秀显然将此屏风视作显示女性之美甚至其中不无情色意味的风雅装饰艺术品,刘秀与他一向器重和信任的大臣宋弘(?—40年)谈话时不免对新换的绘有列女的屏风频繁顾盼,心旌摇荡,以致遭到了一向以刚直敢言、正直磊落著称的宋弘毫不留情的当面批评："弘当宴见，御坐新屏风，图画列女，帝数顾视之。弘正容言曰：'未见好德如好色者。'帝即为彻之。笑谓弘曰：'闻义则服，可乎？'对曰：'陛下进德，臣不胜其喜。'"当宋弘批评刘秀被屏风上的女子画像吸引属于孔子所鄙薄的"好色"之举时，刘秀丝毫没有结合列女图最初蕴含的道德训诫之意作任何伪饰和辩解，而是心悦诚服、从善如流，立刻撤掉屏风，并自称此举为"闻义则服"。这正表明他的确是从"好色"心理出发欣赏列女图的。这应当是距离刘向的《列女传》或者《列女传颂图》的最初动机最为遥远的一种接受方式了，尽管此时距离刘向生活的时代并不遥远。当初刘向以劝诫为出发点向皇帝呈上《列女传颂图》，开启了《列女传》在宫廷中流传之先河，但在其身后不久的东汉初年，《列女传颂图》虽依然在宫中传布，但帝王对其的欣赏却发生了如此大的转向。

其二，道德化——彰示女性美德的女德教材。可以告慰刘向的是，在其身后，依旧有如他所愿的乐意从道德训诫警示角度欣赏和接受《列女传颂图》的读者。以南朝范晔的《后汉书》中的相关记载为例，东汉后期汉顺帝刘保的皇后梁妠（106—150 年）就将《列女传》及《列女图》作为女德教育范本，以此进行道德自律。《后汉书》卷十《皇后纪下》记录了她自幼聪颖贤惠，并常以列女图自警："少善女工。好《史书》，九岁能诵《论语》，治《韩诗》，大义略举。常以列女图画置于左右，以自监戒。"据《后汉书》本传所载，这位因美德懿行深受顺帝敬重的顺烈皇后梁妠在顺帝去世之后临朝亲政六七年之久，先后立冲帝、质帝、桓帝。在东汉后期摇摇欲坠的动荡时期，她殚精竭虑，过早离世。虽然在其以太后身份临朝期间因"终难裁抑兄弟"，且"溺于宦官，多所封宠"，结果"以此失于天下望"，但其品性在历史上还是被史家充分肯定的。以顺烈皇后梁妠为代表的对《列女传》《列女图》的接受与刘向的初衷是最为接近的。

其三，功能化——女性贞顺、节义的范本。与顺烈皇后梁妠生活的时代大致相当或者稍晚的东汉晚期，《列女图》以石刻图像的方式出现在文人儒生的家庭祠堂的墙壁之上，表达了男性家长、长辈对家庭之中女性晚辈的道德期许。位于今天山东省济宁市嘉祥县纸坊镇的东汉晚期的武氏家族祠堂武梁祠堪为范例。这座祠堂之所以在中国美术史、中国艺术思想史、中国社会生活史等诸多领域受到广泛关注，是因为祠堂内部以数量庞大的画像石进行装饰，而这些画像石主题鲜明、制作精美、保存完好，具有重要的学术价值。祠堂主人武梁不见史籍，从武梁祠碑文可知是一位品行高洁的隐士，身处汉末乱世却拒绝同流合污，始终中道直行、独善其身。武梁祠用绘画语言博采自古以来的神话传说和历史纪事，展示肇自鸿蒙远古，继以沧海横流的天地自然、社会人事发展变迁的宏大叙事，展示出武梁虽隐居一隅却胸中层云激荡、钧雷万霆的内心情怀。这个武氏墓地的家族祠堂以系列祥瑞图画像石为首，继以忠臣、孝子、烈女、刺客为主题的历史事件画像石。其中，以女性为主的列女画像石涉及八位女性，据其榜题文字，其素材故事当与刘向的《列女传》有关，其中七位女性出现在《列女传》的"贞顺"和"节义"两部分之中，"贞顺"卷称颂的是守节寡妇的贞顺之举，而"节义"卷以记录失去兄长的女性的节义之举为主要内容。武梁祠后壁上部分，分别有梁高行、秋胡妻、鲁义姑姊、楚昭贞妻；武梁祠左壁（西壁）有梁节姑姊、齐义继母、京师节女、钟离春。据学者研究，武梁对这座家族祠堂中所镌刻的女性形象进行如此取舍，应当是其个人的道德愿景使然：希望在自己身后，妻子贞顺、姊妹节义，尽心护佑抚养武氏后代，保全武氏家族名望；①同时，这组画像石亦可以视作一篇以图画呈现的家训，表达了武梁对家族女性晚辈的殷切希望。在《列女传》本有的母仪、贤明、仁智、贞顺、节义、辩通、孽嬖七部分女性中，他独选贞顺、节义，显然是由于这两部分的女性基本是处于日常家庭关系之中；而他不取的母仪、贤明、仁智、辩通、孽嬖的部分涉及的女性往往出身显赫、地位尊贵，在家国大事之中显示出过人的才识、智慧，体

---

① 巫鸿.武梁祠——中国古代画像艺术的思想性[M].柳扬，岑河，译.北京：生活·读书·新知三联书店，2015：161.

现出卓异的品格、气度,显然,这样的女性距离一位儒士、隐士的家庭生活太过遥远。所以他所聚焦的主要是夫妻、兄妹关系中的女性,这体现了对《列女图》的富有实用性、针对性、创造性的取舍策略。武梁祠的画像石独取贞顺、节义两部分,因而其功能与班昭的《女诫》异曲同工,更为接近,而与刘向全面称颂女性品德、才能的《列女传》相比,武梁祠的画像石呈现出的理想女性观念则狭隘了很多。

图 5-1　武梁祠后壁上部分的列女图

其四,审美化——女性的赞歌。根据张彦远的《历代名画记》可知,在汉魏乃至两晋、南朝初期,虽然在思想界有玄学思想兴盛的变迁,但《列女传》始终是这一时期绘画的一大重要题材。此时的画家们或者选择《列女传》七个不同主题单元中的某一个或者某几个集中展示,成为系列人物长卷;或者选出其中一人,单独作画成篇。图幅或大或小,介质各有不同。例如,据《历代名画记》卷四"叙历代能画人名",东汉蔡邕有"《小列女图》传于代";据卷五,晋明帝司马绍的传世画作中,有"《列女》二";有引用顾恺之《论画》称卫协有"《大列女》"传世,"伟而有情势";王羲之的伯父王廙也有《列女仁智图》传世。根据《历代名画记》的记载,晋末宋初的谢稚是古代以《列女传》为题材的画家中作品数量最多的一位,以《历代名画记》所记次序,计有《列女》《列女母仪图》《列女贞节图》《列女贤明图》《列女仁智图》《列女传》《列女辩通图》《列女画》《列女图》《大列女图》。在谢稚之后,随着佛教的迅速传播,南朝时期以《列女传》为题材的绘画基本没有记载,取而代之的是大量的神佛题材的画作。上述这些有《列女传》题材画作问世的东汉后期至南朝初期的画家的画作种类一般都比较丰富,换言之,他们选择《列女传》为绘画表现内容,并非出于直接的宣教、训诫之目的,而是围绕流行题材进行的较为纯粹的审美创作活动。唐代张彦远《历代名画记》卷第五记录了顾恺之的画论作品《论画》,其中谈及《小列女》时着重以是否传神生动作为评判标准,完全没有论及这组人物画最初的训诫意义:"《小列女》:面如恨(银),刻削为容仪,不尽生气。又插置大夫,支体不以自然。然服章与众物既甚奇,作女子尤丽,衣髻俯仰中,一点一画皆相与成其艳姿。且尊卑贵贱之形,觉然易了,难可远过之也。"①顾恺之批评了《小列女》中的女性虽然面容姣好"如银"却"生气"不足,四肢的表现过于男性化因而不够自然;然后盛赞其"服章""众物"之"奇",使人物的身份地位得到了很好的彰显。在顾恺之看来,《小列女》虽然在传神写照方面有明显瑕疵,但能够通过"服章""众物"描绘出女子的"丽"和"艳姿",因而总体上仍对《小列女》给予了比较高的评价。顾恺之的观点说明了在《列女传》流布过程中,一批文人画家对它的接受和传播体现出了审美化的新趋势。

顾恺之作为东晋时期著名的人物画家,他自己亦曾创作过《列女仁智图》,他的上述观点亦可通过他的这幅作品得到充分的印证。《列女仁智图》今藏故宫博物院,相传为顾恺之画作的宋人摹本。此本为残本,画面上仅存二十八人,分为八段,每段有人名题榜和颂辞。顾恺之为何从刘向的《列女传》的母仪、贤明、仁智、贞顺、节义、辩通、孽嬖七篇中单选仁智系列进行图画呈现,史

---

① 张彦远.历代名画记[M].杭州:浙江人民美术出版社,2011:89.

图 5-2　南宋摹本东晋顾恺之《列女仁智图》局部"卫灵公夫人识贤",绢本设色,故宫博物院藏

籍无载,虽有学者推测,可能与当时朝堂之上贾后党羽专权或权贵之家的女性悍妒有一定关系,惜因文献匮乏而无法坐实。根据《历代名画记》记载,《列女图》已经成为汉魏以来人物画的一大主流题材,那么顾恺之作《列女仁智图卷》也许是借助这一流行题材表达他对女性美的理解和欣赏。从事绘画史及绘画理论史的学者在研究《列女仁智图》时,往往将此画与顾恺之提出的"以形写神""悟对通神"等重要的有关人物画的理论主张相结合,注意到其中的通过人物之间关系的巧妙处理表现人物丰富的内心世界、通过眼神等关键细节展示人物微妙的精神气韵等在绘画史上具有开创性的艺术表现手法,即可作此明证。

　　由上述刘向的《列女传》(《列女传颂图》)问世之后在绘画(石刻)领域的流布情况可知,人们对《列女传》的接受呈现出明显的多元化、开放性特点。班昭对《列女传》的注释对于《列女传》的普及必然起到了重要的推动作用。如果从传播效果角度来看,班昭的《列女传》注释无疑指向甚至确立的是女性美德与高才兼具的立体形象,而非其《女诫》言及的家庭关系特别是夫妻关系中的女性柔顺之德的扁平形象。

　　如果说前文所分析的《列女传》在绘画中的传播情况折射出汉魏至南朝初年女性观念的开放性和多元化特点的话,南朝刘宋时期刘义庆(403—444 年)及其门下的文士编写的《世说新语》则通过对这一时期现实生活中的女性言行的文字化记录让我们看到了女性纷繁多彩的生活和同样多元立体的思想观念及品德才情。两者之间完全可以互相印证。

刘向的《列女传》开启了为女性专门作传的传统和风尚，班昭身为有社会知名度的女性，作为宫廷女师，为之作注，无疑大大推动了《列女传》的传播。根据唐初编写的《隋书·经籍志》的记载，在刘向之后，为女性作传成为一时之风气，女性的传记成为专传、杂传的一个新的类别，今天可知的当时以"列女传"为书名的书籍计有：

《列女传》十五卷 刘向撰，曹大家注

《列女传》七卷 赵母注

《列女传》八卷 高氏撰

《列女传颂》一卷 刘歆撰

《列女传颂》一卷 曹植撰

《列女传赞》一卷 缪袭撰

《列女后传》十卷 项原撰

《列女传》六卷 皇甫谧撰

《列女传》七卷 綦毋邃撰

《列女传要录》三卷①

由于除了刘向的《列女传》之外的其他作品大多失传，所以我们今天无从考察这些作品仅仅是为刘向的《列女传》中所及女性一一创作的赞颂之辞，还是受刘向的《列女传》的启发，另外收录的一批其人可传、其言可采的女性为之作传，亦或是在刘向的《列女传》基础上增补，扩大了入传的女性的范围。从书

---

① 魏徵,等.隋书[M].北京：中华书局,2019：1107.

名推测，上述几种情况皆有可能。当然，我们今天无从考证这些作品的写作动机和目的，但我们可以肯定的是，刘向的《列女传》在社会上产生了广泛的社会影响，班昭是最早为刘向的《列女传》作注释的学者。班昭的注释，《列女传》的传播范围大大扩展，因而对于《列女传》的传播具有重要的影响。这使得在传统社会远离权力话语体系的女性有机会正面展示自己的风采。甚至像赵母、高氏这样的女性也加入到为女性代言、为女性立传的行列之中。由此，女性由男性来定义、由男性来规范、由男性来型塑的传统开始发生根本性的变化。毋庸讳言，正如同班昭本人一样，早期女性在尝试自我定位之时还是受制于传统文化的巨大惯性，在很大程度上表现出对男性主导的主流话语体系、主流性别观念的认同，但是，正如班昭的《女诫》在问世之后引发了其小姑曹丰生的反驳一样，女性的自我定位、自我认知的过程必然是一个充满观念冲撞的过程，这样的过程必然会推动女性自我认知的不断深化，而女性意识的日渐觉醒与独立就在此过程中暗流涌动。

　　非常遗憾的是，这些唐代之前的《列女传》大多散轶，因此，如果我们希望考察在班昭之后，她的《女诫》以及她的《列女传》注释的传播与接受情况，就不得不另辟蹊径。南朝刘宋时期刘义庆编写的《世说新语》的相关章节虽然没有"列女传"之名，却有"列女传"之实，其中的《贤媛》尤其如此。前文已经提出这样的结论：班昭施行的女教具有分层次、多元化的特点。因此，此处我们将以《世说新语》的《贤媛》作为研究个案，探寻班昭之后女性的精神风貌，勾勒女性的群像特点，并试图由此探寻班昭为女性勾勒的初阶标准与高阶理想在女性群体中是如何分布、如何作用的。

## 第二节　儒教与玄风的更替："后班昭时代"的女性变迁

　　魏晋以来，随着玄学思想的兴盛，理想的女性形象发生了明显变化。南朝刘义庆编撰的《世说新语》正是基于历史事实与现实生活的、对这一时期社会思潮变迁的最有意味和趣味的反映。

南朝刘宋时期临川王刘义庆编撰的《世说新语》主要记载东汉后期至晋宋时期士族阶层的各种逸闻轶事。《世说新语》共分为三卷,根据内容又细分为"德行""言语""政事""文学""方正"等三十六门,共一千二百多则,涉及五百多人,其中四分之一为女性。《世说新语》的《贤媛》专门记载女性,计三十二则[①]。虽然名目为"贤媛",但所记录的女性比较多元化,或以德著称,或以才闻名,或两者兼善。这些女性特点各异,或贞顺节义、恪守传统;或特立独行、卓然不群;或聪慧敏捷、出语惊人;或深谋远虑、气度不凡……在对女性德、能、才、识等的挖掘与展示方面,《世说新语》对《列女传》既有兼容和继承,更有超越和拓展。这些女性生活的时代大多可接续班昭生活的时代,能够在一定程度上折射出"后班昭时代"女性的生活样貌和思想状态,以及这一时期文人士子的女性观念。具体来看,《世说新语》中所记录的女性大致可以分为两类。

## 一、合乎儒家礼制的传统女性形象

班昭在《女诫》中承袭周代以来的传统礼制,主张尊奉"妇礼""妇德":"清闲贞静,守节整齐,行己有耻,动静有法,是谓妇德……"《世说新语》所载的女性中,这种合乎儒家伦理道德、符合传统礼制要求的贤淑女性形象也不乏其

---

[①] 《世说新语》中有关女性的记录以《贤媛》篇为主,另外《规箴》《假谲》《惑溺》等篇中亦有多则涉及女性。

人。例如,举止端庄的郝普女①、颇识大体的陶母湛氏②、言语适时的桓冲妻,等等。陶公母湛氏在其子寒微之时竭尽全力助子成名;其子做官之后又教导其公私分明,秉公行事。余嘉锡先生称:"唯陶母能教子,为有母仪。"③可谓一语中的。

在《女诫》中,班昭引用《礼》中"夫有再娶之义,妇无二适之文,故曰夫者天也"④,强调女子对丈夫应该专心忠贞。《世说新语》中也有这样的"节妇"形象。例如,《贤媛》二十九条记载:"郗嘉宾丧,妇兄弟欲迎妹还,终不肯归,曰:'生纵不得与郗郎同室,死宁不同穴!'"⑤作者将此故事纳入"贤媛"篇,说明其关注重点并非郗嘉宾之妻对逝去丈夫的一往情深,而是她对夫君的"专心"、忠贞。

研究《世说新语》的学者大多注意到了反映在作品中的编者思想的复杂性。从以上各例可以看到,虽然魏晋时期玄学盛行、儒学衰微,但儒家思想依旧根深蒂固、影响深远,作为皇室贵胄的刘义庆在编写《世说新语》时虽然竭力远离当时的政治中心以求避祸自保,但显然儒家思想对他的影响还是非常深刻的,全书三十六门以孔门四科即"德行""言语""政事""文学"作为全书起首的四门,即为明证。这样崇儒尚礼的思想自然也体现在其女性观念中,因此,

---

① 《贤媛》十五条载:王汝南少无婚,自求郝普女。司空以其痴,会无婚处,任其意,便许之。既婚,果有令姿淑德,生东海,遂为王氏母仪。或问汝南:"何以知之?"曰:"尝见井上取水,举动容止不失常,未尝忤观,以此知之。"刘义庆,撰.世说新语[M].张㧑之,译注.上海:上海古籍出版社,2007:325.
② 《贤媛》十九条载:陶公少有大志,家酷贫,与母湛氏同居。同郡范逵素知名,举孝廉,投侃宿。于时冰雪积日,侃室如悬磬,而逵马仆甚多。侃母湛氏语侃曰:"汝但出外留客,吾自为计。"湛头发委地,下为二髲。卖得数斛米。斫诸屋柱,悉割半为薪,剉诸荐以为马草。日夕,遂设精食,从者无所乏。逵既叹其才辩,又深愧其厚意。明旦去,侃追送不已,且百里许。逵曰:"路已远,君宜还。"侃犹不返。逵曰:"卿可去矣。至洛阳,当相为美谈。"侃乃返。逵及洛,遂称之于羊晫、顾荣诸人,大获美誉。刘义庆,撰.世说新语译注[M].张㧑之,译注.上海:上海古籍出版社,2007:327-328.
③ 余嘉锡.世说新语笺疏[M].上海:上海古籍出版社,1993:551.
④ 范晔.后汉书[M].北京:中华书局,1965:2789.
⑤ 刘义庆,撰.世说新语译注[M].张㧑之,译注.上海:上海古籍出版社,2007:331.

被收入《贤媛》中的这类符合传统儒家礼教的女性形象不在少数,并得到了编者的充分褒扬。

## 二、不拘于传统礼制、以才情聪慧见长的女性形象

从《世说新语》中我们还可看到,在"后班昭时代",更多的女性不拘儒家传统礼教规范,展现出鲜明的个性。《三国志·魏书》王肃传注引《魏略》:"从初平之元,至建安之末,天下分崩,人怀苟且,纲纪既衰,儒道尤甚。"①这一时期是思想史发展的一个转捩时期。动荡不安的时代之中,激烈更迭的政权之下,人们纷纷走出传统思想,重新认识自我的价值。张扬的个性、浪漫的情怀,是这一时期重要的时代标志物。在《世说新语》中,出现了在一定程度上摆脱传统儒家礼教,意志独立、个性鲜明、自信果敢的女性形象。这集中体现为她们对个人生活的掌控、对个人幸福的追求,她们以出众的才华,努力去把握自己的生活。

《贤媛》中记录了一批才华卓异的女性形象。这样的女性显然已经不同于传统的"贤媛",刘义庆及其门人将此类女性归入"贤媛"之下,体现出对"贤"的崭新理解以及不同于传统的女性观念。不同于传统的"女子无才便是德"的观念,在《世说新语》的编写者看来,很多女性一言可采、一行不凡,便可入跻身"贤媛"之列。才学、见识成为评判女性的新的尺度。《世说新语》对于目光独到、善于识人的女性格外关注,其中多位体现出了某些政治家的襟怀与气度。聪明机智的许允

---

① 陈寿.三国志[M].裴松之,注.北京:中华书局,1959:420.

妻阮氏①、言语伶俐的诸葛诞女、目光长远的陈婴母②、刚介有才气的李丰女③、山涛之妻韩氏④、王浑妻钟氏⑤、韩康伯母殷氏⑥、赵母⑦，等等，皆为这类女性

---

① 《贤媛》第七条记载：许允为吏部郎，多用其乡里，魏明帝遣虎贲收之。其妇出诫允曰："明主可以理夺，难以情求。"既至，帝核问之，允对曰："'举尔所知'，臣之乡人，臣所知也。陛下检校，为称职与不？若不称职，臣受其罪。"既检校，皆官得其人，于是乃释。允衣服败坏，诏赐新衣。初允被收，举家号哭。阮新妇自若，云："勿忧，寻还。"作粟粥待。顷之，允至。《贤媛》第八条载：许允为晋景王所诛，门生走入告其妇。妇正在机中，神色不变，曰："蚤知尔耳！"门人欲藏其儿，妇："无豫诸儿事。"后徙居墓所，景王遣钟会看之，若才流及父，当收。儿以咨母，母曰："汝等虽佳，才具不多，率胸怀与语，便无所忧；不须极哀，会止便止；又可少问朝事。"儿从之。会反，以状对，卒免。刘义庆，撰.世说新语[M].张㧑之，译注.上海：上海古籍出版社，2007：322。

② 《贤媛》第一条载：陈婴者，东阳人。少修德行，著称乡党。秦末大乱，东阳人欲奉婴为主，母曰："不可。自我为汝家妇，少见贫贱，一旦富贵，不祥。不如以兵属人，事成，少受其利；不成，祸有所归。"刘义庆，撰.世说新语[M].张㧑之，译注.上海：上海古籍出版社，2007：319。

③ 《贤媛》第十三条载：贾充前妇，是李丰女。丰被诛，离婚徙边。后遇赦得还，充先已取郭配女，武帝特听置左右夫人。李氏别住外，不肯还充舍。郭氏语充，欲就省李。充曰："彼刚介有才气，卿往不如不去。"郭氏于是盛威仪，多将侍婢。既至，入户，李氏起迎，郭不觉脚自屈，因跪再拜。既反，语充。充曰："语卿道何物？"刘义庆，撰.世说新语[M].张㧑之，译注.上海：上海古籍出版社，2007：325。

④ 《贤媛》第十一条载：山公与嵇、阮一面，契若金兰。山妻韩氏，觉公与二人异于常交，问公，公曰："我当年可以为友者，唯此二生耳。"妻曰："负羁之妻亦亲观狐、赵，意欲窥之，可乎？"他日，二人来，妻劝公止之宿，具酒肉。夜穿墉以视之，达旦忘反。公入曰："二人何如？"妻曰："君才致殊不如，正当以识度相友耳。"公曰："伊辈亦常以我度为胜。"刘义庆，撰.世说新语[M].张㧑之，译注.上海：上海古籍出版社，2007：324。

⑤ 《贤媛》第十二条载：王浑妻钟氏生女令淑，武子为妹求简美对而未得，有兵家子，有俊才，欲以妹妻之，乃白母，曰："诚是才者，其地可遗，然要令我见。"武子乃令兵儿与群小杂处，使母帷中察之。既而母谓武子曰："如此衣形者，是汝所拟者非邪？"武子曰："是也。"母曰："此才足以拔萃；然地寒，不有长年，不得申其才用。观其形骨，必不寿，不可与婚。"武子从之。兵儿数年果亡。刘义庆，撰.世说新语[M].张㧑之，译注.上海：上海古籍出版社，2007：324。

⑥ 《德行》第四十七条载：吴道助、附子兄弟，居在丹阳郡。后遭母童夫人艰，朝夕哭临。及思至，宾客吊省，号踊哀绝，路人为之落泪。韩康伯时为丹阳尹，母殷在郡，每闻二吴之哭，辄为凄恻。语康伯曰："汝若为选官，当好料理此人。"康伯亦甚相知。韩后果为吏部尚书。大吴不免哀制，小吴遂大贵达。刘义庆，撰.张㧑之译注，《世说新语》，上海古籍出版社，2007年，第21页。

⑦ 《贤媛》第五条载：赵母嫁女，女临去，敕之曰："慎勿为好！"女曰："不为好，可为恶邪？"母曰："好尚不可为，其况恶乎！"刘义庆，撰.世说新语[M].张㧑之，译注.上海：上海古籍出版社，2007：321。

的代表。她们独具慧眼、见微知著,而且目光长远、颇多谋略。《世说新语》中所记载的这些女性身上展现出的才华气度、胸襟眼界,使得她们的形象迥异于传统的柔顺卑弱的女性,女性形象由此更加丰富、更为鲜明,体现了女性观念的进步和发展。

在《世说新语》所载的诸多女性中,东晋谢道韫颇为令人瞩目。这位东晋著名女诗人是安西将军、豫州刺史谢奕(309—358年)的女儿,太傅谢安(320—385年)的侄女,车骑将军谢玄(343—388年)的妹妹,书法家王羲之次子王凝之(334—399年)的妻子。她博学多才、聪慧过人、言语直率、目下无尘。班昭在《女诫》中曾经提出"敬顺之道,妇人之大礼也"①。但谢道韫显然与班昭所要求的那种遵循传统礼教要求、以夫为天、敬顺卑弱的女性判然有别。《贤媛》第二十六条载:

> 王凝之谢夫人既往王氏,大薄凝之。既还谢家,意大不说。太傅慰释之曰:"王郎,逸少之子,人材亦不恶,汝何以恨乃尔?"答曰:"一门叔父,则有阿大、中郎;群从兄弟,则有封、胡、遏、末。不意天壤之中,乃有王郎!"②

《世说新语》记录谢道韫鄙薄才华平庸的丈夫王凝之,重点并不是从柔顺卑弱的妇德出发强调谢道韫的离经叛道,而是着重渲染谢道韫基于才华的自负和洒落。《世说新语》重点描述了谢道韫的才情卓异。《世说新语·言语》第七十一条记载:

> 谢太傅寒雪日内集,与儿女讲论文义。俄而雪骤,公欣然曰:"白

---

① 范晔.后汉书[M].北京:中华书局,1965:2789.
② 刘义庆,撰.世说新语[M].张㧑之,译注.上海:上海古籍出版社,2007:330.

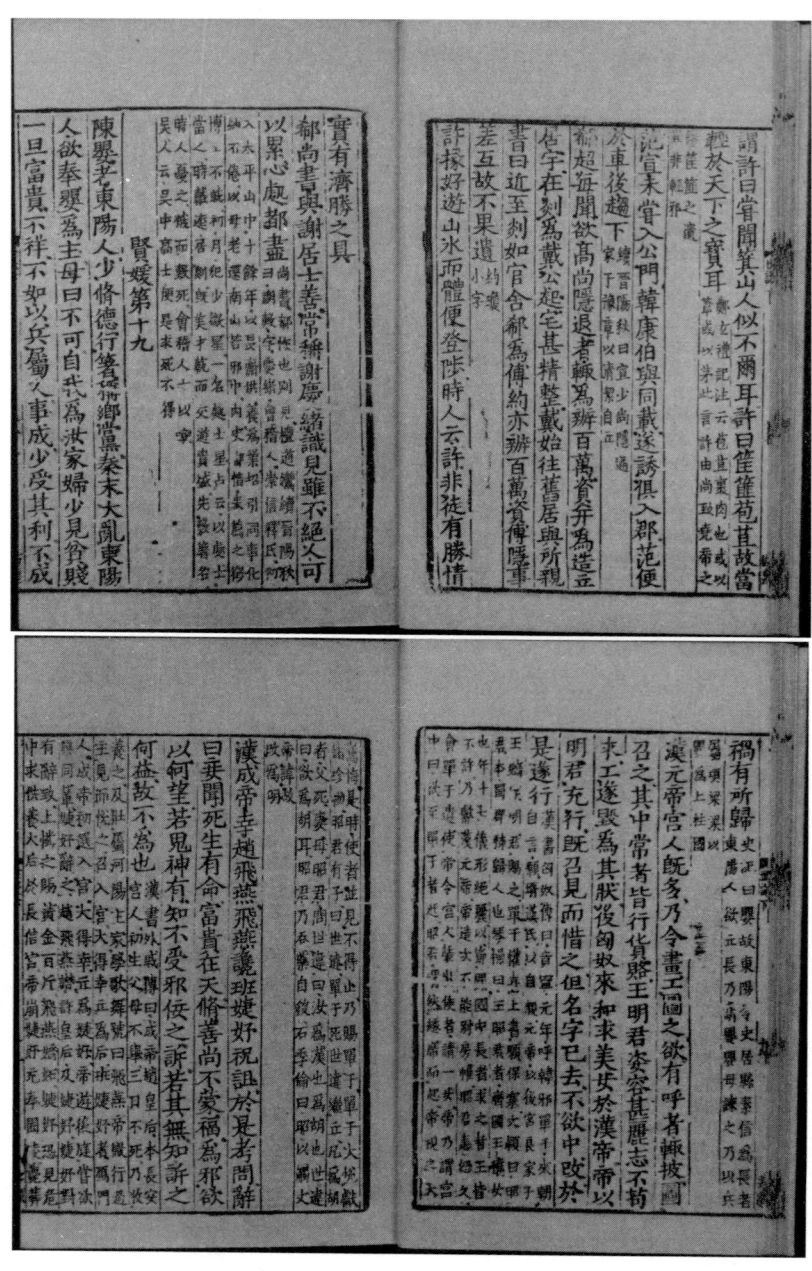

图 5-3　南宋绍兴八年(1138)董弅刻本《世说新语》书影,1929 年尊经阁影刊

雪纷纷何所似?"兄子胡儿曰:"撒盐空中差可拟。"兄女曰:"未若柳絮因风起。"公大笑乐。即公大兄无奕女,左将军王凝之妻也①。

谢朗目光平实,把纷纷落下的白雪比作在空中撒盐,谢道韫则把雪比作春日柳絮在空中翩然飞舞,才思精巧,风味优雅。

谢道韫不仅才华横溢,而且刚介凛然、处事沉稳。《晋书》卷九十六《列女传》"王凝之妻谢氏"中记载:谢道韫"及遭孙恩之难,举厝自若,既闻夫及诸子已为贼所害,方命婢肩舆抽刃出门,乱兵稍至,手杀数人,乃被虏。其外孙刘涛时年数岁,贼又欲害之,道韫曰:'事在王门,何关他族!必其如此,宁先见杀。'恩虽毒虐,为之改容,乃不害涛"②。孙恩(?—402年)之乱中,谢道韫在丈夫和儿子遇害后,带领家中婢女,击杀乱兵,手刃数人,直至被俘。在乱兵欲杀年幼的外孙时,谢道韫临危不惧,设法保住了外孙的性命。在生死攸关、大敌当前之时,谢道韫的胆识丝毫不逊于男子,与当时身为会稽内史、本应率兵抗敌却因沉迷五斗米道而一味祷告"鬼兵"助阵,结果不仅自己被杀、诸子亦无一幸免的丈夫王凝之相比,其见识、胆略、气度,不啻天壤之别。

《贤媛》第三十条记录了济尼对谢道韫的评价:

谢遏绝重其姊,张玄常称其妹,欲以敌之。有济尼者,并游张、谢二家。人问其优劣。答曰:"王夫人神情散朗,故有林下风气。顾家妇清心玉映,自是闺房之秀。"③

类似的记载也出现在唐代房玄龄等人撰写的正史《晋书》中。《晋书》卷九

---

① 刘义庆,撰.世说新语[M].张㧑之,译注.上海:上海古籍出版社,2007:55.
② 房玄龄,等.晋书[M].北京:中华书局,1974:2516.
③ 刘义庆,撰.世说新语[M].张㧑之,译注.上海:上海古籍出版社,2007:331.

十六《列女列传》"王凝之妻谢氏":

> 初,同郡张玄妹亦有才质,适于顾氏,玄每称之,以敌道韫。有济尼者,游于二家,或问之,济尼答曰:"王夫人神情散朗,故有林下风气。顾家妇清心玉映,自是闺房之秀。"道韫所著诗赋诔颂并传于世。①

这两则记录的时间有先后之别,但所记录的济尼对张玄之妹和谢道韫的比较及评价基本一样。其中,"林下风气"或者"林下之风"时常为后人所引用,成为一个典故。今人解释此语,多从其字面之意出发,认为其指为人态度娴雅,举止大方。但仅作如此理解是不完整的,因为如果循此路径把谢道韫理解为一个恬淡安静而不失典雅的女子,至多如同逍遥林下的隐士一般清高自得,那与张玄之妹其实并无本质区别,与《世说新语》中记载的谢道韫之真率、自负、果敢并不相符。因此,必须与济尼对张玄之妹的评价进行比较,才能得出对此语的精准理解。显然,具有"林下风气"的女性是与"闺房之秀"大不相同的。所谓"闺房之秀",无疑是指闺房女子之优秀者,即符合世俗对大家闺秀的一般评价、在传统女性评价体系中属于高标杰出者。与此相对的"林下风气"隐含的意义则已经逸出传统的女性评价体系,堪与男性比肩,其自然洒落之气度,已然与魏晋风度、名士风流融合。这也就是后世小说称赞英气逼人的才女常常称其有"林下风"、无"脂粉气"的原因所在。所以,谢道韫的"林下风气"或"林下之风"的重点不是如同林下隐士一般恬然自安、与世无争,而是如同竹林名士一般,因多才学、有见识而自信自得、自由洒落、不受羁绊,其为人时常有棱角,出语时常见机锋,这样的女性已经与传统女性明显不同,是一种全新的

---

① 房玄龄,等.晋书[M].北京:中华书局,1974:2517.

女性形象。《世说新语》对此类女性的激赏则表明其编写者具有不同于传统的新的女性观念。而谢道韫这样的女性也被收入《贤媛》，说明《世说新语》的编写者对"贤"的开放性态度。

正如具有"林下风气"的谢道韫和身为"闺房之秀"的张玄之妹在东晋时期皆能获得称赏一样，《世说新语》也既肯定传统闺秀，亦花费更多的篇幅记录魏晋时期超拔卓异的、与传统女性不尽相符的新女性，体现出非常包容的女性观念。由此我们可以做出这样的推断：在班昭之后，其《女诫》意欲塑造的谨守"妇礼"的传统女性在社会上不乏其人，在上层社会更被大张旗鼓地肯定和宣扬；但与此同时，班昭曾为之作注、为其传播推波助澜的《列女传》所描绘的聪慧多才、气度不凡的女性在社会上得到了更多的关注和激赏，体现出她们新的女性意识，反映出女性观念变迁的新趋势。

《世说新语》作为一部志人小说，所辑录的女性形象虽然在一定程度上有作者的文学加工成分，但上述多元化的女性群像的出现就已足以说明"后班昭时代"的女性形象不是单一的，而是丰富多彩。《世说新语》如同一幅历史画卷，为世人展现出了"后班昭时代"的女性群像，从中我们可以窥伺受班昭影响的痕迹。通过探析我们可以看到，在"后班昭时代"，女性并没有像《女诫》浅表层面所要求的那样成为委曲求全、隐忍卑弱的被损害者、被凌辱者，而是呈现出非常丰富多彩、立体多元的样态。在她们当中，既有符合传统儒家礼教的温柔娴静、动静有法的女性形象，也有自由洒脱、言行举止不拘束于儒家传统礼教、个性鲜明的女性形象，更有聪明机智、目光长远、气度凛然的女性形象。《世说新语》的"微历史"的拟实描写使这些人物形象栩栩如生、真实可信。

综上所述，《世说新语》作为一个考察窗口和研究个案，使我们看到了"后班昭时代"的女性群像特点，特别是汉代之后的晋朝及南朝时期的女性的真实生活状态和理想的女性形象特点，由此我们可以进一步考察和推断班昭的《列女传》注释以及《女诫》的问世在当时和后来的社会上的不同影响。《世说新语》记录的诸多女性形象生动地展示出：在班昭之后,女性自我发展的路径是多元的,男性文士心目中的优秀女性形象依然言行卓异,堪为世范,具有政治家的远见卓识、胸襟气度的杰出女性甚至格外得到世人的青睐。换言之,班昭施行的女子教育涉及的各个层面均得到了发展,班昭的家训《女诫》的传播与她身体力行加以推广的多元化的女性发展之路并行不悖。

《世说新语》在某种程度上可以视为对刘向的《列女传》乃至班昭的《女诫》的回应。虽然《列女传》的编写以匡正王教、整肃后宫为主要目的,《世说新语》则以激荡玄风、魏晋风流为号召,体现了不同的历史时期判然有别的文化生态。但是,在理想化的女性人格界定、优秀女性形象塑造、女性群像的建构等方面,两书又有诸多遥相呼应之处。从中我们可以看到,班昭在其《女诫》中告诫晚辈的严苛训诫在其身后并未得到广泛的回应,但班昭为刘向的《列女传》作注、强调女德和妇礼的同时,又为才华卓异、见识不凡的女性张本,这样的女性观念则收到了积极的回响。《列女传》在顺应正统的女性观念的同时,又体现出超越传统的一面,因而其女性观在汉代最为开放,且充满了前瞻性。由此反映出的对女性的自我认知和性别特点的开掘、对女性社会存在的强调、对女性成功的不懈追求,在班昭之后的古代历史进程中,在女性生活乃至整个社会的各个层面、各个角落,悠然落地生根,粲然开花结果。

## 第三节 "后班昭时代"班昭形象的历史变迁

在班昭之后,随着社会的变迁和女性观念的发展,班昭在世人心目中的形象也在悄然发生着变化。

班昭在中国历史上具有特殊的地位——她既是续写汉史的历史学家,又是诗赋文兼善的优秀作家；她既有倡"妇礼"、兴"女教"的著作《女诫》流传于世,又曾出入后宫,为皇后妃嫔之师,在邓太后临朝称制的漫长岁月里亦多陪伴左右,并发挥了较为重要的作用。那么,在班昭的诸多形象侧面之中,后人最重视的是哪一种形象?是文采飞扬的一代才女,还是学富五车的文士学者?是德高望重的宫廷女师,抑或是运筹帷幄的女政治家?

关于班昭的个人成就和历史定位,精于史学、宋亡不仕的徐钧在其诗《曹世叔妻班昭》中以史家的目光对班昭进行了全面赞誉:

有妇谁能似尔贤,

文章操行美俱全。

一编汉史何须续,

《女戒》人间自可传。①

这首诗精当地总结了超世拔俗的一代史家、女师、才女班昭厚重的历史成就,肯定了她文章、操行二美俱全的特点,而续修《汉书》、撰写《女诫》是最为重要的体现,由此,作者将班昭推举为中国古代最具有"贤"之特点的女性。这里的"贤"类似于《世说新语》中"贤媛"之"贤",并非传统意义上的偏义于道德,而是广义上的包含了德、才等方面的"优秀""优良""美善"之意。具体涉及以下几个方面:她在其兄班固身后续写《汉书》,功绩彪炳千秋②;她文采斐然,善写赋颂,文章卓异③;同时,她还施行母教,并担任汉室后宫妃嫔之女师④;为推行女教,她曾为刘向的《列女传》作注,也曾为晚辈写《女诫》。

正是由于班昭卓越的历史贡献,她被后人誉为"一代才女""女教育家""女

---

① 杨镰.全元诗[M].北京:中华书局,2013:295.
② 范晔,撰.后汉书[M].李贤,等注.北京:中华书局,1965:2784.
③ 根据《后汉书》班昭本传,"每有贡献异物,辄诏大家作赋颂"。范晔,撰.后汉书[M].李贤,等注.北京:中华书局,1965:2785.
④ 根据《后汉书》班昭本传的记载,汉和帝数度召班昭入宫,"令皇后诸贵人师事焉,号曰大家。"根据《后汉书》班昭本传,"兄固著汉书,其八表及天文志未及竟而卒,和帝诏昭就东观藏书阁踵而成之"。范晔,撰.后汉书[M].李贤,等注.北京:中华书局,1965:2785.

史学家"……它们除了提示了班昭的个人才情和杰出成就,还着重强调了她的女性身份。班昭身后的不同历史时期,世人对其形象的认知在不断发生变化。对"后班昭时代"的传世文献中记载的班昭形象的梳理,有助于还原历史演进过程中的班昭形象,并由此重新理解班昭的历史影响。从这些文献中,我们可以看到班昭形象的历史嬗变,以及由此折射出的班昭历史影响的饶有意味的位移和变迁。

## 一、文史兼擅的一代才女

"才女"是后人对班昭最为普遍的定位。在"女子无才便是德"的时代,博学高才的班昭格外引人注目。她的卓异才华主要体现为史才、文才。后人不仅高度称赏其诗赋创作,更对其续写《汉书》的史学功绩津津乐道。

洋洋大观的中国古代二十四史中,班昭是参与编修史书的唯一女性,是中国历史上首位可考的女性史学家。一部《汉书》,父写子继,兄终妹续,几经人手,但后世学人读者对其却有"后先媲美,如出一手"[①]的高度评价,从中可以看出,班昭的才学丝毫不逊于她的出入朝堂、博学多闻的父兄。

北宋苏轼曾作《苏子容母陈夫人挽词》[②]:

> 苏、陈甥舅真冰玉,正始风流起颓俗。夫人高节称其家,凛凛寒松映修竹。鸡鸣为善日日新,八十三年如一晨。岂惟家室宜寿母,实与朝廷生异人。……诵诗相挽真区区,墓碑千字多遗余。他年太史取家传,知有班昭续《汉书》。

苏子容即著名政治家、北宋中期宰相苏颂(1020—1101年),其母陈夫人

---

① 孔令升.中国古代才女评传[M].苏州:古吴轩出版社,2013:32.
② 孔凡礼,点校.苏轼诗集[M].北京:中华书局,1982:1278-1279.

被封为魏国太夫人。《宋史》卷三百四十苏颂本传中称苏颂"器局闳远,不与人校短长,以礼法自持。虽贵,奉养如寒士。自书契以来,经史、九流、百家之说,至于图纬、律吕、星官、算法、山经、本草,无所不通。尤明典故,喜为人言,亹亹不绝。朝廷有所制作,必就而正焉""颂有德量""所为多雅德君子之事"。苏轼在挽词中高度称颂陈夫人的凛然高节、卓然才德,极口称扬其教子有方、持家有道。将陈夫人与续修《汉书》的班昭相提并论,显然,在苏轼心目中,班昭是有德能、有史才、堪当教化重任的女性典范。

与苏轼持相同观点的文人不在少数。南宋时期刘克庄(1187—1269 年)的词作深受辛弃疾影响,畅论时政、关注民生。他与理学家林希逸(1193—1271 年)十分友好,曾作《沁园春》组词十首与林希逸唱和,其中第十首祝贺林希逸喜获女儿。这首贺词一扫传统的重男轻女的陈俗陋见,堪称讴歌女性才华学识、争取男女平权的一首颂歌:

### 沁园春

#### 十和　林卿得女

莫信人言,虺不如熊,瓦不如璋。为孟坚补史,班昭才学,中郎传业,蔡琰词章。尽洗铅华,亦无璎珞,犹带栴檀国里香。笑贫女,尚寒机轧轧,催嫁衣忙。　　好逑不数潘杨。占梦者曾言大秤量。待银河浪静,金针穿了,蓝桥路近,玉杵携将。倩似凝之,媲如道韫,帘卷燕飞王谢堂。恁时节,看孙皆朱紫,翁未幡苍。①

此词开篇即作翻案文章。《诗经·小雅·斯干》中有:"吉梦维何?维熊维罴,维虺维蛇。大人占之:维熊维罴,男子之祥。维虺维蛇,女子之祥。乃生男

---

① 欧阳代发,王兆鹏.刘克庄词新释辑评[M].北京:中国书店,2001:247-248.

子,载寝之床,载衣之裳,载弄之璋。……乃生女子,载寝之地,载衣之裼,载弄之瓦。"①后世遂将此作为男尊女卑的明证和凭依。刘克庄却对此颇不以为然。他以古代著名才女班昭、蔡琰、谢道韫为例,并借用佛教典故,说明才华卓异之女子,不待外在的铅华、璎珞、嫁衣之装饰,自然气质优雅,华赡无比。②刘克庄全然以才华卓异作为理想女性的标准,提及班昭,强调其"为孟坚补史,班昭才学",即续写《汉书》的历史功绩,以及担此大任背后的出众的才华。可见,在刘克庄等宋人的心目中,班昭作为史学家续写《汉书》的功绩是她才学的最高呈现,足以担当女界表率。

  这样的观点在明清文人中亦多有继承者。例如,明清小说作家常常在作品中言及班昭的史学才能并对此高度称赏。明末白话小说选集《今古奇观》中的"苏小妹三难新郎"在开篇就破除男尊女卑之传统观念,提出男性女性之中皆有贤与不肖、才与不才者;指出社会为聪明的男子提供了出将入相的机会,却让智慧的女性默默无闻。作者对此颇为不平,提出倘若女子也能参加科举,未必会比那些声名显赫的公卿逊色。作者特别提到:"有等聪明的女子,一般过目成诵,不教而能。吟诗与李杜争强,作赋与班马斗胜,这都是山川秀气,偶然不钟于男而钟于女。且如汉有曹大家,他是那班固之妹,代兄续成汉史。又有个蔡琰,制《胡笳十八拍》,流传后世。"③作者将班昭推为集天地灵秀之气于一身的聪慧女性的代表,对其代兄续汉史的卓越功绩大加称赏。

  此外,清代侠义小说《儿女英雄传》第二十五回"何小姐证明守宫砂 安老

---

① 程俊英,蒋见元.诗经注析[M].北京:中华书局,2017:584-585.
② 有学者认为"尽洗铅华,亦无璎珞,犹带栴檀国里香"指的是女扮男装、代父从军的花木兰;"贫女"句则引用唐代秦韬玉《贫女》,以为此处贫女是"为他人作嫁衣裳"之贫女。此可备一说。叶嘉莹主编,欧阳代发、王兆鹏编著.刘克庄词新释辑评[M].北京:中国书店,2001:255.本人认为此句是指班昭、蔡琰等才女不待苦心孤诣的外在修饰而格调自高,所谓"腹有诗书气自华"也。"贫女"似与秦韬玉《贫女》无直接关涉,而是代指普通女子才识平庸,只能因袭传统、靠嫁衣装点修饰自己。
③ 抱瓮老人,辑.今古奇观[M].顾学颉,校注.北京:人民文学出版社,1957:345.

翁讽诵列女传"借安老爷之口,对古代著名的女性一一分类加以列举:"讲孝女,如汉淳于意的女儿缇萦,上书救父;郑义宗的妻子卢氏,冒刃卫姑。讲贤女,如晋陶侃的母亲湛氏,截发留宾;周顗的母亲李氏,具馔供客。讲烈女,如朝重成的女儿玖英,保身投粪;张叔明的妹子陈仲妇,遇贼投崖。讲节女,如五代时王凝的妻子李氏,持斧断臂;李汉曹文叔的妻子,引刀割鼻。讲才女,如汉班固的妻子曹大家,续成汉史;蔡邕的女儿文姬,誊写赐书。讲杰女,如韩夫人的助夫破虏,木兰的代父从军;以至戴良之女练裳竹笥,梁鸿之妻裙布荆钗,也称得贤女。"①在此长篇大论之中,曹大家班昭被推举为古代最具有代表性的"才女"的代表。《续儿女英雄传》也谈到班昭的修史功绩:"蔡文妊云:忍耻胡中十二年,余生重睹汉朝天。惜他一样儒家女,独让班昭耀史编。"②历史上的文人经常将蔡文姬与班昭这两位博学多识的东汉才女并举,此处,作者还将两人进行对比,在同情蔡文姬在战乱之中流落北方的不幸遭遇的同时,也强调了班昭独耀史编、无人能及的卓异才华。

除了以杰出的史才续写《汉书》之外,班昭的文学才能在文学史亦具有重要地位。《后汉书》班昭本传曾历数班昭的创作所涵盖的文体类别、结集情况:"所著赋、颂、铭、诔、问、注、哀辞、书、论、上疏、遗令,凡十六篇。子妇丁氏为撰集之,又作《大家赞》焉。"③后人论及班昭,有时从较为广义的层面将其推举为古代富有才学的"才女"的典范,而不专指其续修《汉书》的史才。

例如,清代《萤窗清玩》:"月娥尤质性敏慧,才高道蕴,学迈班昭。尝谓妾曰:朝廷若开女科,则状元榜眼,当在吾等之手。是真以闺阁而抱庙廊之志者也。"④此处"才高道蕴,学迈班昭"显然是将班昭、谢道韫并称为古代富有才学

---

① 文康.儿女英雄传[M].长沙:岳麓书社,2016:328.此处将班昭误作班固之妻,误。根据《后汉书》班昭本传,身为后妃之师的班昭在朝堂之上被尊称为"曹大家",此名称估计后来在民间流传更广,以致有人只知"曹大家"而不知班昭,遂有此误。
② 无名氏,撰.续儿女英雄传[M].徐振宗,点校.北京:北京师范大学出版社,1992:155.
③ 范晔,撰.后汉书[M].李贤,等注.北京:中华书局,1965:2792.
④ 不题撰人.萤窗清玩[M].北京:中国文史出版社,2003:128.

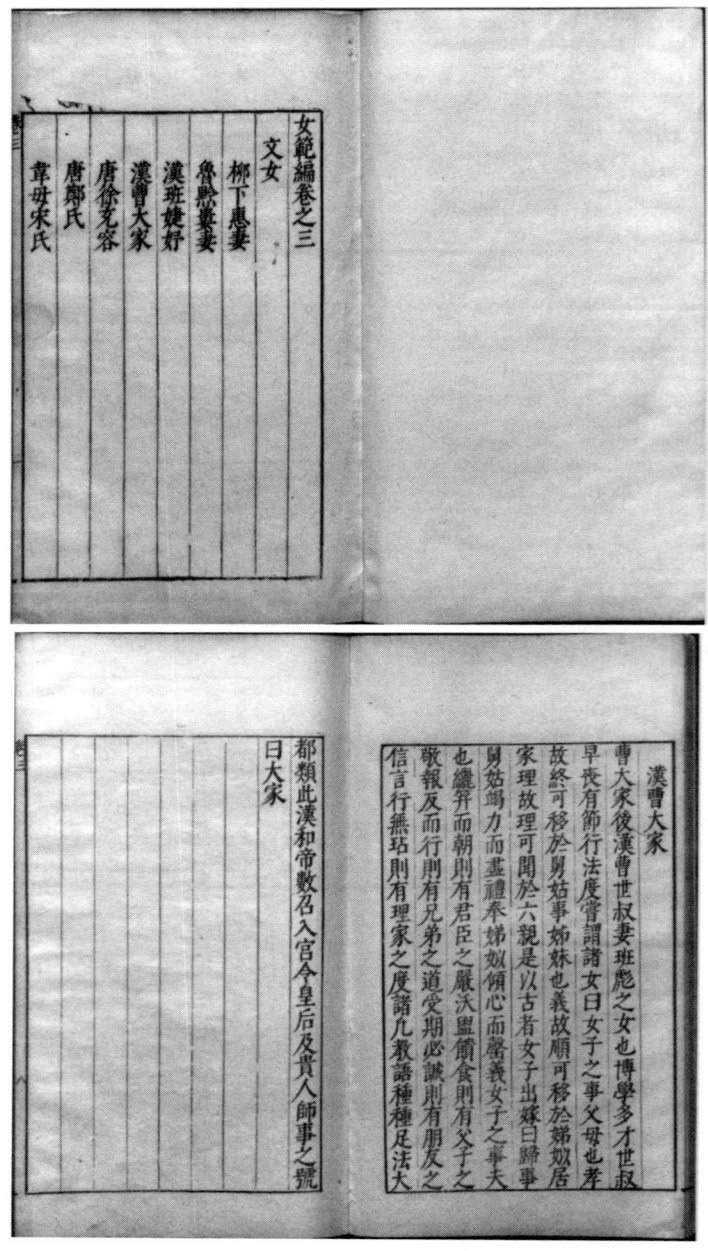

图 5-4 《女范编》书影，明代黄尚文辑，明万历时期吴从善督刊本

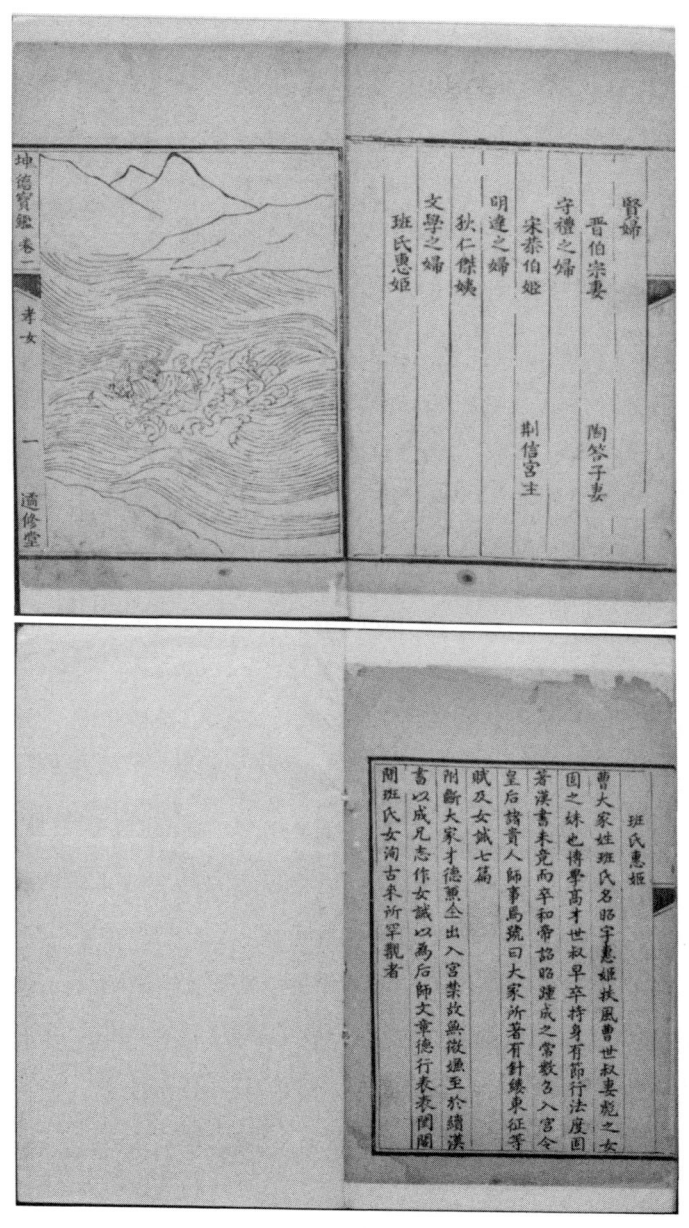

图 5-5 《坤德宝鉴》卷一书影,清代张履平辑,清乾隆四十二年 遹修堂刊

的女性的代表。

清代世情小说《海上尘天影》写到男主人公韩秋鹤在春影楼会灵妃,众人以诗行酒令。酒令规则是:每人念一句成诗,然后改其中一字,并说明改字理由。"韵兰接念云:'绛仙才调女班昭。'问:明明是相如,何以云班昭?答云:'十年前已薄相如。'"①小说中,韵兰以班昭替换掉司马相如,宁使"女班昭"语不甚熨帖,亦不以为意。反映出在小说人物心目中,班昭之才华,足以与汉代辞赋大家司马相如相颉颃。

《红楼梦》第九十二回贾宝玉跟巧姐儿讲《女孝经》《列女传》,细数历代女性,"若说有才的,是曹大姑、班婕妤、蔡文姬、谢道韫诸人"②。将班昭、班婕妤、蔡文姬、谢道韫几位才女并称的情况颇为常见,此处将曹大姑即班昭置于四人之首,而没有严格以四人生活的时代先后为序,特别是将班昭置于其祖姑班婕妤之前,这也间接说明了班昭的影响力之大、入人心之深。

又如清代小说《林兰香》第一回:"论梦卿之才,颖异不亚班昭,聪明恰如蔡琰,正是:深明闺阁理,洞识古今情。"③清代白云道人《玉楼春》第八回:"女郎玉娘,生得容如西子,才若班昭,诗词歌赋,无不精通,黄尚书夫妇爱如异宝。"④这里,"容如西子,才若班昭"成为世人心目中理想的完美女性。显然,这种近乎俗套的小说描写所折射出的,是视班昭为古代才女的最高典范这一普遍认知。类似的例子在明清小说中不胜枚举。

上述文学作品对班昭才女形象的反复渲染当然不是小说作者的虚构或者夸张,而是具有普遍的社会生活基础的,是当时文人认知、女性心态的普遍反映。清代袁枚《随园诗话》卷三曾借女弟子之口,说明班昭在世人心目中富有才情的形象特点:"金陵女徐氏,适桐城张某,夫久客不归,寄诗云:'残漏已催

---

① 邹弢.海上尘天影:上[M].北京:民族出版社,1995:389.
② 曹雪芹,高鹗.红楼梦[M].北京:人民文学出版社,1996:1275.
③ 随缘下士.林兰香[M].徐明,点校.北京:中华书局,2004:2.
④ 白云道人,撰.玉楼春·桃花扇·八美图[M].珠海:珠海出版社,2009:34.

明月尽,五更如度五重关。'又有鲁月霞者,嫁徽邑程生而寡,有《扫花》诗云:'触我朱栏三日恨,费他青帝一春功。'陈淑兰读两诗而慕之,题其集云:'吟来恍入班昭座,恨我迟生二十年。'"①袁枚的女弟子陈淑兰读了金陵徐氏和鲁月霞缠绵悱恻的诗句之后,追慕其人,这里直接把班昭用作典故,称指令人仰慕、堪为师表的才女。

综上所述,在汉代以后的文献中,人们常将班昭与蔡琰(蔡文姬)、谢道韫等才女相提并论,比较而言,班昭的史才得到了更多的重视。明清小说作品中,特别是表现才子佳人爱情故事的作品中,作家则更倾向于将班昭树立为文思敏捷、文情曼妙的才女典范,班昭在诗词歌赋等文学创作方面的才情亦同时得到了关注和强调。他们笔下的班昭已经与历史上真实的班昭有了一定的距离,班昭更多成为一个典故,一个符号。在男性占据主导地位的传统中国,班昭卓异的才学令人瞩目,她让后代女性看到女性形象的另外一种可能、另外一种希望、另外一种愿景。虽然传统礼制对女性的权利与地位进行了兼及制度和习俗的限制,但与此同时,中国自古以来崇古尚史、向学慕道的文化传统,却又给予了因富有才学而足以比肩男性的女子充分的敬意与尊重,这使得那些遭受各种制度性限制的女性可以将班昭这样的古代精英女性作为精神引领,通过展示、挥洒其才情,获得一方更为广阔、更加自由的新天地。

二、德高望重的宫廷女师

如本书第二章所论,作为官宦之家、书香之家的女性家长、母师,班昭最初写作《女诫》的目的是为了告诫、指导"诸女"即自己家族中将嫁为人妇的年轻女儿们婚后如何做人行事。这部作品问世之初,班昭身边就出现了对此褒贬不一的态度。其中,曾经追随班昭学习《汉书》的学者马融对《女诫》深以为然,

---

① 王英志,编纂校点.袁枚全集新编(第八册)[M].杭州:浙江古籍出版社,2015:100-101.

图 5-6　昆曲《班昭》剧照,张静娴饰演班昭

令自己的妻女尊奉学习,成为推动《女诫》超逸班昭的家庭范围、在社会上流布的开始。但与此同时,班昭的小姑即班昭的丈夫曹寿之妹曹丰生却对此持有异议,并就此公开著文表达不同的意见。

类似的矛盾态度一直持续到后世。例如,《太平广记》卷第七十"戚逍遥"记载,唐人戚逍遥父以《女诫》教育女儿:"逍遥十余岁,好道清淡,不为儿戏。父母亦好道,常行阴德。父以《女诫》授逍遥,逍遥曰:'此常人之事耳。'遂取老子仙经诵之。"①戚逍遥幼而好道,拒绝父亲推荐她阅读学习的《女诫》,认为这是寻常女子的读物。虽然此则记载的重点是彰显幼年好道的女童的特异超拔,但也说明已经有女性并不把班昭在《女诫》中描绘的嫁为人妇、在夫家巧妙处理上层社会大家庭之中各种人际关系,从而立德扬名、光耀门楣作为女性的唯一出路,并且认为这不过是为庸常之人设计的一条安稳、平庸的道路而已。这位名为逍遥的女童对《女诫》的评价,正可作为佐证证实本文反复强调的一个基本观点:《女诫》只不过是班昭所展示的其女教思想的初阶内容,绝非其女性观念的全部;班昭本人亦在这样的遵守妇礼、树立妇德的路径之外,提出了女性可以在更为广泛的社会生活层面通过如古圣先贤那样立德以垂范世人、留名青史的高阶目标。

当然,后世也有一批文人和女性表现出了对《女诫》的高度认同。例如,唐代王维所作的《工部杨尚书夫人赠太原郡夫人京兆王氏墓志铭》在称颂墓主王氏时基本是与班昭的《女诫》提及的相关要求逐一对照印证的;甚至在某种程度上,王维把王氏写成了传《女诫》、任女师的班昭并由此给予了墓主崇高的赞誉。如:"夫人令仪淑德,发于天姿;闲礼明诗,传于世业。言成女诫,可著于缣缃;行为女师,讵资于麻枲。"而在《唐故潞州刺史王府君夫人荣国夫人墓志铭》中,王维则直接将墓主卢氏比作班昭:"夫人即府君之长女,积累世之德,钟二门之美。仪表秀整,进止详闲,不谙保傅,动由诗礼。……女史之学,多赞大家之书;众妇之仪,尽禀夫人之法。"②另外,杨炯《彭城公夫人尔朱氏墓志铭》在称颂墓主尔朱氏时,依循诗文常例以蔡文姬、谢道韫这两位著名的古代才女赞颂其才情:"夫人玉台贞气,金河仙液。蔡中郎之女子,早听色丝;谢太傅之闺门,先扬丽则。"在追忆墓主的婚后生活时,称赞其"用曹大家之明训,执宋伯姬

---

① 李昉,等编.太平广记[M].北京:中华书局,1961:438.
② 王维,撰.王右丞集笺注[M].赵殿成,笺注.上海:上海古籍出版社,1961:468.

之贞节"①。从这些例子可知,唐朝文人赞誉官宦之家的主妇时会自觉以班昭的《女诫》中的相关要求作为标准,并进而通过肯定这些女性踵武班昭或者直接将这些女性比作班昭,作为对这些女性严守妇德或施行母教的崇高评价。可见,班昭在唐代的社会生活中,在上层社会的女性教育中发挥着非常重要的作用。文人笔下的班昭已经成为一个典故,一个符号,一个象征。班昭的形象由此渐趋立体化——于己,谨守妇德、饱读诗书、富有才情;于人,广施母教,以令能懿德教化整个家庭。

《金史·后妃列传》的文末赞语中有这样的总结和评论:

> 赞曰:《周礼》"九嫔,掌妇学之法,妇德、妇言、妇容、妇功"。班昭氏论之曰:"妇德,不必才明绝异也。妇言,不必便口利辞也。妇容,不必颜色美丽也。妇功,不必功巧过人也。清闲贞静,守节整齐,行己有耻,动静有法,是谓妇德。择辞而说,不道恶语,时然后言,不厌于人,是谓妇言。盥浣尘秽,服饰鲜洁,沐浴以时,身不垢辱,是谓妇容。专心纺绩,不好戏笑,洁齐酒食,以奉宾客,是谓妇功。"后世妇学不修,丽色以相高,巧言以相倾,炫能以市恩,逢迎以固宠。是故悼平犅顿皇统,以陨其身,海陵蛊惑群嬖,几亡其国。道陵李氏擅宠蠹政,卒偾其宗。呜呼,可不戒哉。②

这里引用班昭的《女诫》中所论的妇德、妇言、妇容、妇功,并以此作为女性行为规范,意在倡导后世女子勤恳修习,以正时风。史家以此作结,既是对上至皇室妃嫔、下至普通女子的言行规劝,也彰明了女性言行对于国家统治和政治稳定的非凡意义。

---

① 徐明霞,点校.卢照邻集·杨炯集[M].北京:中华书局,1980:183-184.
② 脱脱,等.金史[M].北京:中华书局,1975:1535.

元代以来的诸多文学作品可以作为史书内容的生动佐证。例如,在今天传世的诸多元曲作品中,作为女师的班昭形象被不断丰富,呈现出鲜活立体的风貌。元代后期的杂剧作家郑光祖的杂剧《㑳梅香骗翰林风月》对历史上的小蛮与樊素的形象进行了较大的改动,将此二人塑造为主仆关系,并且两人皆为才女。在楔子中,两人与白敏中首次见面后,颇以饱读诗书、富有才学而自矜,认为足以与才子白敏中相匹配,因而正旦樊素有这样的唱词:

【幺篇】更压着汉宫里尊贤曹大家,帷幔底论文董仲舒,都则是问安否意何如。往复间交谈了数语,几乎间讲遍九经书。①

这段唱词引用班昭的典故以自夸,展现的是班昭在汉宫之中为后妃与高才讲学的女师形象。这里,作者将班昭与汉代大儒董仲舒并举,与此前仅将班昭与蔡琰、谢道韫等才女并列的情况大为不同。

元末明初的作家杨景贤在其长达六本二十四折的大型连台本杂剧《西游记》第五本第十七折"女王逼配"中亦提及以女师形象出现的班昭。女人国的国王出场之时,先以宾白交代了女人国的历史及特点,其中特别讲到女人国在汉代曾经派使者入中国,拜班昭为师学习,并得到班昭所授的一批经典作品,在学成之后带回女人国,从此女人国接受班昭的教化,国民普遍知书知史,非同一般。显然,在这个化外边鄙之地,女性了解中原文化,熟稔各种典故,这让唐僧颇觉意外:

(女人国王上云)子童女人国王。俺一国无男子,每月满时,照井而生。俺先国王命使汉光武皇帝时入中国,拜曹大家为师,授经书一

---

① 王学奇.元曲选校注[M].石家庄:河北教育出版社,1994:2893.

车,来国中。至今国中妇人,知书知史,立成一国,非同容易也呵。(唱)……

……

(唐僧云)你如何知有个孔夫子?(女王云)俺先国王,曾使人去授得曹大家五经三史,都知人伦故事。①

班昭曾为远方异国使臣之师并向其传授经史,遗风流韵至今不绝。这样的情节当然是元杂剧《西游记》中的虚构。根据《后汉书》班昭本传,班昭出入宫廷担任后妃女师之时,曾经有机会见到作为贡品的各种殊方异物,并曾受命为此撰文作赋。但是,史书中并没有班昭的教化远及外邦的记载。但这一虚构在杂剧《西游记》中颇有意味,形成了全剧可堪比较的两个同构异质的情节:唐僧师徒一路艰辛远赴西天,在佛祖处取得真经并带回长安,从此阐扬佛教,造福大唐;而在此之前,女人国也曾派出使臣远赴汉朝,拜班昭为师,并从班昭处得到一车"经书"("五经三史")归国,从此班昭的教化泽及异国,形成了女人国的女性个个"知书知史"的文明图景。班昭在此同构异质的情节中成为可与佛祖形成对应和匹配关系的、具有女教最高统领地位的大国女师。

毋庸置疑,班昭的汉朝宫廷女师的身份是元杂剧《西游记》的作者作如此描写的现实基础,她的女性身份为她向女人国的女性使者授课提供了合乎礼制的前提条件,由此,外邦女使与汉朝女师产生了奇妙的关联。虽然元杂剧《西游记》的重点不在于对班昭女师功业的揄扬,但其客观效果却是以奇特的想象力将班昭的女师地位及历史影响进行了合情合理的夸张和放大。

此后,在明清长篇小说中,班昭的女师形象得到了进一步发展和强化。夏敬渠的《野叟曝言》是清代乾隆年间出现的一部长达一百五十四回的长篇小

---

① 隋树森.元曲选外编[M].北京:中华书局,1959:676,678.

说。作品虽然不无瑕疵但却能够在一定程度上反映出清代前期文人的人生理想和现实关怀。其中第七十七回"有肉无骨剖明千古奇冤 移妾作女解脱寸心坚结"中的一个次要情节是文素臣对班固的《汉书》与范晔的《后汉书》中有关王昭君的记载相互矛盾这一现象进行剖析,最终以班固本人生活的时代与昭君生活的汉元帝时期更为接近,班固之妹班昭作宫廷女师因而了解后宫情况,班固之弟班超镇守西域所以了解匈奴旧事三者作为证据,力证班固的《汉书》的记载为实:

> 顾《前书》作于班固,与元帝时世切近,见闻既确,而其妹班昭在宫教授后妃,其弟班超在外都护西域,于昭君、单于之事,尤所深悉。范氏于数百年之后妄为改易,既无以摘前人之误,又无以证己说之信,不知而作,其惑甚矣。①

《野叟曝言》这部小说本身对于班昭并无正面生发,但此处借小说男主人公之口提及班昭出入后宫教授后妃一事,并认为班昭应由此对于汉朝宫廷生活多有了解、对后宫掌故多有耳闻,这样的推测是合乎逻辑的。文素臣对玉麟及其妻妾诸女等内眷升座讲解时提及班昭,这一细节也从侧面说明,班昭身为宫廷女师,这在清代文人及知书女性的认知之中,早已是基本常识。

吕熊的《女仙外史》是清朝康熙年间问世的神魔小说,意在为明朝永乐年间起兵反抗朝廷的白莲教女首领唐赛儿(1399—?)作翻案文章。第四十八回"炼神针八蜡咸诛,剪仙蓑万民全活"写到高咸宁、全然作为明朝使者出使朝鲜(高句丽),朝鲜国王对于明朝此时"以一妇人为帝师"大感不解,其中不无轻慢之意。对此高咸宁正容对曰:

---

① 夏敬渠.野叟曝言[M].北京:中华书局,2004:697.

> 周家肇基王迹,推本姜嫄;文王政行江汉,首化《关雎》;武王乱臣,邑姜亦在其内。故孔子曰:"有妇人焉。"推之二氏,则大士为诸佛之师,玄女为天仙之长,斗姥为列宿之尊。即汉之班昭,尚且为六宫之师。何况天朝帝师,道统三才,德崇千劫者乎?①

这段话堪称为女性在历史进程中的地位及贡献正名张目的一篇宣言。作者通过小说人物之口说明:儒释道三家或以女性为教化之源,或以女性为统率之长,正如汉朝富有才学的班昭可为"六宫之师"一样,如今"道统三才,德崇千劫"的女性当然可以充任"天朝帝师"。虽然高咸宁此语的侧重点是以班昭的事迹作为事实依据之一,论证说明杰出女性完全可以身为人先、统领教化他人,但也是建立在高度认同和强调班昭作为宫廷六宫之师的基础之上的。另外,该书第三回"鲍仙姑化身作乳母 唐赛儿诞日悟前因"中,有唐孝廉与年仅十一岁但才识卓异、气度不凡的女儿唐赛儿的一段对话:

> 孝廉又问:"孩儿,古来列女,所取的是那几个?"赛儿道:"智如辛宪英,孝如曹娥,贞如木兰,节如曹令女,才如苏若兰,烈如孟姜,皆可谓出类拔萃者。"孝廉又问:"夫妇和美而有妇德者是谁?"曰:"曹大家第一。"孝廉喜极……②

其实,关于班昭婚后夫妻如何相得的具体情况,史书中并无记载。但从班昭的《女诫》提供的相关信息中可以了解到,班昭在婚后的确颇为用心地在夫家经营各种复杂的人际关系,因而此处将班昭视为古往今来"夫妇和美而有妇德"的女性的代表,是有其逻辑依据和事实依据的。结合《女仙外史》两处有关

---

① 吕熊.女仙外史[M].济南:齐鲁书社,1995:286.
② 吕熊.女仙外史[M].济南:齐鲁书社,1995:14.

班昭的文字可知，在作者心目中，班昭是德才兼具、知行合一的成功女性，因而足以充任六宫师表和后世楷模。

李汝珍(约1763—1830年)的《镜花缘》是清朝嘉庆年间问世的长篇小说，这部兼具幻想小说、历史小说、讽刺小说和游记小说元素的作品在中国古代小说史上独具特色。在这部长达一百回的作品中，作者以较多的篇幅探讨了女性问题。至于理想女性的标准，李汝珍则借班昭的《女诫》立意，这体现出他对班昭家训女教的认同。在第一回"女魁星北斗垂景象 老王母西池赐芳筵"的开篇就明确表明了他对班昭的《女诫》观点的接受：

> 昔曹大家《女诫》云："女有四行：一曰妇德，二曰妇言，三曰妇容，四曰妇功。"此四者女人之大节，而不可无者也。今开卷为何以班昭《女诫》作引？盖此书所载，虽闺阁琐事，儿女闲情，然如大家所谓四行者历历有人，不惟金玉其质，亦且冰雪为心。非素日恪遵《女诫》，敬守良箴，何能至此。岂可因事涉杳渺，人有妍媸，一并使之泯灭？故于灯宵月夕，长夏余冬，濡毫戏墨，汇为一编。①

李汝珍不仅自己将《女诫》视为女性言行规范的金科玉律，而且在小说中结撰情节、塑造人物时，让他笔下的才女也熟稔《女诫》，甚至可以出口成章，以此作为酒令内容，由此渲染诸女的风雅。第九十三回"百花仙即景露禅机 众才女尽欢结酒令"：

> 宝云掣了人伦双声道："刚才起令，良箴姐姐曾有'东都妙姬，南国丽人'之句；此时将要收令，必须仍要归到我们身上，才有归结。并

---

① 李汝珍.镜花缘[M].上海：上海古籍出版社，2011：1.

且妙姬丽人,只言其美,至于品行,尚未言及,妹子意欲点他一句,心里才觉释然。无奈难得凑巧之句,虽有几句好的,偏偏书又被人用过。"兰言道:"品行一层乃万万不可少的。姐姐若不略点一句,将来后人见了这酒令,还把我们当做一群酒鬼哩。"宝云忖一忖道:"曹大家乃自古才女,莫若用他著作点染,尤其对景:夫妇。班昭《女诫》:'女有四行,一曰妇德。''一曰'双声,敬周庆覃姐姐一杯。"①

这段话写在众人作行酒令之时。根据小说文本可知,由于宝云此时要"收令",所以此酒令不仅要符合双声叠韵等一般性要求,而且还要符合宝云特别强调的"必须仍要归到我们身上"的巧思,因而颇为郑重。作者之所以写宝云用班昭的《女诫》点染,是因为班昭的《女诫》与女性之"人伦""品行"等元素正相贴合。李汝珍以此小小细节,巧妙呼应了第一回开篇之处有关班昭对理想女性的论述。从李汝珍的《镜花缘》可知,清代时,《女诫》被文人士女广泛接受,虽然作者强调《女诫》与"人伦""品行"的关系,但是作者更借小说人物之口强调了班昭"自古才女"的形象,这与小说情节侧重展示诸女的才情也是完全一致的。

其实,细味《镜花缘》这部小说,就会发现,作者塑造的这批德才兼备、个性鲜明的新女性形象,已经与班昭在《女诫》中倡导的"妇德不必明才绝异也"②等观点明显相悖。其实李汝珍对班昭的《女诫》中的主要观点在继承的基础上有所发展和发挥。在他笔下,这批优秀的女性不仅蕙心兰质、冰雪聪明,而且个体意识已然觉醒。

近代是中国社会转型的重要时期,班昭的影响也在发生着巨大的变化。静观子著的小说《六月霜》于清宣统三年(1911年)初版。在这部小说中,班昭

---

① 李汝珍.镜花缘[M].上海:上海古籍出版社,2011:445.
② 范晔.后汉书[M].李贤,等注.北京:中华书局,1965:2789.

虽然被称为"历史上有名的才女",但重点依然是她通过《女诫》进行的女性教育。与李汝珍的《镜花缘》等作品对《女诫》的认同赞誉不同,《六月霜》更多体现出质疑和反对。小说第八回"将错就错顽宦休妻　兔死狐悲囚牢赠钞"写到,女主人公秋瑾与丈夫的一段讨论提及班昭的《女诫》,这体现了新旧两种思想的交锋。秋瑾的丈夫以《女诫》中的话规劝她柔顺处事:"你也是名门出身,自幼也读过书的,岂不闻曹大家女诫上头说过的两句话:'生男如狼,犹恐其尪;生女如鼠,犹恐其虎!'这个曹大家乃是历史上有名的才女,她为什么也说出这句话来?哈哈! 夫人,你是个聪明人,难道就想不出她的意思了么?"①而秋瑾的思想显然已经大大超越了传统女性的藩篱。秋瑾与其丈夫思想的冲突,体现了新旧观念的交锋,说明班昭的《女诫》的思想在近代中国受到了当时社会新女性的挑战。

综上所述,文献资料中多称作为女教育家的班昭为"曹大姑"或"曹大家"。这个称呼既是对《后汉书》中有关汉和帝及后妃尊称班昭为"大家"的记录的挪用、变通,又表现出后人对班昭才学的敬重。与今天定义的教育家和专职教师不同的是,班昭的教育家身份与我们今天所说的概念二者内涵不同。她的教学对象、授课形式、授课时间都与今天的教育体制存在很大差异。但从她为后妃、高才解疑答惑的活动来说,她所从事的工作已经和今天的教师承担的工作性质相近。值得注意的是,史书中多记载她为后妃授课、为高才解答《汉书》相关的问题,后世的文学作品则对她的教育著作给予了更多的关注,《女诫》一书也影响了她在后人心目中的形象。近代之前,班昭的个人才华及教育理念受到广泛赞誉,近代以来,以《女诫》为代表的教育理念则不断受到新思想的冲击与挑战,但她"才女"的形象依然为世人所充分肯定。

---

① 静观子.六月雪[M].上海:中华书局上海编辑所,1959:41.

图 5-7　改编自昆曲《班昭》的越剧《班昭》剧照,陈晓红饰演班昭

### 三、运筹帷幄的政治家

除了"才女""女师"的形象,后人心目中的班昭还具有政治家的身份。虽然这一形象与历史上的班昭颇有距离,但是班昭的确出入宫廷、深得和帝敬

重,初为后妃之师,后来在身为太后的邓绥临朝称制期间一直伴随在邓绥左右,成为邓绥的政治顾问,这些史实说明,班昭与邓绥,两人之间的师生关系确凿无疑;邓绥与班昭,实际还存在君臣的关系——虽然此"君"为临朝称制的太后,此"臣"是并无官员身份的女性。这样的特殊关系为后人的想象奠定了基础,在这个过程中,班昭由一位有政治智慧的女性学者、宫廷女师进而被塑造成为有见识、有决断的政治家。

例如,明代谢诏的《东汉秘史》第五十七回中有这样的描写:

> 时大家班昭在宫,谨礼严惮。太后临朝,每与闻治政事,以昭出入之勤,特封其子成为关内侯。①

其实,这段内容基本与《后汉书》中班昭本传的相关记载相一致。但两相对照又可发现,这部小说又增添了一些细节,如"时大家班昭在宫,谨礼严惮",等等。小说强调班昭在宫中谨言慎行、恪守礼法的行事特点,将这视为优秀的政治家所应具备的素养与品质,同时也是班昭能够获得邓太后信任并被她询问政事的重要基础。

晚清小说《女娲石》对班昭的定位则更进一步,明确其为朝廷之上的"学务大臣"。在这部小说第九回有这样的描写:

> 到了这时,又向欧洲英国女皇维多利亚分来一半权柄,李夫人做先锋,孙夫人做合后,梁夫人做鼓吏,唐太真、汉飞燕垂帘听政,曹大家做学务大臣,吹吹打打,热热闹闹,合盘托出,交于我全国太太奶奶小姐姑娘之手。②

---

① 谢诏.东汉秘史[M].北京:大众文艺出版社,2000:229.
② 董文成,等.中国近代珍稀本小说·叁[M].沈阳:春风文艺出版社,1997:62-63.

"学务大臣"本是全国教育行政领域的最高长官,在小说作者看来,班昭无疑是这一职位的不二人选。这既是一个政治身份,也要求执政者在才学储备、教育实践等方面具有过人之处。诸如唐太真、汉飞燕等人只能垂帘听政,而班昭是真正能够同时在教育和政治领域有所作为的才女,这也是作者对政治才干和渊博学识融为一体的班昭而进行的既在意料之外、又在情理之中的想象的结果。

代兄修汉史,诗文赋兼善。一篇《女诫》传,班昭世无双。班昭这位博学多才、洞悉人性的卓异女性凭借她的博学、高才、嘉言、懿行,更凭借她对女性性别的独特认知,从内帏之中走向宫廷之上,在中国古代诸多女性之中脱颖而出,受到后人的无限敬仰和不断追慕。在今人的评价体系中,班昭被同时赋予了文学家、史学家及教育学家的身份。顺着历史的脉络溯流而上,从纷繁驳杂的文献材料中我们可以梳理得出以下结论:

"才女"形象是后世对于班昭的诸多形象中认同度最高的类型。这种认同

图 5-8　位于陕西咸阳兴平市的班昭墓,第六批陕西省重点文物保护单位

在明清之际的长篇小说中可以得到最为集中的证明。"女师"形象影响力最大,同时争议度最高。从唐至清褒贬不一,或以为班昭是"女中孔子""女圣人",或以为班昭是为祸女性的"女贼",这些争议都是基于她的教育著作《女诫》而产生的。在不同的历史时期,人们对班昭的教育思想、教育理念以及对女性地位的阐述多有争论,但同时又仰慕、认可她德才均备的女师身份。至于其作为女师,直接或者间接参政议政,从而成为特别的政治家这一形象,在古代各种文献中的呈现则明显失衡:在历代文学作品中较少呈现,但史书文献却保留了大量记载,由此可见文人叙事与民间叙事侧重点的明显差异。

综上所述,班昭作为一代女师,其德、其才在其生前身后的历朝历代都得到了普遍的认可,并产生了深入的影响。在班昭的贯通历史的引领作用下,古代女性或安于家庭内帏,以柔顺自抑的方式应对世事纷扰;或游走于社会公共空间,以其过人的才学识见自信地与男性世界对话,甚至踏入政坛,匡正男性。总之,她们以自己独特的方式不断强化对女性身份的自我认同,并且通过各种努力争取女性的社会价值,实现女性的人生理想。

# 结　语

英国著名的古典学家玛丽·比尔德（Mary Beard）在其由两个演讲稿集结而成的《女性与权力》一书中，通过梳理各种资料，说明在西方文化最初的书写证据出现之时，女性的声音就已经被排除在公共领域之外了，在此基础上，她探究了将女性排除在权力之外的深层文化结构及社会原因。她的核心观点是："你无法将女性轻易置于一个已经被男性化编码的架构里，你必须改变架构本身。而改变架构本身就意味着以全然不同的方式来思考权力；意味着将权力的定义与公共声望切割开来；意味着从协同运作（collaborative）的角度去思考，更多地去考虑追随者而非领袖的力量；意味着将权力当作一种属性，甚至是一个动词（to power），而非某人的私有财产。"[①]而她对权力提出的新的定义就是"产生效应"，为世界带来某种改变的能力，以及被认真对待的权利。

玛丽·比尔德所描述的在公共领域中女性被剥夺了权力、处于"失语"状态的情形当然也完全适用于班昭所生活的时代，甚至可以用来描述漫长的中国传统社会。但是，如何改变整个被男性化编码的架构？如何动摇传统文化

---

① 比尔德.女性与权力[M].天津：天津人民出版社，2019：84.

的根基？这是当代社会依然在苦苦追寻的问题。必须承认，班昭对她所处的围绕权力的文化架构有妥协、适应的一面，但她并没有采用玛丽·比尔德所总结的某些女性为了打破女性"失语症"而采取的"雌雄同体"的策略，即刻意隐藏性别特征，从声音、服饰等方面凸显自身"男性化"的做法，班昭始终以鲜明的女性形象与男性世界对话，并最终进入这个世界、改变这个世界。

美国从事明清女性史研究的著名学者高彦颐在其《闺塾师》一书中聚焦于明末清初闺阁女子的女性家教群体，对这些饱学多才的女性的生活场景、心理状态等均有富有说服力的研究。并由此说明，这些闺塾师以独特的方式通过文学与学术实现了自己的人生价值。她们虽然在闺阁之中传授儒家伦理，特别是针对女性的"三从四德"的思想，但这并不影响她们在此纲常之外，以闺塾师的特殊方式开拓女性生活的全新空间。[1] 高彦颐以闺塾师为例，力证中国古代女性，特别是知识女性，往往享有丰富的精神生活。从班昭的一生事迹，特别是贯穿其后半生的女师事业，我们同样也可得出这样的结论：中国古代优秀的知识女性，并非传统历史叙事及性别叙事中刻板教条的被动无奈、卑弱柔顺的形象，她们所拥有的心灵世界，她们所享有的现实生活，她们所达到的思想高度，往往比传统的刻板印象要丰富立体得多。随着中国女性史研究的深入，古代女师这个特殊群体在历史上所产生的社会影响力，必须得到重新的估量。

《周易》曰："地势坤。君子以厚德载物。"[2]《老子》曰："天下之至柔，驰骋

---

[1] 在此书绪论中，作者申明："在这部书中，我试图通过妇女在社会性别体系内的既得利益，来解释社会性别体系的运作和再生产。通过将女性视作主角，而观察其于体制内的演练以促进其利益时，我看到的是妇女们利用有限然而具体的资源，在日常生活当中苦心经营自在的生存空间。……由此衍生的妇女史所反映的不是彻底的反抗或沉默，而是充满争执和通融……"高彦颐.闺塾师：明末清初江南的才女文化[M].李志生，译.南京：江苏人民出版社，2005：8-9.

[2] 李学勤.十三经注疏·周易正义[M].北京：北京大学出版社，1999：27.

图 5-9 当代画家笔下的班昭 彭连熙绘

天下之至坚。"①《论语》曰:"知者乐水,仁者乐山。"②在中国历史发展的过程中,女性从来都不曾缺位。即使是在女性的社会定位被空前压抑的时代,卓异的女性总能挣脱礼法的束缚,展示出自己的风采。与那些一味隐忍的柔顺女性不同,与决绝抗争的刚烈女性也不同,班昭的史家学养使她通达古今、洞晓人情,因而她的生存哲学更多地体现出一种顺势而为、借势而动的特点,体现

---

① 王弼,注.老子道德经注校释[M].楼宇烈,校释.北京:中华书局,2008:120.
② 杨伯峻,译注.论语译注[M].北京:中华书局,2012:69.

图 5-10　当代画家笔下的班昭　华三川绘

出她道术兼用、儒道并行的人生智慧。作为一位卓异女性,她是中国古代传统女性中的特例和异类;但是作为一个以"君子"自我期许的古代传统文人,她又从来未曾游离主流的价值观念和思想体系。她将女性的性别身份认同升华到了君子、文士的文化价值认同,因此,她是不背离传统妇德的诸女的母师、宫廷的女师,更是不囿于传统妇德的君子、文士。正是在这种退守与进取之间,她在社会上找到了自己的位置,在历史上留下了自己的名字。

正因如此,班昭在中国历史的存在绝非转瞬即逝的纤柔昙花,而是滋养群芳的厚重土壤。卓越女性的文化生成力、社会影响力乃至政治领导力,在中国古代从来都不曾缺位。班昭作为一代女师,对中国古代女性产生了持续深入的影响。正因有这样的富有感染力、影响力、领导力、号召力的优秀女性的引领和示范,在中国古代漫长的男权社会之中,在男权话语占据主流表达的公共空间,女性从来不曾沉寂沦落,她们以细碎而坚韧的脚步,一路走来,觉醒、觉悟,并最终崛起——女性关于自身社会性别角色的认识不断深入,中国社会的发展也因此虽经颠簸困顿,却不曾停顿,始终前行。

# 参考文献

## 一、古代典籍

范文澜.文心雕龙注[M].北京:人民文学出版社,1958.

司马迁.史记[M].北京:中华书局,1959.

杨伯峻.孟子译注[M].北京:中华书局,1960.

班固.汉书[M].北京:中华书局,1962.

张彦远.历代名画记[M].俞剑华,注释.上海:上海人民美术出版社,1964.

范晔.后汉书[M].北京:中华书局,1965.

董仲舒.春秋繁露[M].北京:中华书局,1975.

萧统.文选[M].北京:中华书局,1977.

刘熙载.艺概[M].上海:上海古籍出版社,1978.

阮元.十三经注疏[M].北京:中华书局,1980.

陈鼓应.庄子今注今译[M].北京:中华书局,1983.

章学诚.文史通义校注[M].叶瑛,校.北京:中华书局,1985.

陈士珂,辑.孔子家语疏证[M].上海:上海书店,1987.

浦起龙.史通通释[M].上海:上海书店,1988.

孙希旦.礼记集解[M].北京:中华书局,1989.

詹锳.文心雕龙义证[M].上海:上海古籍出版社,1989.

程树德.论语集释[M].北京:中华书局,1990.

班固.白虎通德论[M].上海:上海古籍出版社,1990.

孔颖达.礼记正义[M].上海:上海古籍出版社,1990.

王骥,编著.易经注译[M].北京:中国社会科学出版社,1990.

黄晖.论衡校释[M].北京:中华书局,1990.

班固.白虎通德论[M].上海:上海古籍出版社,1990.

余嘉锡.世说新语笺疏[M].上海:上海古籍出版社,1993.

程俊英,蒋见元.诗经注析[M].北京:中华书局,1996.

杨天宇.礼记译注[M].上海:上海古籍出版社,1997.

刘向.列女传[M].沈阳:辽宁教育出版社,1998.

严可均,辑.全后汉文[M].北京:商务印书馆,1999.

于智荣,译注.贾谊新书译注[M].哈尔滨:黑龙江人民出版社,2003.

杨天宇,译注.周礼译注[M].上海:上海古籍出版社,2004.

黄寿祺,张善文,译注.周易译注[M].上海:上海古籍出版社,2007.

刘义庆,撰,张㧑之,译注.世说新语[M].上海:上海古籍出版社,2007.

辛战军,译注.老子译注[M].北京:中华书局,2008.

王弼注,楼宇烈校释.老子道德经注校释[M].北京:中华书局,2008.

杨伯峻,译注.论语译注[M].北京:中华书局,2012.

王照圆,编.列女传补注[M].上海:华东师范大学出版社,2012.

绿净,译注.古列女传译注[M].上海:上海三联书店,2014.

黄清泉,注译.新译列女传[M].台北:三民书局,2016.

张涛,译注.列女传译注[M].北京:人民出版社,2017.

解缙,等撰.古今列女传[M].北京:中国书店,2018.

班昭,撰,王相,笺注.子海精华编·女诫[M].济南:山东人民出版社,2018.

班昭,吕坤.女诫 闺范译注[M].上海:上海古籍出版社,2020.

## 二、今人专著

何兹全.秦汉史略[M].上海:上海人民出版社,1955.

侯外庐等.中国思想通史[M].北京:人民出版社,1957.

安作璋.班固与汉书[M].济南:山东人民出版社,1979.

田家英.中国妇女生活史话[M].北京:中国妇女出版社,1982.

白寿彝.史学概论[M].银川:宁夏人民出版社,1983.

陈东原.中国妇女生活史[M].上海:上海书店,1984.

陈顾远.中国婚姻史[M].上海:上海书店,1984.

江民繁,王瑞芳.中国历代才女小传[M].杭州:浙江文艺出版社,1984.

谭正璧.中国女性文学史话[M].天津:百花文艺出版社,1984.

萧涤非.汉魏六朝乐府文学史[M].北京:人民文学出版社,1984.

马宗霍.中国经学史[M].上海:上海书店,1984.

胡文楷.历代妇女著作考[M].上海:上海古籍出版社,1985.

李泽厚.中国古代思想史论[M].北京:人民出版社,1985.

陆侃如.中古文学系年[M].北京:人民文学出版社,1985.

吴玉琦.中国古代教育简史[M].长春:吉林教育出版社,1986.

熊承涤,主编.秦汉教育论著选[M].北京:人民教育出版社,1986.

金春峰.汉代思想史[M].北京:中国社会科学出版社,1987.

苏者聪.中国历代妇女作品选[M].上海:上海古籍出版社,1987.

山川丽.中国女性史[M].高大伦,等译.西安:三秦出版社,1987.

马积高.赋史[M].上海:上海古籍出版社,1987.

彭卫.汉代婚姻形态[M].西安:三秦出版社,1988.

杜芳琴.女性观念的衍变[M].郑州:河南人民出版社,1988.

郑慧生.上古华夏妇女与婚姻[M].郑州:河南人民出版社,1988.

王利器,王贞珉.汉书古今人表疏证[M].济南:齐鲁书社,1988.

徐浩.廿五史论纲[M].上海:上海书店,1989.

张岱年.中国伦理思想研究[M].上海:上海人民出版社,1989.

陈鹏.中国婚姻史稿[M].北京:中华书局,1990.

张树栋,李秀领.中国婚姻家庭的嬗变[M].杭州:浙江人民出版社,1990.

刘金沂,赵澄秋.中国古代天文学史略[M].石家庄:河北科学技术出版社,1990.

祝平一.汉代的相人术[M].台北:台湾学生书局,1990.

包东波.中国历代名人家训精萃[M].合肥:安徽文艺出版社,1991.

谢无量编.中国妇女文学史[M].郑州:中州古籍出版社,1992.

蒋重跃.儒林女圣班昭[M].沈阳:辽宁民族出版社,1992.

张京媛.当代女性主义文学批评[M].北京:北京大学出版社,1992.

乔以钢.中国女性的文学世界[M].武汉:湖北教育出版社,1993.

张怀承.中国的家庭与伦理[M].北京:中国人民大学出版社,1993.

费振刚,胡双宝,宗明华.全汉赋[M].北京:北京大学出版社,1993.

聂石樵.先秦两汉文学史稿[M].北京:北京师范大学出版社,1994.

闵家胤.阳刚与阴柔的变奏:两性关系和社会模式[M].北京:中国社会科学出版社,1995.

杜学元.中国女子教育通史[M].贵阳:贵州教育出版社,1995.

白寿彝.中国通史[M].上海:上海人民出版社,1995.

郭广银.伦理学原理[M].南京:南京大学出版社,1995.

张福清,编注.女诫:女性的枷锁[M].北京:中央民族大学出版社,1996.

张福清,编注.女诫:妇女的规范[M].北京:中央民族大学出版社,1996.

安作璋.班固评传:一代良史[M].南宁:广西教育出版社,1996.

杜芳琴.中国社会性别的历史文化寻踪[M].天津:天津社会科学院出版社,1998.

孙康宜.古典与现代的女性阐释[M].台北:联合文学出版社,1998.

林鲤主编.中国历代珍稀小说[M].北京:九洲图书出版社,1998.

黄嫣梨.妆台与妆台以外——中国妇女史研究论集[M].香港:牛津大学出版社,1999.

肖巍.女性主义关怀伦理学[M].北京:北京出版社,1999.

章义和,陈春雷.贞节史[M].上海:上海文艺出版社,1999.

吉利根.不同的声音[M].肖巍,译.北京:中央编译出版社,1999.

李炳海.汉代文学的情理世界[M].长春:东北师范大学出版社,2000.

肖巍.女性主义伦理学[M].成都:四川人民出版社,2000.

胡元翎.拂去尘埃:传统女性角色的文化巡礼[M].石家庄:河北人民出版社,2001.

王恒生.家庭伦理道德[M].北京:中国财政经济出版社,2001.

徐复观.两汉思想史[M].上海:华东师范大学出版社,2001.

范子烨.中古文人生活研究[M].济南:山东教育出版社,2001.

韩德民.孝亲的情怀[M].北京:北京语言文化大学出版社,2001.

何锡蓉.另一片天地:女性伦理新探索[M].武汉:湖北教育出版社,2001.

谭正璧.中国女性文学史[M].天津:百花文艺出版社,2001.

张宏生,张雁,编.古代女诗人研究[M].武汉:湖北教育出版社,2002.

陈其泰,赵永春.班固评传[M].南京:南京大学出版社,2002.

翁芝光.中国家庭伦理与国民性[M].昆明:云南人民出版社,2002.

杜芳琴.妇女学和妇女史的本土探索[M].天津:天津人民出版社,2002.

赵沛.两汉宗族研究[M].济南:山东大学出版社,2002.

王萍.道家思想与汉代史学[M].北京:中国文史出版社,2002.

龚和德,毛时安.守望者说:昆剧《班昭》文集[M].上海:上海辞书出版社,2003.

李银河.女性权力的崛起[M].北京:文化艺术出版社,2003.

徐少锦,陈延斌.中国家训史[M].西安:陕西人民出版社,2003.

王洲明.中国文学精神:汉代卷[M].济南:山东教育出版社,2003.

杜芳琴,王向贤.妇女与社会性别研究在中国[M].天津:天津人民出版社,2003.

杜芳琴,王政,主编.社会性别[M].天津:天津人民出版社,2004.

杜芳琴,王政,主编.中国历史中的妇女与性别[M].天津:天津人民出版社,2004.

王子今.古史性别研究丛稿[M].北京:社会科学文献出版社,2004.

梅家玲.汉魏六朝文学新论:拟代与赠答篇[M].北京:北京大学出版社,2004.

张立文,主编.周桂钿,李祥俊,著.中国学术通史:秦汉卷[M].北京:人民出版社,2004.

郭广银,杨明,等.伦理新论:中国市场经济体制下的道德建设[M].北京:人民出版社,2004.

孟宪范.转型社会中的中国妇女[M].北京:中国社会科学出版社,2004.

陈松青.先秦两汉儒学与文学[M].长沙:湖南师范大学出版社,2004.

蓝旭.东汉士风与文学[M].北京:人民文学出版社,2004.

冯良方.汉赋与经学[M].北京:中国社会科学出版社,2004.

常金仓.周代礼俗研究[M].哈尔滨:黑龙江人民出版社,2004.

谢维扬.周代家庭形态[M].哈尔滨:黑龙江人民出版社,2005.

江晓原,钮卫星.中国天学史[M].上海:上海人民出版社,2005.

佟新.社会性别研究导论[M].北京:北京大学出版社,2005.

李小江.女性/性别的学术问题[M].济南:山东人民出版社,2005.

孟祥才.秦汉人物散论[M].上海:上海古籍出版社,2005.

董治安.两汉文献与两汉文学[M].上海:上海古籍出版社,2005.

边家珍.汉代经学与文学[M].北京:华龄出版社,2005.

张崇琛.中国古代文化史[M].兰州:甘肃人民出版社,2005.

韩贺南,张健.女性学导论[M].北京:教育科学出版社,2005.

高彦颐.闺塾师:明末清初江南的才女文化[M].南京:江苏人民出版社,2005.

邢丽凤,刘彩霞,唐名辉.天理与人欲:传统儒家文化视野中的女性婚姻生活[M].武汉:武汉大学出版社,2005.

常建华.婚姻内外的古代女性[M].北京:中华书局,2006.

冯时.中国古代的天文与人文[M].北京:中国社会科学出版社,2006.

雷戈.秦汉之际的政治思想与皇权主义[M].上海:上海古籍出版社,2006.

刘跃进.秦汉文学编年史[M].北京:商务印书馆,2006.

熊贤君.中国女子教育史[M].太原:山西教育出版社,2006.

刘岩.母亲身份研究读本[M].武汉:武汉大学出版社,2007.

陈美东.中国古代天文学思想[M].北京:中国科学技术出版社,2007.

刘淑丽.先秦汉魏晋妇女观与文学中的女性[M].北京:学苑出版社,2008.

杨树增.汉代文化特色及形成[M].北京:人民出版社,2008.

罗国杰,编.中国伦理思想史:上下卷[M].北京:中国人民大学出版社,2008.

吕世浩.从《史记》到《汉书》:转折过程与历史意义[M].台北:台湾大学出

版中心,2009.

李贞德.中国史新论:性别史分册[M].台北:联经出版事业股份有限公司,2009.

孟宪承,等.中国古代教育史资料[M].上海:华东师范大学出版社,2010.

刘思谦,等.性别研究:理论背景与文学文化阐释[M].天津:南开大学出版社,2010.

彭卫.汉代婚姻形态[M].北京:中国人民大学出版社,2010.

彭卫,杨振红.中国妇女通史·秦汉卷[M].杭州:杭州出版社,2010.

彭华.儒家女性观研究[M].北京:中国社会科学出版社,2010.

陈丽平.刘向《列女传》研究[M].北京:中国社会科学出版社,2010.

王子今,张经.中国妇女通史:先秦卷[M].杭州:杭州出版社,2010.

李沈阳.汉代人性论史[M].济南:齐鲁书社,2010.

衣若兰.史学与性别:《明史·列女传》与明代女性史之建构[M].太原:山西教育出版社,2011.

顾丽华.汉代妇女生活情态[M].北京:社会科学文献出版社,2012.

徐哲身.汉朝宫廷秘史[M].西安:三秦出版社,2012.

汪小洋.汉墓壁画的宗教信仰与图像表现[M].上海:上海古籍出版社,2012.

梅汝莉,谭佛佑,施克灿.中国教育通史:先秦卷上[M].北京:北京师范大学出版社,2013.

梅汝莉,谭佛佑,施克灿.中国教育通史:先秦卷下[M].北京:北京师范大学出版社,2013.

俞启定,主编.中国教育通史:秦汉卷[M].北京:北京师范大学出版社,2013.

吴从祥.汉代女性礼教研究[M].济南:齐鲁书社,2013.

孔令升.中国古代才女评传[M].苏州:古吴轩出版社,2013.

郑先彬.刘向《列女传颂图》研究[M].南京:凤凰出版社,2013.

贺璋瑢.东西文化经典中的女性与性别研究[M].上海:上海三联书店,2013.

康达维.汉代宫廷文学与文化之探微[M].苏瑞隆,译.上海:上海译文出版社,2013.

诺丁斯.关心:伦理和道德教育的女性路径[M].第2版.武云斐,译.北京:北京大学出版社,2013.

郝建平.教育与两汉社会的整合研究[M].北京:中华书局,2014.

李俊芳.汉代皇帝施政礼仪研究[M].北京:中华书局,2014.

肖巍.飞往自由的心灵:性别与哲学的女性主义探索[M].北京:北京大学出版社,2014.

汪春泓.史汉研究[M].上海:上海古籍出版社,2014.

刘冬颖.中国古代才女诗词[M].北京:中华书局,2014.

赫尔德.关怀伦理学[M].苑莉均,译.北京:商务印书馆,2014.

巫鸿.武梁祠:中国古代画像艺术的思想性[M].柳扬,岑河,译.北京:生活·读者·新知三联书店,2015.

刘咏聪.才德相辉:中国女性的治学与课子[M].香港:三联书店(香港)有限公司,2015.

李慧明.班昭[M].北京:外语教学与研究出版社,2015.

李孝国,董立平,译注.教子名文十六篇[M].合肥:安徽师范大学出版社,2015.

孙晓.中国婚姻史[M].北京:中国书籍出版社,2016.

刘洁.《列女传》的史源学考察:兼论《列女传》所反映的先秦至秦汉妇女观念的变迁[M].北京:人民出版社,2016.

武庆新.一朝误落帝王家:汉宫才女班婕妤的坎坷一生[M].北京:北京工业大学出版社,2016.

杨树达.汉代婚丧礼俗考[M].长春:吉林出版集团股份有限公司,2017.

姜越.续写青史:班昭[M].北京:群言出版社,2017.

冯时.文明以止:上古的天文、思想与制度[M].北京:中国社会科学出版社,2018.

比尔德.女性与权力[M].天津:天津人民出版社,2019.

## 三、期刊论文

陕西省妇女联合会陕西师范大学历史系《女诫》批判组.《女诫》批注[J].陕西师范大学学报(哲学社会科学版),1974(4).

四平师院中文系工农兵女学员理论组.砸碎禁锢劳动妇女的精神枷锁:批判《女诫》[J].吉林师范大学学报(人文社会科学版),1975(1).

吴敏霞.《列女传》的编纂和流传[J].人文杂志,1988(3).

肖群忠.中国传统女性道德观述评:《女诫》《女论语》《女儿经》研究[J].社会科学,1990(5).

屈玉霞.浅议中国封建社会妇女教育:《女诫》《女论语》例析[J].妇女学苑,1992(1).

任芬.班昭与《女诫》[J].中国妇女管理干部学院学报,1992(1).

刘筱红.规矩与方圆:中国古代女诫思想述评[J].华中师范大学学报(哲学社会科学版),1995(4).

王晖.班昭《女诫》论[J].广西右江民族师专学报(综合版),1996(2).

孟宪刚.《女诫》研究[J].辽宁税专学报,1997(2).

李小江.中国妇女在社会转型中的变化和作为[J].延边大学学报(哲学社会科学版),1997(3).

熊礼汇.两汉散文艺术嬗变论[J].武汉大学学报(哲学社会科学版),1997(5).

支德河.浅谈班昭的《女诫》[J].山东电大学报,1998(1).

王萍,刘保良.论班固的道家思想[J].山东大学学报(哲社版),1998(3).

阎广芬.简论古代女子的伦理道德观[J].中华女子学院学报,1998(4).

张景贤.论汉代礼入于法的趋势[J].历史教学,1998(10).

杜芳琴,蔡一平.中国妇女史研究的本土化探索[J].陕西师范大学学报(哲学社会科学版),1999(2).

王毅平.浅议女性领导的思维方式[J].理论学刊,1999(2).

张涛.经学与汉赋的发展[J].殷都学刊,2000(1).

陈爱华.论传统女德对当代女性道德建构的价值[J].学海,2000(2).

张汉东.《汉书古今人表疏证》订误[J].古籍整理研究学刊,2000(3).

秦草.班门三杰著《汉书》:东汉史学家班彪、班固、班昭[J].西安教育学院学报,2000(4).

李永林.中国古代政治性绘画[J].解放军艺术学院学报,2001(3).

富世平.论班彪的赋[J].华夏文化,2001(4).

沈时蓉,刘莹.中国传统女训的当代审视:以班昭《女诫》为例[J].四川师范学院学报(哲学社会科学版),2001(5).

王和生.承前启后的史学家班彪[J].辽宁师范大学学报,2002(1).

徐华.东汉庄园的兴起及其文化意蕴[J].南都学坛,2002(3).

蔡锋.古代女性家庭文化教育的形式[J].中华女子学院学报,2002(3).

李辉.从汉代婚姻关系看当时的妇女地位[J].长春师范学院学报,2002(3).

靳青万.汉魏六朝女性赋述论[J].中州学刊,2002(3).

张芳梅.中国古代第一位女教师班昭[J].华夏文化,2002(3).

万光治.古代女性的价值实现及其文学的悲剧意义[J].四川师范大学学报,2002(6).

李虎.班彪述评[J].咸阳师范学院学报,2002(10).

刘跃进.班彪与两汉之际的河西文化[J].齐鲁学刊,2003(1).

宋仁桃.汉代妇女婚姻观念的演变[J].苏州大学学报,2003(2).

李庆华.论《女诫》的成书原因[J].湘潭大学社会科学学报(研究生论丛),2003(5).

焦杰.《列女传》与周秦汉唐妇德标准[J].陕西师范大学学报(哲学社会科学版),2003(6).

刘淑丽.汉代儒家正统妇女观的演变[J].社会科学辑刊,2003(6).

李彤.论班氏两位女作家的汉赋创作[J].漳州师范学院学报(哲学社会科学版),2004(1).

虞蓉."成文"之思:汉代妇女文学思想三家论略[J].西南师范大学学报(人文社会科学版),2004(3).

王德华.东汉前期赋颂二体的互渗与散体大赋的走向[J].文学遗产,2004(4).

秦草.班门三杰著《汉书》[J].西安教育学院学报,2004(4).

苏萍.试论一代女史学家班昭的心理悲剧及其价值[J].理论界,2004(5).

蒋文燕.疏阔悲凉,苍茫隽永:读刘歆《遂初赋》和班彪《北征赋》[J].名作欣赏,2004(6).

胡捷.试论东汉班昭的妇女价值观[J].株洲师范高等专科学校学报,2004(9).

童兆颖.女性领导力与柔性化管理[J].领导科学,2004(20).

苏萍.班昭《女诫》的教育思想探析[J].妇女研究论丛,2005(1).

郭玉峰.两汉时期贞节观念的世俗化趋向[J].天津师范大学学报(社会科学版),2005(2).

蔡锋.中国古代女性文化教育特征刍议[J].中华女子学院学报,2005(3).

钟涛.论汉代宫怨赋的情感维度与取象视野[J].青海师范大学学报(哲学社会科学版),2005(5).

赵连稳.班昭和《汉书》[J].中华女子学院学报,2005(6).

孟祥才.论班彪[J].东岳论丛,2006(1).

张秀春.班昭称谓考[J].烟台师范学院学报》(哲学社会科学版),2006(1).

朱维铮.班昭考[J].中华文史论丛,2006(2).

虞蓉.中国古代妇女早期的一篇文学批评专论:班婕妤《报诸侄书》考论[J].苏州大学学报,2006(3).

钟翠红.《女诫》之女性观透视及其历史意义[J].中华女子学院学报,2006(5).

周峨.班昭《女诫》再解读[J].重庆邮电学院学报(社会科学版),2006(5).

李彤.东汉文化史上的班昭[J].中国石油大学学报(社会科学版),2006(5).

李均慧.史学大家班昭和她的《女诫》[J].文史杂志,2006(6).

付红梅.中国传统女性伦理与礼仪及其现代价值[J].伦理学研究,2006(6).

李均惠.史学大家班昭和她的《女诫》[J].文史杂志,2006(6).

刘利利.对班昭贞节观的再认识及对《女诫·专心》误读的疏正[J].兰州学刊,2006(8).

崔明德.班彪祖孙三代的民族关系思想[J].烟台大学学报(哲学社会科学版),2007(1).

刘伟杰.由汉代妇女离异与再婚的状况看汉代人的贞节观[J].民俗研究,

2007(1).

王蓉.汉代文化传播方式与女子教育[J].中华女子学院学报,2007(3).

刘利利.论班昭的妇女仪容观及其复活儒家古礼的努力[J].东岳论丛,2007(5).

鞠传文.汉代女性教育与文学[J].中南民族大学学报(人文社会科学版),2007(5).

晋文,赵会英.重评班昭《女诫》的女性伦理观[J].南都学坛,2007(6).

杨舒眉.汉代儒家对理想女性形象的塑造及其与现实的差距[J].南都学坛,2007(6).

郭冬勇.从《女诫》看古代妇女对男权的认同和内化[J].石河子大学学报(哲学社会科学版),2007(6).

赵海霞.东汉才女:班昭的多角度解析[J].文教资料,2008(5).

顾丽华.汉代女性好儒风尚述评[J].妇女研究论丛,2008(6).

张一晓.关于《女诫》教育研究文献的综述[J].宜宾学院学报,2008(8).

郭苑平.女旅书写中的时间、空间与自我追寻:重读班昭《东征赋》[J].东海中文学报,2008(20).

俞士玲.论班昭《女诫》及其创作背景[J].古典文献研究,2008(11).

蔡荷芳.论班昭《女诫》的创作背景[J].淮北煤炭师范学院学报(哲学社会科学版),2009(4).

蔡荷芳.论女性在封建和谐家庭建设中的角色要求:读班昭《女诫》再思考[J].皖西学院学报,2009(4).

陈志伟,张翠萍.《女诫》:封建妇德著作之滥觞[J].图书馆学研究,2009(9).

金璐璐.班昭《大雀赋》作年考[J].兰台世界,2010(2).

房占红.也谈两汉时期贞节观念的世俗化趋向[J].中国社会经济史研究,2010(2).

聂志毅.女性的职业优势与领导力[J].学术界,2010(3).

王海雯.浅析《女诫》中体现的妇女操行规范[J].科教文汇,2010(10).

蒋莱.多维视野下的女性领导力特征分析[J].领导科学,2010(14).

金璐璐.班昭《东征赋》《女诫》作年考辨[J].船山学刊,2011(1).

武艳艳.《列女传》版本述略[J].山东女子学院学报,2011(2).

刘淑丽."历史中的中国女性"学术研讨会综述[J].妇女研究论丛,2011(2).

蒋莱.女性领导力研究综述[J].中华女子学院学报,2011(2).

焦杰.附远厚别 防止乱族 强调成妇:从《仪礼·士昏礼》看先秦社会婚姻观念[J].陕西师范大学学报(哲学社会科学版),2011(5).

周敏.女性领导力的特征及其喻义[J].山西师大学报(社会科学版),2011(5).

王玉洁,邹尤.论班昭的女性卑弱观[J].贵州广播电视大学学报,2012(1).

徐公持.父子、兄妹、祖孙:班门群英[J].文史知识,2012(4).

蔡荷芳.家学渊源对班昭创作的影响[J].池州学院学报,2013(1).

左康华.《列女传》的传播机制及其当代启示[J].现代哲学,2013(3).

黑田彰,焦雪艳,龚岚.列女传图概论[J].中国典籍与文化,2013(3).

黄梦婉.中国古代女子"四德"教育的现代价值:以班昭《女诫》为例[J].沈阳大学学报(社会科学版),2013(3).

付开镜.中国古代妇女隐性参政论略[J].山西师大学报(社会科学版),2014(1).

白露.我国女性领导力:研究现状与未来趋势[J].江苏理工学院学报,2014(3).

吴从祥.《汉书·古今人表》女性观探析:兼与刘向《列女传》比较[J].山东女子学院学报,2014(5).

张素玲.国内女性领导研究的新视点综述[J].领导科学,2014(32).

黄兆宏,张宝静.《世说新语》之魏晋女性风尚论[J].青海师范大学学报(哲学社会科学版),2015(4).

孙晓莉.近30年来中国女性领导研究:回顾与反思[J].国家行政学院学报,2015(5).

肖群忠.论传统女德的批判继承:以班昭《女诫》为例[J].孔学堂,2016(2).

温航亮.女性在封建文化中的出场及《女诫》的价值重估[J].西部学刊,2016(5).

戈冬莹.班昭生卒年考辨[J].现代语文(学术综合版),2016(11).

颜莉.儒家思想对班昭创作《女诫》的影响[J].长春大学学报,2017(1).

吴婉霞.《世说新语》中女性形象论略[J].哈尔滨师范大学社会科学学报,2017(4).

李兰霞.《世说新语》女性形象的历史比较研究[J].中国矿业大学学报(社会科学版),2017(4).

金璐璐.班昭《女诫》及其现代启示[J].商丘职业技术学院学报,2019(2).

王丹妮,李志生.《女诫》的刊刻、注释与流传[J].山东女子学院学报,2020(1).

桑莉.儒家女教文献中的"才""德"之辩:以《女诫》《女范捷录》和《训女诗》(十首)为例[J].临沂大学学报,2020(1).

## 四、学位论文

黄丽玲.《女四书》研究[D].台北:台湾南华大学,1992.

朱晓鸿.汉代妇女生活探析[D].郑州:郑州大学,2001.

李庆华.从《史记》《汉书》看汉代妇女地位及其成因[D].湘潭:湘潭大学,2003.

王文娟.试论汉代女性文学[D].济南:山东师范大学,2003.

肖发荣.先秦女性社会地位研究[D].西安:陕西师范大学,2004.

吴晓红.中国古代女性意识:从原始走向封建礼教[D].苏州:苏州大学,2004.

朱明勋.中国传统家训研究[D].成都:四川大学,2004.

李彤.礼教形成中的汉代妇女生活[D].杭州:浙江大学,2005.

杨舒眉.汉代宫廷女性生活探微[D].曲阜:曲阜师范大学,2005.

刘厚琴.汉代伦理与制度关系研究[D].济南:山东大学,2006.

王小健.中国古代性别角色的分化及其社会化[D].西安:陕西师范大学,2006.

赵会英.班昭与《女诫》[D].南京:南京师范大学,2006.

胡正娟.汉代儒家女教研究[D].长沙:湖南大学,2006.

丁旻.汉代女性文学研究[D].南京:南京师范大学,2007.

李辉.中国古代女训中的女性道德教育研究[D].长沙:中南大学,2007.

王珍.东汉班氏三杰研究[D].武汉:华中师范大学,2007.

余恒森.班昭研究:以《女诫》为中心[D].兰州:兰州大学,2007.

白路.先秦女性研究:从社会性别视角的考察与分析[D].天津:南开大学,2009.

顾丽华.两汉妇女生活情态研究[D].长春:东北师范大学,2009.

金璐璐.班昭及其著述研究[D].北京:首都师范大学,2009.

王辉.汉代家庭法研究[D].北京:中国政法大学,2009.

刘秀美.《列女传》注释辨正[D].曲阜:曲阜师范大学,2010.

焦杰.《易》《礼》《诗》对妇女的定位:西周至两汉主流妇女观[D].西安:陕西师范大学,2010.

王宇鑫.对班昭与《女诫》的重新剖析[D].西安:陕西师范大学,2010.

韩丽红.汉代婚姻礼法与婚姻实态研究[D].南京:南京师范大学,2011.

杨毅.汉代儒家女子教育思想研究[D].重庆:西南大学,2011.

李政富.中国古代后妃外戚研究:以二十五史"后妃外戚传"为中心[D].北京:北京大学,2012.

王绪福.《汉书·古今人表》研究:以西周以来所列人物为例[D].济南:山东大学,2012.

雷雪敏.《女诫》女德思想研究[D].北京:中共中央党校,2013.

王冉.《女四书》女性伦理思想探析[D].北京:中央民族大学,2013.

刘丽娜.《列女传》与汉画像列女图的图文关系研究[D].南京:江苏师范大学,2013.

陈娟.二十四史《列女传》研究[D].福州:福建师范大学,2013.

关景媛.以"淑"为表征的传统女性教育合理性问题研究[D].长春:东北师范大学,2014.

颜莉.《女诫》伦理思想研究[D].合肥:安徽大学,2014.

王冀英.明清时期女训文化伦理思想研究[D].石家庄:河北师范大学,2014.

任炜华.中国古代女子教材研究:以《列女传》、《女论语》和《闺范》为例[D].曲阜:曲阜师范大学,2015.

陈皎.关怀伦理视角下的《女诫》研究[D].昆明:云南大学,2016.

刘夏欣.家、国视野下的扶风班氏研究:以班超为研究中心[D].上海:上海师范大学,2016.

王永祥.儒家家庭教育思想研究[D].兰州:兰州大学,2017.

高彦君.汉代政治婚姻研究[D].西安:陕西师范大学,2017.

郭海涛.马融经学研究[D].西安:西北大学,2017.

刘之淼.女四书中儒家女子教育思想研究[D].福州:福建师范大学,2017.

张芝鸣.《女诫》的女性伦理观及其当代价值[D].长沙:湖南师范大学,2017.

顾宇涵.汉魏六朝女子礼仪教育研究:以班婕妤、班昭、蔡琰、谢道韫为主体[D].曲阜:曲阜师范大学,2019.

**图书在版编目(CIP)数据**

班昭女性教育观批判研究/白岚玲著.—北京:中国传媒大学出版社,2022.3
ISBN 978-7-5657-2866-2

Ⅰ.①班… Ⅱ.①白… Ⅲ.①女性－领导学－研究 Ⅳ.①C933

中国版本图书馆 CIP 数据核字(2020)第 257688 号

## 班昭女性教育观批判研究
BANZHAO NÜXING JIAOYUGUAN PIPAN YANJIU

| | |
|---|---|
| 著　　者 | 白岚玲 |
| 策划编辑 | 李水仙 |
| 责任编辑 | 姜颖昳 |
| 封扉设计 | 大鹏设计 |
| 责任印制 | 李志鹏 |

| | | | | |
|---|---|---|---|---|
| 出版发行 | 中国传媒大学出版社 | | | |
| 社　　址 | 北京市朝阳区定福庄东街1号 | 邮　编 | 100024 |
| 电　　话 | 86-10-65450528　65450532 | 传　真 | 65779405 |
| 网　　址 | http://cucp.cuc.edu.cn | | |
| 经　　销 | 全国新华书店 | | |
| 印　　刷 | 唐山玺诚印务有限公司 | | |
| 开　　本 | 710mm×1000mm　1/16 | | |
| 印　　张 | 15.75 | | |
| 字　　数 | 216千字 | | |
| 版　　次 | 2022年3月第1版 | | |
| 印　　次 | 2022年3月第1次印刷 | | |
| 书　　号 | ISBN 978-7-5657-2866-2/C・2866 | 定　价 | 79.00元 |

本社法律顾问:北京李伟斌律师事务所　郭建平
版权所有　翻印必究　印装错误　负责调换